놀이 지도

이순형 · 김혜라 · 권기남 · 김지현
김진경 · 김진욱 · 서주현 · 이정현
최인화 · 유주연 · 안혜령 · 이은중
공저

학지사

서 문

2013년부터 어린이집과 유치원에 공통적으로 적용되기 시작한 3~5세 연령별 누리과정과 어린이집에서 실시되고 있는 0~2세 표준보육과정에서는 영유아의 '놀이'를 교수학습방법의 중심으로 제시하고 있다. 조기교육 풍토가 여전히 강하게 자리하고 있는 한국의 영유아 보육 · 교육 현실에 경종을 울리듯 국가 수준의 보육 · 교육과정에서 '놀이'를 교육의 중심으로 놓은 것이다. 물론 놀이를 중심으로 한 교육이 최근의 움직임은 아니다. '놀이'야말로 영유아의 발달을 최적화시킬 수 있는 세팅이며, 영유아교사를 비롯한 성인이 영유아와 상호작용할 수 있는 최상의 맥락이라는 점은 이론적으로, 실제적으로 이미 검증된 역사가 오래다.

이 책에서는 영유아와 의미 있는 상호작용을 하는 영유아교사에게 '놀이'를 어떻게 지도해야 할지에 대한 이론적 · 실제적 내용 및 접근법을 다루고 있다. 영유아에게 놀이야말로 진정한 발달이자 학습의 맥락이라는 점을 부정하는 교사는 없지만, 실제로 어떻게 놀이장면에 접근하고 이를 보육 · 교육 활동으로 끌어올 것인지에 대해서는 사실 아직 부족한 점이 많은 한국의 보육 · 교육 현장이다. 이러한 현직 및 예비 영유아교사들을 위해 보육현장 및 이론을 통해 영유아를 깊이 있게 다루어 본 전문가들이 뜻을 모아 '놀이지도' 교재를 집필하게 되었다. 왜 영유아 시기에 놀이가 중요한지, 영유아의 놀이를 어떻게 관찰하고 해석하는지, 영유아의 놀이에 어떻게 개입하고 상호작용하는지, 영유아가 놀이하는 환경을 어떻게 구성해 줄 수 있을지 등 이 모든 내용에 대해 체계적으로 정리하고자 노력하였다.

이 책은 크게 세 부분으로 나누어져 있다. 첫 번째 부분에서는 놀이지도의 이론적 기초를 정리하였다. 놀이의 개념과 특성이 무엇인지, 놀이를 설명하는 이론들에는 어떤 것이 있는지, 영유아의 놀이가 어떠한 유형으로 발달하는지, 영유아가 놀이를 통해 얻게 되는 발달적 효과는 무엇인지, 놀이의 발달에 영향을 미치는 요인들은 어떤 것인지에 대해 체계적으로 정리하였다.

두 번째 부분에서는 교사를 비롯한 성인들이 놀이지도의 실제를 다루기 위한 기초를 다루었다. 놀이환경을 어떻게 구성할 것인지, 영유아를 위한 놀잇감은 어떤 것이 있고 그것을 어떻게 활용할 것인지, 교사가 놀이지도를 할 때 유용하게 사용할 수 있는 전략들에는 무엇이 있는지, 특수한 다양한 영유아 집단의 놀이는 어떻게 접근할 것인지, 영유아의 심리치료에 놀이를 접목시킨 방법들에는 어떠한 것이 있는지에 대한 유용한 내용들을 다루었다.

세 번째 부분에서는 놀이를 지도할 때 활용할 수 있는 실질적인 활동사례들을 제공하고 있다. 보육 · 교육기관에서 주로 관찰되는 영유아의 놀이유형별로 흥미로운 활동사례들을 다루어 현장의 교사들 및 예비교사들이 현장에 적용하는 데 도움을 주고자 하였다.

부디 이 책에 정리된 놀이지도의 이론적 내용과 실제적 활동이 보육 및 유아교육 현장의 원장 및 교사들과 예비 원장 · 교사들에게 귀중한 자료가 될 수 있기를 바란다. 마지막으로 이 책이 나올 수 있도록 도움을 주신 학지사 관계자 여러분께 감사드린다.

2014년

저자 일동

차 례

서 문 —— 3

Chapter 01 놀이 개념 및 특성 9

1. 놀이의 개념 —— 11
2. 놀이를 보는 이론적 관점 —— 12
3. 놀이의 기능 —— 17
4. 놀이의 변천 —— 23
5. 생애주기에 따른 놀이의 변화 —— 25
6. 국가의 발전 단계별 아동놀이 —— 27
7. 놀이노래의 의미 —— 33

Chapter 02 놀이이론 41

1. 고전적 놀이이론 —— 44
2. 현대적 놀이이론 —— 50

Chapter 03 놀이유형별 발달 67

1. 놀이의 발달 —— 69
2. 놀이유형별 발달 —— 81

Chapter 04 놀이의 효과 91

1. 신체발달 —— 94
2. 인지발달 —— 99
3. 언어발달 —— 105
4. 사회성발달 —— 110
5. 정서발달 —— 114

Chapter 05 놀이에 영향을 미치는 요인 119

1. 개인적 요인 —— 121
2. 사회적 요인 —— 129
3. 문화적 요인 —— 141

Chapter 06 놀이환경 147

1. 놀이환경의 구성 —— 149
2. 실내놀이환경 구성 —— 155
3. 실외놀이환경 구성 —— 169
4. 안전한 놀이환경 —— 173

Chapter 07 놀잇감 177

1. 아동과 놀잇감 —— 179
2. 놀잇감의 분류 —— 183
3. 놀이의 유형에 따른 놀잇감 —— 194
4. 놀잇감의 조건 —— 197
5. 놀잇감의 활용과 지도 —— 201

Chapter 08 놀이지도전략 205

1. 놀이지도 시 교사의 역할 —— 207
2. 놀이유형별 놀이지도 —— 223

Chapter 09 다양한 집단의 놀이 243

1. 장애통합집단의 놀이 —— 245
2. 연령통합집단의 놀이 —— 251
3. 다문화집단의 놀이 —— 256

Chapter 10 놀이치료적 개입 265

1. 놀이의 치료적 가치 —— 267
2. 놀이치료의 정의 및 역사 —— 270
3. 놀이치료의 이론적 배경 —— 272
4. 놀이치료의 접근법 —— 281

Chapter 11 놀이지도의 실제 291

1. 구성놀이 —— 293
2. 조작놀이 —— 301
3. 신체놀이 —— 311
4. 극놀이 —— 320
5. 언어놀이 —— 326

찾아보기 —— 332

Chapter

01

놀이 개념 및 특성

1. 놀이의 개념
2. 놀이를 보는 이론적 관점
3. 놀이의 기능
4. 놀이의 변천
5. 생애주기에 따른 놀이의 변화
6. 국가의 발전 단계별 아동놀이
7. 놀이노래의 의미

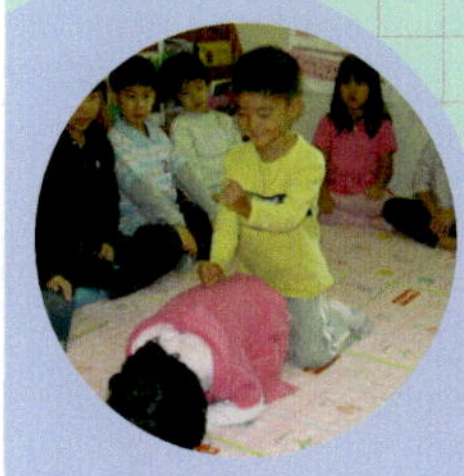

1. 놀이의 개념

놀이는 어느 시대, 그리고 어느 민족에게서나 나타나는 인간의 보편적 행동으로서 어떤 시간과 공간 속에서 이루어지는 자발적 행동이다. 자발적 놀이는 자체가 즐거움을 주는 행동[1]이다.

Johan Huizinga는 "놀이는 문화보다 오래된 것이다."라는 첫마디로 시작한 저서 『호모 루덴스(Homo Ludens)』(1938)에서, 놀이는 바로 문화이며 놀이가 변해서 문화가 된 것은 아니라고 주장했다. 놀이는 곧 문화로서 순수한 생리현상이나 심리적 반사현상 이상의 의미라고 했다.

놀이는 인간 세계에서뿐 아니라 동물 세계에서도 일어나므로 놀이가 이성적 관계 속에 기초하고 있다고 말할 수는 없다. 그러나 놀이는 정신을 인정할 수 있으며, 논리성을 갖추지 못한 동물에게도 가능한 행동이다(Huizinga, 1938). '생각하는

[1] 놀이는 어떤 고정된 시간과 공간 안에서 수행되는, 그리고 자유롭게 받아들여진, 그러나 절대적 구속력을 갖는 규칙에 따라 수행되는 자발적 행위 또는 일로서 그 자체의 목적을 갖고 있으며, 또 거기에는 어떤 긴장감과 즐거움이 따르고, '일상생활'과는 '다른' 것이라는 의식이 따른다(Huizinga, 1938, p. 43).

인간', '창작하는 인간'과 동일 차원에서 '노는 인간(Homo Ludens)'을 상정했던 Huizinga는 놀이가 곧 문명이라고 보았다. 그는 놀이 속에서 문명이 발생하고 전개되어 왔다고 주장했다. 그는 특유의 박학함으로 놀이의 역사적 현장성에 입각해 고대, 중세, 현대의 놀이 속에서의 언어 표현, 경기, 법률, 전쟁, 지식, 시, 신화의 요소를 살폈다. 방대한 그의 저서에서 말하는 놀이의 기능에는 언어 소통, 규칙, 신체적 쾌락, 인간 및 관계에 대한 지식 제공 등이 포함되어 있다.

2. 놀이를 보는 이론적 관점

놀이를 보는 이론적 관점에는 동물행태학 관점, 반복이론 관점, 생애주기 관점이 있다.

1) 동물행태학 관점

진화론의 맥락에서 동물의 일반 행동을 살펴본 바에 의하면 동물은 종을 보존하고 발달시키기 위해서 개체 행동이 진화되어 왔다고 한다. 짝짓기, 영역 차지하기, 양육하기, 권력 행사하기 등 동물의 여러 가지 개체 행동은 나름대로 자신의 생명을 보존하고, 타고난 신체를 발달시키며, 또래집단에 소속되고, 집단 내 지위를 차지하려는 목적에서 행해진다는 것이다.

동물과 마찬가지로 인간의 행동도 의식하든 의식하지 않든 간에 자신의 생명을 유지하고 발달시키는 데 도움을 주는 목적에서 이루어져 왔다고 해도 과언이 아니다. 인간은 자신의 종을 격상시키기 위한 발전적 행동 변화가 필요했다. 가히 혁명적 시도라고 할 수 있는 변화는 직립보행이었다. 직립보행은 동물의 수준에서 인간의 독립적이고 고유한 수준으로 격상되는 획기적 행동이었다. 직립보행을 통해 인간은 시야를 높이고 넓힘과 더불어 보이지 않는 아득히 먼 곳을 바라볼 수 있었다. 먼 곳을 바라보는 것은 꿈을 꿀 수 있게 하고, 이는 곧 미래를 계획하게 한다. 인간은 미래를 꿈꾸고 계획하는 행위를 통해 일반 동물의 수준에서 벗어나 고등동물, 즉 인간의 고유한 수준으로 자리매김할 수 있었다. 먼 곳을 응시하는 단순한 행동에서 시작해 미래를 계획하는 고차적 행동까지 발전시켜 나갔다. 응시에서 미래를 향한 투시로의 변화는 원시 농작에서 시작해 종교, 도덕영역까지 확장시켰고, 원시공동체마을 정착에서 시작해 국가를 세우고, 국가조직을 만들어 국제관계로 확장시키는 계기가 되었다.

동물의 모든 행동이 종의 유지를 위해서 이루어져 왔다면, 놀이행동도 예외 없이 개체의 생명 유지와 종의 보존을 위해서 행해져 왔을 것이다. 놀이를 통한 신체 및 정신의 발달, 놀이를 통한 또래집단에의 수용, 그리고 집단 내 지위 획득이 가능하기 때문이다.

동물행태학자 Karl Gross는 진화가 많이 진전된 고등 동물 사이에서는 놀이행동이 나타나지만 그렇지 못한 하등 동물 사이에서는 놀이행동이 나타나지 않는다고 주장했다. 예를 들어, 곤충이나 물고기 등에서는 놀이가 나타나지 않는 데 비해서 진화가 많이 진행된 포유류에서는 놀이가 나타난다는 것이다. 왜 진화가 진전된 동물에게서만 놀이가 나타났을까? 진화가 극도로 진전된 인간에게서 나타난 놀이행동은 먹고 자는 생존을 넘어서 '즐거움'을 느끼고 유지하는 선으로 진화되었음을 가정할 수 있다. '즐거움'을 느끼는 것도 길게는 생명을 유지하는 수단이라고 볼 수 있기 때문이다. 즐거움은 인체 내 '도파민' 호르몬이 분비되는 행동을 반복시켜 호르몬의 분비를 촉진한다. 이렇듯 신체의 긴장을 풀고 이완시키는 과정에서 인간은 행복감을 느끼고, 긴장 이완 호르몬의 분비를 경험한 신체는 반복적으로 놀이행동을 하도록 만든다.

즐거움을 느끼는 본능적 행동에는 출산을 위한 행동인 성적 행동도 포함되었다. 동물이 출산을 목적으로만 성적 행위를 하는 것과 달리 인간은 출산 목적 외에 쾌락을 추구하는 놀이행동으로 성적 행동을 전환시킨 것이다.

놀이는 게임경기에서 더욱 진화해서 사람 간의 관계에서 이루어지는 쾌감, 관계의 전환, 단절 등 구조적 지형 변화가 이루어지는 데에서 발생하는 쾌감을 줄 수 있다. 각각의 관계를 형성하고 관계를 유지하며 변화시키는 데에는 고도의 소통이 필요하다. 언어를 사용하든 사용하지 않든 소통은 인간 사이의 관계를 잇는 다리 역할을 한다. 이 다리를 통해 때로는 인간 사이의 관계를 확장할 뿐만 아니라 관계의 질을 높이기도 하고 악화시키기도 한다. 이처럼 관계의 구조 속에서 사람들은 언어 소통으로 관계를 심화시키기도 하고 관계를 차단하기도 한다. 때로 관계 속에서 어떤 사람은 고통을 느끼기도 하지만 어떤 사람은 쾌감을 느낀다.

소통이 대인권력의 양상을 띠는 것은 관계의 지속과 단절에서 볼 수 있다. 개인이 여러 관계를 잇고 끊는 작업을 하는 것은 한 개인의 가족관계나 친구관계에서 일어난다. 나아가 복잡한 관계 맺음과 끊음에 관련된 행위는 복잡한 정치행동으로까지 진전될 수 있다. 최고의 놀이가 위험을 동반한 쾌락행동이라고 본다면, 권력을 유지하고 행사하는 정치행동은 또 다른 쾌락을 추구하는 최고의 놀이행동일지도 모른다.

이상에서 보았듯, 유기체에게 놀이행동의 결과는 신체운동을 통한 쾌감, 사람 간 소통을 통해 관계를 변화시키고 나아가 관계 구조의 변화를 통해 권력 행사를 하는 쾌감까지 포함하는 것이라 할 수 있다.

2) 반복이론 관점

진화론과 동일한 이론적 맥락에서 Stanley Hall의 반복이론(recapitulation theory)을 살펴볼 수 있다. 반복이론은 개체는 종의 진화과정을 반복하면서 발달한다고 주장했다. 태내기와 출생 후 발달하는 과정에서 그 종의 생물발달과 문화발달이 반복된다는 것이다. 즉, 동물이 태내에서 수정되고 출생 후 성장하는 과정은 마치 그 종의 진화과정이 반복되는 것과 같다는 것이다.

진화가 더 진전된 인간의 출생과 성장과정은 이제까지 인간의 진화과정인 동물, 미개인, 유목민, 농경 및 정착인, 부족민의 단계로 이행되는 과정이 반복된다. 예를 들어, 먹는 행동의 경우에 동물이나 미개인처럼 생식을 하다가 유목민 시기에 조리를 통한 단기 저장식을 먹고, 정착민이나 부족민 시기에는 조리와 장단기 저장식을 준비하여 먹는 것을 볼 수 있다. 먹는 행동도 초기에는 배고픈 것을 달래고 허기를 채우는 방식이었으나 정착 이후에는 먹는 행동이 쾌락의 행동으로 바뀐다. 로마 귀족의 미식행동이 그 예다. 예부터 오늘까지 사람들은 음식을 '먹이' 에서 쾌락 추구의 '놀이' 로 전환했다고 해도 과언이 아니다(Friedman, 2009).

인간의 쾌락을 추구하는 놀이행동은 여러 단계로 발달하는데, 출생 직후 동물의 단계에서는 오르기 · 흔들기, 미개인 단계에서는 술래잡기 · 숨바꼭질 · 사냥 경기 등, 유목민 단계에서는 애완동물 돌보기, 농경 정착기에는 모래놀이 · 인형놀이, 그리고 부족민 단계에서는 팀 경기가 나타난다고 주장했다(Frost, Wortham, & Reifel, 2005). 이처럼 인간은 초기 단계에서는 단순한 신체놀이에서 시작해 점점 복잡한 경기를 즐긴다. 경기는 신체의 힘과 경기 규칙이라는 지적 전략의 두 가지 측면이 부각된다. 점차 경기 규칙의 복잡성이 심화되면서 신체의 힘보다는 인지적 기술의 중요성이 강조된다. 따라서 인간은 발달하면서 인류 역사가 반복되듯이 원시 상태에서부터 고등 수준의 정신적 · 사회적 기술을 취득한다.

3) 생애주기 관점

시대의 흐름에 따른 인간 종의 발전 흐름은 종의 발생론자들의 주장대로 개체 발생에서 반복되고 있는 듯하다. 개체의 출생에서 죽음에 이르기까지 전생애적 발달 단계에서 긴장을 줄이고 이완을 증가시키는 놀이행동이 지속되며, 그 놀이행동의 기능적 확대를 볼 수 있다. 이와 같은 놀이 기능의 확대에 따라 놀이의 의미가 지속되는지, 아니면 변화하는지 그 양상을 밝혀 볼 수 있을 것이다.

그런데 특정 종의 발생학적 행동을 연구할 때 성체(成體)에서 그 종의 발생학적 행동을 찾아내기란 쉽지 않다. 오히려 태어나서 얼마 안 된 어린 동물의 행동에서 쉽게 찾아낼 수 있다. 어린 동물의 행동에서 찾아낸 행동이 과연 타당한 것인지는 어떻게 밝혀낼 수 있을까? 이때 사용할 수 있는 방법은 종간의 발생학적 행동을 비교분석하는 연구다.

종의 발생학적 행동 비교에 주로 사용되는 것은 사회적 행동이다. 그중 두 가지 행동이 특히 중요한 의미를 지닌다. 하나는 적대적 행동의 조정 발달과 지배 관계의 형성에 대한 것이고, 다른 하나는 비적대적 상호작용의 발달에 대한 것이다(Bekoff, 1972). 이 사회행동 발달은 두 단계로 확인할 수 있다. 첫 단계는 동물의 행동목록(ethogram)과 사회조직도(sociogram)를 조사하는 것이다. 행동목록을 작성하기 위해서 동물행동학자들의 연구방법 중 가장 중요한 것은 특정 운동 패턴의 분석이다. 어떤 종의 개인차를 감안하고서도 여러 개체에서 공통되게 나타나는 특정 운동 패턴을 분석할 수 있다(Bekoff, 1972). 실제로 Bekoff(1972)는 동물의 행동목록을 찾아냈다. 행동목록의 범주는 5개로서 출생 후 근접성 추구행동, 적대행동, 소극순종행동, 적극순종행동, 싸움과 적대놀이다. 아기 침팬지, 아기 원숭이의 어미 추종행동이라든가, 어미 침팬지와 원숭이의 수유행동 등 유사한 맥락에서 이루어지는 행동의 공통성을 찾을 수 있다. 즉, 동물의 놀이행동 속에서 소극순종이나 적극순종이 나타나며, 심지어 싸움이나 적대행동도 놀이행동에서 나타난다. 이렇듯 동물의 놀이행동은 여러 기능을 한다.

그렇다면 동물의 놀이행동과 인간의 놀이행동은 같은가, 아니면 다른가? 인간의 놀이도 동물의 놀이와 유사하게 이루어지고 있으나 몇 가지 차이점이 있다. 우선 인간의 놀이는 자발성에 입각해 있다(Huizinga, 1938; Piaget, 1962; Vygotsky, 1976). 자기 의지가 강하게 작용하고 있다는 것이다. 그리고 동물의 놀이가 구체성을 띤 행동이라면 인간의 놀이는 상징놀이나 가상놀이처럼 구체적 행동만이 아니라 추상성과 상징성을 띠기도 한다. 놀이는 게임 등에서 보듯 규칙을 창조해 가거나 질서를 창조하는 특성이 나타나므로 인간의 놀이는 곧 질서라고 한 Huizinga(1938)의 말도 과언이 아니다.

3. 놀이의 기능

놀이는 생명현상의 긴장 이완 기능을 하고, 또래관계를 활발하게 하는 등 사회성을 발달시키고, 관계 속에서 긴장을 이완시키는 기능을 하며, 심미적 발견 기능을 하고, 문화학습의 기능을 한다.

1) 생명체의 긴장 이완 기능

생명체의 움직임은 생명 유지에 필요하다. 생명체는 끊임없는 긴장을 경험하는데, 장시간 긴장상태에 있을 때 생명체는 에너지 소진과 신체적 피곤을 느낀다. 생명체는 스스로의 생명 유지에 필요한 적정 수준의 에너지를 소모하기 위해서 긴장을 느끼고 이완시키는 활동을 해야 한다. 즉, 긴장과 이완의 반복으로 생명체는 스스로 적정 수준의 긴장을 유지하는 것이다.

긴장 시에는 스트레스를 받아 코르티솔 호르몬의 분비가 촉진된다. 두뇌는 물론이고 근육도 경직될 수 있다. 긴장으로 인한 신체적 반응은 특정 사물에 관심을 집중시키고 온몸의 신경을 위기체계로 작동시킨다. 이러한 반응이 무한정 지속되면 두뇌 세포가 죽어 두뇌 손상 내지 두뇌 부위의 활성화가 감소될 가능성이 있고, 신체의 면역 기능이 감소하며, 질병에 노출될 가능성이 높아지는 경향이 있다. 한편, 긴장을 이완시킨 경우에는 호르몬의 분비가 달라지며 근육의 경직도 완화된다.

일상생활은 긴장의 연속이다. 원시시대부터 오늘날까지 자연재해를 비롯해 천적으로부터 자신의 생명을 보호해야 했다. 동물은 이와 같은 장시간의 긴장에서 벗어나기 위해서 스스로 이완상태를 원했다. 따라서 생명체는 생명을 유지하기 위해서 긴장을 이완시키는 여러 시도를 해 왔다고 볼 수 있다. 그중 한 가지 방법으로 놀이를 했는데, 놀이를 통한 긴장 이완은 생명현상의 유지에 도움이 되기 때문에 생명체는 반복적으로 긴장을 이완시키는 놀이행동을 했다. 아동의 경우도 금지행동에 대한 억제 지시 등으로 심리적 스트레스를 받아 생리적 변화를 일으켰지만(Kagan, Reznick, & Snidman, 1987) 놀이행동을 하면서부터 긴장이 이완되었고, 이러한 경험은 스트레스에 대한 긴장과 이완 효과를 무의식적으로 인식하게 만들었다. 그 때문에 아동은 긴장을 반복적으로 이완시키기 위해 놀이행동을 반복적으로 지속했을 것이다.

2) 사회적 관계의 확대 기능

동물의 놀이행동은 감각운동 발달에 기여함은 물론이고 사회적 관계를 발달시킨다고 알려져 있다(Doehinow & Bishop, 1970). 특히 어려서 홀로 성장하여 사회적 관계를 맺는 기술이 부족한 원숭이들이 놀이를 통해 점진적으로 사회적 능력을 회복하는 것이 가능했다(Harlow & Harlow, 1961). 장기간 또래 원숭이들과 격리되어 성장한 원숭이가 복잡한 놀이과정을 통해서 또래 조직을 발전시키겠다는 동기가 생겼고 사회적 관계를 맺는 기술을 형성했다. 이처럼 사회적 관계 형성의 기술 부족이 놀이를 통해서 회복된다는 이 사실은 여러 종류의 동물을 통해서 입증되었다(Bekoff, 1972; Blurton, 1972).

동물의 종간 비교를 통해서 공통적으로 밝혀진 사실이 동물의 놀이행동에 대한 설명을 제공한다면, 그것이 인간 아기의 사회적 행동을 설명하는 데 도움이 될 수 있는가? 동물의 행태를 통해 인간의 행동을 설명하려는 동물행태론적 관점에서 놀이행동을 생리적 · 심리적 관점에서 보는 것은 세 가지 장점이 있다(Kagan,

Reznick, & Snidman, 1987). 첫째는 생리적 · 심리적 정보는 보다 심층적 이해가 가능하다는 점이다. 둘째는 생리적 · 심리적 정보 수집은 유기체의 타고난 생리적 특성과 사건의 특성과의 상호작용을 밝혀 낼 수 있다는 점이다. 셋째는 2개의 결과가 다를 때 질적 기술이냐 양적 기술이냐를 선택해 조사자는 명확히 재확인할 수 있다는 점이다. 실제로 자유놀이 중에 남녀 유아의 테스토스테론 호르몬의 수준이 다름을 밝힌 연구가 있다. 유아기 남아 28명과 여아 20명의 놀이행동을 비디오로 녹화하여 우호적 행동과 적대적 행동으로 나누고 테스토스테론 호르몬의 수준을 측정하였다. 남아에게서는 실제 공격행동과 테스토스테론 호르몬의 수준이 정적 상관이 있었다. 그러나 놀이 중 공격행동과 테스토스테론 호르몬의 수준 사이에는 관계가 없었다. 이로써 테스토스테론 호르몬을 실제 공격행동의 측정지표로 사용할 수 있다는 사실을 입증했다(Sanchez-Martin, Fano, Ahedo, Cardas, Brain, & Azpiroz, 2000). 동시에 놀이가 테스토스테론 호르몬과 공격행동 간의 관계를 차단시킬 수 있음을 밝힌 것이다. 실제로 놀이가 가능한 감옥보다는 놀이가 불가능한 감옥에서 공격성이 더 증가되었다고 한다(Frost & Jacobs, 1995). 어린이집에서 이루어지는 자유놀이 현장에서 유아들은 놀이의 틀을 유지하거나 그 틀을 변화시키는 데 다양한 또래 간의 관계전략을 사용했다(전가일, 이순형, 2013). 이처럼 놀이는 또래 간 관계를 형성하고 유지하며 변화시키는 과정에서 지원 기능을 하고 있다.

3) 사회 및 자연탐구 기능

놀이는 지식을 수반하는 기능을 한다고 Huizinga가 말했다. 경기를 할 때 승자가 되려는 충동이 인간 정신의 영역, 즉 지식과 지혜를 모아 사용하려 한다는 것이다. 고대인들에게 용기 있는 행동은 바로 힘이었고, 지식은 마술적 힘이었다. 그들에게는 어떤 지식도 우주의 질서 그 자체와 직접 연계되기 때문이다. 또한 인도의 브라만은 놀면서 지혜 겨루기 수수께끼(Huizinga, 1938)를 풀었다. 지혜 겨루기 수수께끼 놀이를 통해서 지식과 추리능력이 증가되었을 것임에 틀림없다.

놀이의 사회 및 자연탐구 기능은 일찍이 현대 아동의 놀이에서도 출현한다. 아동은 놀이를 통해서 사물과 자연에 대한 지식을 획득하고 확대해 나간다. John Dewey는 두 가지 방식으로 아동의 놀이를 보았다. 하나는 유아들에게 보다 일반화된 지식의 내면화를 제공하는 것, 그리고 또 하나는 자유롭게 본질적으로 사회와 자연을 탐구하는 것이다. 자유활동을 통해 사회와 자연을 탐구하고 그에 대한 지식의 내면화를 이끌어 내는 것이다. 때로 아동의 놀이에서는 놀잇감이 지식의 매개체로 사용될 수 있다. 놀잇감에 해당되는 사물은 영아가 병행놀이에서 상호작용 놀이로 전이될 때 매개 역할을 하는 것으로 보고되었다(Johnson, Cristie, & Yawkey, 1999). 아동기 이후 언어놀이는 인도의 브라만과 마찬가지로 지적 능력을 향상시키는 촉매 기능을 했을 것이다.

4) 문화학습 기능

아동의 놀이는 문화행동이라고 인류학자들은 말한다(Hirschfeld, 2002). Huizinga (1938)는 세계 각지에서 자료를 수집하여 어느 사회에서든 놀이는 사회적이고 문화적 기능을 수행한다고 주장했다. 이러한 놀이의 사회문화적 기능에는 아동기와 성인기에 차이가 없다고 못 박았다. 그가 제시한 사회문화적 기능은 집단 형성과 사회 내 명확한 공동체의 형성, 집단과 개인 간의 사회적 지위 획득, 사회적 결속 형성, 문화 변형, 사회적 대립 표현, 사회적 관심사 재등장 등이다. 즉, 음악 공연, 성인 축제, 스포츠 등은 모두 아동기나 성인기 놀이로 본 것이다. 그는 이를 통해서 문명이 발달한다(Frost, Wortham, & Reifel, 2005)고 주장했다.

사람들은 그 집단 문화의 관습, 믿음, 가치, 제도와 관련해 지식과 기술을 후대에 전수하려고 한다. 이에 따라 성인은 아동에게 여러 가지 경로나 방법을 이용해 문화내용을 전달한다. 그중에서도 문화 전달은 놀이를 통해서 이루어지는데, 현재 성인으로부터 아동에게 동요나 동화(이경우 외, 1995)를 통해 전해진다.

놀이를 통해 문명이 발전했다는 것과 같은 맥락에서, 놀이를 통해 민주적 문제 해결 방법도 훈련이 가능했다고 본다. 놀이 속에서 민주적 원리를 통한 갈등 해결을 연습한 것이므로 민주적 원리를 통한 갈등 해결 방식은 놀이의 유산이다(Dewey, 1916). 마찬가지로 아동기에도 놀이가 갈등을 민주적으로 해결하도록 훈련시키는 기능을 했다.

Erik Erickson은 저서 『아동기와 사회(Childhood and Society)』(Erickson, 1969)에서 한 지역사회의 모든 아동이 놀잇감에 대해서 공통의 의미를 갖지만, 일부는 특수한 의미를 지닌다고 했다. '얼레와 줄'에 담긴 생각이 보통은 속박 속에 사는 것이라는 공통 의미를 지니지만 얼레와 줄 사용법을 배운 일부 아동에게는 특별한 의미가 있다는 것이다. 따라서 어떤 아동의 놀이를 평가하려면 공동체에서 어떻게 생각하고 있는지를 알고 있어야 하며, 개별적으로 주의 깊은 관찰이 필요하다고 했다. 개인이 어떤 경험을 했는지에 따라서 특수한 의미가 있을 수 있기 때문이다.

개인의 경험만이 아니라 국가의 경험에 따라서도 놀이에 대한 의미가 다를 것이다(이기춘 외, 1997). 사회역사적 체험이 같다는 점을 반영하듯, 남한사회와 북한사회는 모두 일제시대에 부르던 놀이노래를 부르고 있다(이순형, 1991, 2000). 그러다가 분단으로 인해 남한사회와 북한사회에서 아동이 부르는 놀이노래는 변화를 겪었다. 북한의 경우에는 정치사회적 문화를 반영하는 놀이노래 가사가 많다. 북한의 놀이노래는 그들의 체제 수호의 기능에 충실하여 일정한 틀에서 벗어나지 않는다. 북한 아동이 부르는 놀이노래는 일부가 서정적 내용, 애국, 애향 등을 묘사한 내용이었고 상당수는 집단주의와 유일사상에 의한 노래들이었다. 김일성 부자를 숭배하고 찬양하는 노래가 많았으며, 김일성의 모친을 찬양한 노래도 있었다(이순형, 1999). 놀이노래가 아동의 정치사회화를 위한 도구로 사용되어 온 것이다.

아동들이 등·하굣길에 부르는 노래들은 아동단과 소년단의 '용진가' 등으로, 집합주의적 행동양식을 구축하려는 목적에서 작곡된 것이 많았다. 주체사상을 보급하려는 목적에서 제작되었기 때문에 대부분의 놀이노래가 체제 수호와 일인 우상화 등의 의미를 띠었다. 그러나 북한은 반세기 동안 외국문화를 차단하여 우리말 가사를 지키고, 그것을 유지해 왔다. 노래의 소재는 일제시대의 노래 소재와 이어지고, 소박한 우리말을 지켰으며, 한민족의 정서를 표현했다는 의의는 평가할 만하다(이순형, 2000).

5) 생활기술 학습 기능

Gross는 동물에서도 어미보다 새끼가 놀이를 더 한다고 보고했다. 동물과 마찬가지로 인간도 성인기보다 아동기에 놀이를 더 많이 한다. 미성숙 시기에 놀이를 통해 연습한 것이 후에 성인이 되었을 때 종의 적응을 돕는다는 것이다. 놀이는 어린 새끼의 일상생활의 적응이라는 목표에 도달하게 하여 결과적으로 종의 생존에 기여한다는 것이다(Gross, 1898, 1901). 이러한 사실은 실제로 아프리카 리베리아의 한 지역에 살고 있는 아동의 일상생활과 사회화를 중심으로 놀이를 기술한 자료에서 입증되었다(Lancy, 1996). 경제적 필요에 의해서 마을에서 일을 하는 아동들은 가상놀이(nee-pele)[2]를 통해서 경작, 벼 베기, 가족 부양, 야자열매 수확 기술을 획득한다고 한다. 에스키모 소녀들은 문화와 관련된 상징을 조각해서 '진흙판'을 만들어 놀이를 했다(deMarraiis, Nelson, & Baker, 1994). 우리나라 아동들은 명절에 조상의 이야기를 듣기도 하며(이순형, 2009), 또 우리나라를 비롯해 중국, 타이완 아동들은 설날에 연날리기를 한다(중앙교육연구소, 1962; 최우일, 1988; Pan, 1994). 이러한 놀이는 아동이 속한 문화의 특성을 가지고 있으며, 그 민족의 삶의 모습을 재연하도록 함으로써 아동에게 문화를 학습시키는 것이다.

2 리베리아 지역에서 부르는 가상놀이를 말한다.

6) 소통의 발달과 훈련 기능

영아는 초기에 소리보다는 몸짓을 통해서 의미를 전달한다. 반복된 몸짓을 통해 스스로 놀이에서 즐거움도 찾고 다른 사람들에게 그 즐거움을 전달하기도 한다. 이후 연령이 증가하면서 영아는 언어로 의사를 전하고 차츰 언어놀이를 즐기게 된다. 언어놀이는 아동이 언어체계의 여러 측면을 탐색하고 조작하는 방식으로서, 이를 통해 상대와 더불어 직접 소통한다.

실제 소통 외에도 가상놀이를 통해서 소통을 경험하기도 한다(Winnicott, 1971). '~라면', '~가 된다면~' 등의 가정 문장을 사용해서 아동이 가상 속의 사실을 경험하듯, 소통의 양식은 가상놀이를 통해서 발전된다. 이와 같은 가상놀이를 통해서 현실이 아닌 공상 속의 세계를 학습하듯이 아동은 놀이에서 보이지 않는 상대적 입장을 학습한다. 자기중심성을 극복하기 위한 언어놀이가 가능한 것이다. 청소년이나 성인들도 '~가라사대' 등 언어놀이를 통해서 상대방과 상호작용할 때 입장을 바꾸어 보는 훈련을 할 수 있다. 상대방의 입장에 서 보는 것은 상대적 관점을 학습하는 것으로, 소통에서 가장 중요한 인지요소가 될 것이다.

4. 놀이의 변천

사회의 발달 단계에 따라 그 사회문화에 적절한 놀이가 나타난다. 그러므로 사회의 산업화 유형과 정도에 따라서 아동의 놀이 양과 유형 및 종류에 차이가 있을 것이다. 어떤 사회에서는 아동이 자연물을 가진 비교적 단순한 놀이에 몰입하는가 하면, 어떤 사회에서는 인공물을 가지고 비교적 복잡한 놀이에 몰입한다. 어떤 사회에서는 아동이 고도로 복잡하고 정교한 게임에 몰두하고, 어떤 사회에서는 게임이 너무나 단순하거나 특정한 경쟁적 게임의 종류가 거의 나타나지 않는다. 구체적으로 농촌 경작사회에서 아동의 놀이는 자연물과 관련되어 있고, 비교적 규칙의 복잡성이 덜한 놀이를 하는 경향이 있다. 때로 아동의 놀이는 쾌감을 얻는 이외에 경작이나 가사를 돕는 것과 관련되어 있다(Harkness & Super, 1983). 도시 산업사회에서 아동의 놀이는 자연과 거리가 멀고 인공 놀잇감과 관련해 비교적 규칙이 복잡한 놀이를 하는 경향이 있다. 때로 아동의 놀이는 쾌감을 얻는 이외에 경쟁을 경험하는 기능을 하기도 한다. 현대 정보사회에서 아동의 놀이는 컴퓨터나 모바일폰 등 기계를 통한 것이 추가되었거나 대체되었을 것이다. 다양하고 정교한 전자통신기기의 발전에 따라 아동의 놀이는 이전 시대에서는 상상할 수 없었던 방향으로 변화될 것이다.

사회문화의 변화로 그 문화권에 속한 아동 개체의 관점에서 발달론자들은 놀이가 아동의 일상활동 중 1/3 이상을 점유하는 행동(이경우 외, 1995; 이소은, 2000; Lee, 1994; Lee & Tudge, 1995)으로서, 자유롭게 선택되고 본질적으로 즐거움을 주며 내적으로 동기화되고 놀이 자체가 목적이 되는, 자발적 참여활동(Rubin, Fein, & Vandenberg, 1983)이라는 점에 주목했다. 발달론자들은 놀이가 아동 자신의 생명을 유지하는 생존뿐 아니라 인지 및 사회성 발달에 기여하는 기제로 기능한다고 보았다. 이들은 발달의 측면을 강조하면서도 환경의 영향을 간과하지 않았다. 따라서 아동의 놀이발달은 아동의 자율적 의지에 따른 자발적 행동임과 동시에 맥락의 영향을 받는다는 사실을 의미한다.

사회맥락의 주요한 요인으로 사회의 산업 변화로 인한 경제환경의 변화를 들 수 있다. 경제환경은 생활 수준의 향상이나 저하를 의미하는 데 그치지 않고 삶의 양상과 질에 영향을 준다. 특정 사회의 기술 발달 수준이 그에 속한 개인의 삶에 영향을 준다는 것은 정보사회에서 명확히 확인된 바이므로 사회의 경제 및 기술 발전 수준에 따라 놀이가 달라질 수 있다. 하나의 민족이더라도 여러 국가로 나뉘었을 때 각각의 국가가 오랫동안 독립적으로 발달하여 발전 수준이 다르다면 아동의 놀이에 차이가 있음을 예상할 수 있다.

한민족(韓民族)은 일제강점기 이후 한반도를 포함해 만주지역, 일본, 러시아지역 등에서 반세기 이상 살아왔다. 한민족 아동들은 놀이를 하고 놀이 도중에 흥을 돋우기 위해서 놀이노래[3]를 불렀을 것이다. 놀이노래는 소재와 내용이 다양하고, 규칙적 음률을 지닌다. 아동의 놀이와 놀이노래가 전통적으로 전해진 노래와 동일한지를 살펴보는 것은 놀이의 역사성(Belsky & Most, 1981; Wohlwill, 1984)을 고찰한다는 데 의미를 지닌다. 조선시대나 고려시대와 유사한 소재와 음률의 노래가 오늘날에도 불린다면, 그 노래는 민족 정서를 나타낸다고 볼 수 있다. 여기서 민족 정서란 특정 민족에서 대대손손 면면히 전해지는 가락과 정서로 정의할 수 있다. 특히 분단과 같은 정치·사회적 이유에서 한민족이 분리되었지만 그들이 한민족으로서 정서적 정체성을 지니고 있는가는 놀이노래의 가사를 통해 파악할 수 있을 것이다.

5. 생애주기에 따른 놀이의 변화

생애 초기부터 놀이는 즐거움을 수반하는 행동으로 의미를 지닌다. 신체 동작을 통해서든, 언어를 사용해서든, 게임을 해서든 유아는 즐거움을 느끼고 그 즐거움이 반복되기를 바랐다. 처음에 신체 동작을 통해서 얻은 즐거움은 생래적으로 단순한 것이었고, 점차 연령이 증가하면서 인지적 즐거움이 증가되는 양상으로 변화했다. 아동기에 단순한 언어놀이를 즐기고 게임을 즐기다가 점차 복잡한 언어놀이와 게임을 즐기는 것이 바로 그러한 예다. 청소년기 신체놀이는 왕성한 에너지를 분출하고 신체 기능을 활성화하는 데 기여한다. 또한 청소년기 언어놀이는 그들의 언어를 부호화하여 새로운 기호로 만든다. 휴대전화의 문자는 성인들이 이해하기

[3] 놀이노래와 노래놀이는 다르다. 놀이노래는 놀이 도중에 부르는 노래를 말하며, 노래놀이는 그 노래 자체가 하나의 놀이과정을 포함하고 있는 것이다. 전자는 놀이의 종류에 관계없이 어떤 노래든 부를 수 있으나, 후자의 경우에는 한 가지 노래로만 그 놀이를 할 수 있다. 따라서 전자에 후자가 포함된다.

어려운 기호로 청소년들만의 정서와 사고를 담는 것으로 변모했다. 그들만의 상징과 문화가 게임 속에 놀이형태로 들어 있다고 볼 수 있다.

성인기 놀이도 즐거움을 얻기 위한 것이지만 이들은 일과 가사에 시달려 놀이가 필요해도 그 놀이시간을 갖지 못한다. 어쩌다 놀이를 하더라도 형식적 기호화나 부호화된 청소년기 언어놀이 문화에서 벗어나기 일쑤다. 직장과 생활을 책임지고 가정을 유지하기 위해서 애쓰는 성년들이 일에서 잠시 벗어나 지속적으로 누적된 스트레스로부터의 탈출구로서 놀이를 활용하면 좋을 것이다. 놀이는 신체의 움직임을 활성화하고 정신활동의 이완을 가져올 수 있기 때문이다.

노인기 놀이는 즐거움을 추구하는 것이면서도 실제로 자신의 생명 유지를 위한 의미가 있다. 신체를 움직이지 않으면 경직되어 순환기에 문제를 일으킬 수 있고, 여러 의미의 단어나 문장이 혀끝에서 맴돌기 때문에 언어놀이는 두뇌활동을 활성화하는 것으로 두뇌의 기능과 연관되어 있다. 이처럼 노인기 놀이는 신체활동을 원활히 해 주고 두뇌의 세포를 활성화하며 생명을 연장하는 데 도움을 준다.

요약하면, 놀이는 전생애에 걸쳐 인간의 생명현상과 관련해 기능한다. 연령이 증가되면서 발생하는 근육활동의 결핍으로 인한 이동의 부자유스러움, 두뇌 세포의 노화와 사망으로 인한 기억력 부족과 어휘 및 문장 사용의 부족, 신체기관의 노화 및 축적물로 인한 내분비기관의 비활성화 등의 문제는 생명의 유지와 관련된 현상이다. 놀이는 인간의 생래적 프로그램에 따른 신체와 두뇌, 신체 내부 기관의 사멸을 방지하고 늦추는 생명 활성화의 수단이다. 따라서 인간은 생애 어느 시기에 있든 자신의 생명을 유지하고 시기별로 적절히 발달하기 위해서 적절한 놀이로 신체와 정신작용의 과부화된 스트레스에서 벗어나 이완시키는 노력이 필요하다고 하겠다.

6. 국가의 발전 단계별 아동놀이

국가의 경제 및 기술 발전 단계별 아동놀이 특성이 어떻게 나타나는지, 그리고 그러한 특성은 지역에 따라서 어떻게 다른지 살펴볼 수 있다(이순형, 2011).

우리나라 아동의 놀이는 산업 발전과 기술 발달의 수준에 따라서 네 단계로 나눌 수 있다. 첫 단계는 해방 이후 농경사회로 왕성한 골목길 놀이 시기, 둘째 단계는 산업개발 시기로 고속도로가 건설되고 오디오와 텔레비전의 보급이 확산됨에 따른 실외 신체놀이의 감소 시기, 셋째 단계는 1980년 민주화운동 이후 88올림픽을 치르고, 아파트 주거문화의 확산으로 신체운동놀이가 감소하는 시기, 넷째 단계는 텔레비전 보급률이 99.3%에 이르고 1995년부터 컴퓨터가 보급되기 시작하여 국민의 90% 이상이 초고속정보망을 이용해 인터넷을 하는 현재 단계로 인터넷을 통한 전자오락놀이가 확산된 시기다.[4] 이 단계별 경제환경 특성을 국가통계[5]에 따라서 보면, 단계 1은 해방 후 1969년까지에 해당한다. 1956년에 첫 방송[6]이 시작되기는 하지만 아직 이렇다 할 산업의 개발이 이루어지지 못한 단계다. 단계 2는 연국민소득이 20배가 넘게 발달한 시기로, 이때는 급격한 경제성장과 더불어 사회변화도 급격했기 때문에 10년 단위로 전·후기를 나눈다. 급격한 국민소득의 변화는 남한뿐 아니라 중국과 일본의 경우도 마찬가지였음을 **표 1-1** 에서 살펴볼

4 1945년부터 10년 주기로 아동의 놀이를 고찰한 野恒義行(1977)에 따르면 1945~1955년경은 놀이의 번성기로 운동이나 길거리 놀이가 왕성한 시기, 텔레비전이 없던 시기이며, 1955~1965년은 경제부흥 초기로 신칸센 개통, 동경올림픽(1964년), 텔레비전의 보급(90%)에 따른 놀이의 쇠퇴기다. 1965~1975년경은 놀이의 쇠퇴기, 그리고 1980년 이후에는 전후의 물질적 풍요로움에 반비례하여 마음이 가난해지고 있다는 반성이 있다(정금자, 1998에서 재인용).

5 KOSIS: Korean Statistical Information Service, http://kosis.kr/

6 1956년 5월 12일 종로 동일빌딩 3층에서 개국한 HLKZ-TV.

수 있다. 단계 3은 연국민소득이 2배 가까이 증가한 20년이 해당된다. 단계 3은 인터넷 사용자의 비율이 전체 인구의 1/3에 미치지 못했던 전기와 2000년 이후 남한의 인터넷 사용자가 50%를 넘은 후기로 나눌 수 있다. 주목할 것은 남한과 북한의 사회기술의 차이가 정보사회 진입의 시차를 가져왔고, 그러한 전자 발전시기의 지연을 보여 준다는 점이다. 한 예로 1990년에 남한은 단계 3에 진입하고 있었지만 북한은 단계 2의 후기에 진입한 것으로 보인다. 또한 중국은 2009년에 비로소 인터넷 사용자 비율이 두 자리 수를 넘었을 뿐으로 대다수 아동의 놀이 단계는 단계 2의 후기로 볼 수 있다.

각 단계는 고유한 놀이문화의 특성을 지니고 있을 것이다. 단계 1에서는 실외 신체놀이의 특성을, 단계 2에서는 실외놀이의 점진적 감소와 실내놀이의 증가를, 특히 단계 3과 단계 4에서는 실내에서의 전자매체놀이가 증가하는 양상을 보일 것이다.

시기특성별 아동놀이 양상의 비교는 전반적 놀이 참여에 대한 상대적인 비교로 차이가 드러나므로 아동의 일상놀이를 파악해야 한다. 그를 기준으로 단계별 아동의 놀이를 파악하는데, 특히 단계 1, 2, 3의 특성상 단계가 진행될수록 신체놀이의 감소와 더불어 매체놀이가 증가할 것으로 예상된다. 따라서 단계별 일상놀이와 매체놀이를 비교해 볼 필요가 있다. 아동이 소속되어 있는 국가나 문화집단의 가치, 즉 넓게는 국가의 이념, 경제체제, 사회제도 등과 좁게는 아동이 살고 있는 지역의 특성에 따라서 아동의 놀이 양상이 다르게 나타나는지 검토해야 한다. 특히 매체놀이는 사회적으로 영상매체가 확산되어 자유롭게 영상으로 아동, 청소년 놀이문화를 접할 수 있는 분위기에서 가능한 일이다. 북한은 폐쇄적으로 계획된 사회로서 아직 인터넷 사용자수가 공개되지 않을 정도로 인터넷 접근이 소수자에게 국한되어 있고, 영상매체가 확산되지 않았기 때문에 공식적으로 매체놀이가 어떻게 이루어지는지 노출되지 않았다. 그러나 매체문화는 그 본질상 침투력이 강하여 북한 국경을 넘어 아동, 청소년들에게 영향을 미쳤을 가능성도 없지 않다.

표 1-1 단계별 일인당 국민소득 (단위: $)

구분	단계1 1945~1969	단계2의 전기 1970~1979	단계2의 후기 1980~1989	단계3의 전기 1990~1999	단계3의 후기 2000~2009	단계4 2010~
남한		255	1,660	6,306~9,901	11,350~17,085	
북한		387~625	642~810	734~451	461~555	
중국				354~862	946~3,648	
일본				24,824~24,761	36,837~39,857	

출처: 이순형(2011).

표 1-2 인터넷 사용자수의 비율 (단위: %)

구분	1999	2000	2001	2002	2003	2004	2005	2009
남한	23.6	41.0	52.2	59.8	65.9	70.6	71.9	81.6
북한	–	–	–	–	–	–	–	–
중국연변	0.7	1.8	2.6	4.6	6.1	7.2	8.5	28.5
일본	21.4	30.0	38.5	46.6	48.4	62.4	66.9	76.8

놀이노래를 예로 시대별 변화를 분석해 보았다. 1차 1989년 남한 아동을 대상으로 놀이노래가 조사된 이후 10년이 지나 1999년에 남한, 북한 지역 놀이와 놀이노래가 각각 조사되었다.

1) 단계 1(1945~1969)과 단계 2(1970~1989)의 아동놀이 특성

단계 1, 2의 특성은 소박한 놀이의 특성을 지니고 있다. 단계2의 후기인 1980년대의 남한 아동의 놀이는 주로 신체를 이용한 규칙놀이이었다. 1차 조사결과(이순형, 1991)에 따르면 서울지역 아동의 놀이방법은 모두 94가지였다. 이는 땅따먹기 등 땅에 그림을 그리거나 일정한 규칙을 정해두고 놀이하는 땅놀이 14가지, 술래잡기 등 그 외 규칙놀이가 21가지, '꽃 따먹기' 등 언어규칙놀이가 13가지, 공기놀이처럼 특정기구를 가지고 노는 놀이 14가지, 발야구 등과 같은 스포츠 놀이 12가지, 닭싸움과 같은 전래놀이 9가지, 구슬치기처럼 구슬이나 딱지를 따먹는 놀이 7가지, 그리고 기타 놀이 4가지 등이다.

2) 단계 3(1990~2009)의 아동놀이 특성

단계3의 후기인 1990년대 남한에서는 아동의 신체활동놀이가 감소하고 영상매체에 의존하는 놀이가 증가했다. 남한의 아동 · 청소년들이 텔레비전이나 기타 컴퓨터 관련 놀이 등에 집중하고 있는 것이다.

전자기기가 보급되면서 아동의 놀이도 달라졌다. 이 사실은 놀이노래에서도 나타났다. 아동들이 혼자 뛰놀고 공 차고 경주하기, 고무줄 넘기, 게임, 텔레비전 보기, 책 보기, 컴퓨터게임 하기 등을 할 때면 노래를 부른다. 특히 음악을 들을 때나 춤을 출 때 노래를 따라 부르고, 할 일이 없을 때에도 혼자 노래를 부른다. 이러한 현상은 영상세대의 특성으로 텔레비전이나 CD플레이어 등의 전자제품이 일반화된 데서 유래한 것이다.

3) 단계 4(2010년 ~)의 아동놀이 특성

2010년 이후 단계4의 아동놀이는 인터넷을 제외하고는 생각할 수 없을 정도로 인터넷과 밀접하게 관련되어 있다.

우리나라는 인구 중 인터넷 사용자 비율이 전 세계에서 가장 높은 국가다. 우리나라 아동이 매체놀이를 그만큼 많이 한다고 예상할 수 있다. 아동들의 전반적 생활 및 시간 사용 실태의 일환으로 전자매체의 이용 정도를 조사해 그 실태를 밝혔다(김순홍 외, 2007; 박효정, 최상근, 연은경, 2004; 최남숙, 유소이, 2002). 그 결과로 아동의 평소 놀이활동을 보면 44.3%가 텔레비전이나 비디오를 시청하고 24.7%가 컴퓨터 및 게임을 하는 것으로 알려지고 있다.

이처럼 많은 아동이 매체놀이를 하고 있으므로 매체놀이가 아동의 발달에 미치는 영향을 밝히려는 연구가 시도되었다. 이에 따라 전자매체와 아동의 인지발달과의 연관성(김경수, 이소은, 2003; 이순형, 이소은 1997; 전경숙, 이소은 2001; Okagaki & Frensch, 1994), 또는 정서발달과의 연관성(김춘경, 1991; Graybill, Kirsch, & Esselman, 1985; Irwin & Gross, 1995; Silvern & Williamson, 1987)이 밝혀졌다.

그러나 이러한 연구들은 아동이 즐기는 전자매체를 고유한 놀이문화 현상으로서 그 영향을 심도 있게 분석하지 못하고 있다. 전자매체가 아동의 놀이문화에 영향을 미치는 주요 요소인 만큼 단계 3, 4의 전자매체로 인한 놀이문화의 양상을 파악할 필요가 있다.

이러한 필요성에 따라 초등학생의 컴퓨터 사용에 대한 조사를 실시했다(이순형, 이소은, 1997). 초등학생은 주로 게임을 하기 위해(67.2%) 컴퓨터를 사용했으며, 다음으로 숙제나 공부를 하기 위해(22.3%), 그리고 친구들과 채팅을 하기 위해(5.0%) 컴퓨터를 사용하는 것으로 조사되었다.

초등학생의 컴퓨터 사용용도는 연령과 성에 따라 다르게 나타났는데, 저학년은 고학년에 비해 게임을 하기 위해(저학년 73.6%, 고학년 60.7%) 컴퓨터를 많이 사용하는 반면, 고학년은 숙제나 공부를 하기 위해(고학년 25.6%, 저학년 19.1%), 또는 친구들과 채팅을 하기 위해(고학년 7.8%, 저학년 2.2%) 컴퓨터를 사용했다. 성에 따라서는 남아가 여아에 비해 게임을 하기 위해 컴퓨터를 사용하는 경향이 두드러졌으며(남아 75.6%, 여아 58.6%), 여아는 숙제나 공부를 하기 위해(여아 27.1%, 남아 17.6%), 그리고 친구들과 채팅을 하기 위해(여아 7.7%, 남아 2.2%) 컴퓨터를 사용하는 경향을 보였다. 이는 연령이 어릴수록, 그리고 여아보다는 남아가 게임이나 놀이를 목적으로 컴퓨터를 이용하며, 연령이 증가하면서 학습 또는 친구관계 유지를 위해 컴퓨터를 활용하는 경향이 많아짐을 의미한다.

초등학생의 컴퓨터 사용시간을 보면, 하루에 30분~1시간(28.5%)을 사용한다는 응답이 가장 많았으며, 1~2시간(27.7%), 30분 미만(21.2%), 사용 안 함(17.7%)의 순으로 나타나 과반이 넘는 아동(56.2%)이 30분에서 2시간 정도 컴퓨터를 사용하는 것으로 조사되었다.

컴퓨터 사용시간에도 연령, 성 및 거주지역에 따른 차이가 있었는데, 먼저 연령에 따라서는 저학년의 59.7%가 30분 미만 또는 30분~1시간 정도 컴퓨터를 사용하는 것으로 나타나 고학년(38.8%)보다 사용시간이 짧았다. 한편, 1시간 이상 컴퓨터를 사용하는 비율은 고학년이 저학년에 비해 높았다(고학년 46.8%, 저학년 26.7%). 성별로 보면 여아가 남아에 비해 컴퓨터를 30분 미만(여아 23.5%, 남아 18.5%)과 30분~1시간(여아 34.4%, 남아 22.6%) 정도 사용하는 비율이 높았다. 반면에 남아는 여아보다 컴퓨터를 사용하지 않거나(남아 16.2%, 여아 11.6%) 1~2시간(남아 29.0%, 여아 19.9%) 사용하는 비율이 높았다. 거주지역에 따른 결과를 보면, 중소도시 아동이 컴퓨터를 사용하지 않거나(대도시 14.1%, 중소도시 17.2%, 농어촌 10.6%), 30분 미만으로 사용하는 비율(대도시 16.5%, 중소도시 28.1%, 농어촌 18.5%)이 대도시나 농어촌지역 아동보다 높았다. 이는 아동의 연령이 높을수록, 여아보다는 남아가, 그리고 대도시와 농어촌지역의 아동이 중소도시 아동보다 컴퓨터 사용시간이 상대적으로 길다는 것을 보여 준다.

이상에서 보듯 정보사회로 규정되는 21세기의 한국 아동이 자주 참여하는 놀이와 접하는 주요 생활공간은 그 이전 시대의 아동의 것과는 다르다. 현대의 아동은 텔레비전과 컴퓨터를 통해 전송되는 영상으로 듣고 영상으로 생각하고 영상으로 말하는 세대다. 이들은 영상을 통해 서로 의사소통하며 자신들의 의식과 문화를 창출하고, 항시 전자매체에 접속되어 있는 채로 일상적인 삶과 행동이 영위되는 사회문화환경을 조성한다. 또한 아동의 매체놀이 참여시간, 종류, 놀이를 같이하는 파트너와 놀이가 일어난 장소는 사회적 변수와 개인적인 변수에 의해 상당 부분 영향을 받는다. 다시 말해, 아동이 소속되어 있는 문화집단의 가치, 즉 넓게는 한국사회의 전반적 가치, 경제체제, 사회제도 등과 좁게는 아동이 살고 있는 지역의 특성이나 아동 자신의 성, 연령 등의 개인적 특성에 따라서 아동의 매체놀이 양상이 다를 것이다.

7. 놀이노래의 의미

1) 놀이노래의 실태

놀이 가사는 자연과 인간에 대한 보편적 주제를 다루거나 특수한 시대 상황이나 특정 사상을 다룬 것으로 나뉜다. 보편적 주제는 다시 하늘과 땅, 산과 강, 나무와 풀, 꽃과 새 등 주변에서 볼 수 있는 구체적 자연물을 사실적으로 묘사한 서사적 내용과 정서를 표현하는 서정적 내용으로 나뉜다. 그 외에 한 시대의 이념, 즉 종교사상, 계몽이념과 계몽지식을 담은 것이 있다. 이순형(1991)은 놀이노래를 동물, 식물, 사람, 자연물, 계절, 상황 및 기타의 기준으로 나누었다.[7]

먼저, 보편적 정서를 다룬 놀이노래는 고무줄놀이와 언어규칙놀이 중에 부르는 동요로서 동물, 식물, 사람과 자연물 등 생활 주변에서 접하는 구체적 사물을 노래하며, 이 사물에 대한 친근하고 정겨운 정서가 담겨 있다. 분단시대에서 보급된 '무찌르자, 공산당', '전우의 시체를 넘고 넘어' 등의 노래는 수십 년 동안 고무줄놀이의 노래로 불렸다. 이 노래들은 전쟁과 냉전의 산물이다. 둘째, 매체의 보급에 따른 만화주인공에 대한 놀이노래가 불렸다. 'E.T.', '달타냥', '독수리 5형제', '코난', '밍키', '캔디', '샐리', '링' 그리고 '바람돌이'와 '유미'는 대부분 만화의 주인공으로 텔레비전을 통해서 유입된 외래문화의 영향이다. 셋째, 익살스러운 노래가 불렸다. 이는 상식적으로 일어날 수 없는 사태를 가정함으로써 정상 논리에 부합되지 않는 데서 즐거움을 느끼고(McGhee, 1984) 현실로부터 도피할 수

7 임동권은 1975년 한국 민요를 분류하면서 민요 가운데 동요를 따로 분류했다. 임동권의 동요 분류에 따르면, 동물요(動物謠), 식물요(植物謠), 자모요(慈母謠), 애무요(愛撫謠), 자장요(一謠), 정서요(情緖謠), 자연요(自然謠), 풍소요(諷笑謠), 어희요(語戲謠), 수요(數謠), 유희요(遊戲謠)와 기타 노래로 나뉜다.

있다. 가사에 나타난 익살은 음식에 대한 관심, 신체 이상에 대한 염려, 빈부 현상에 대한 불편한 심사와 성(性)에 대한 관심이 반영된 것으로서 의식하지 못하는 가운데 불안과 염려와 죄책감을 해소한 증거다(이순형, 1991).

실제로 아동의 놀이와 놀이 중 부르는 노래를 조사한 바에 따르면 이 놀이 단계의 양상을 볼 수 있다. 놀이노래 1차 조사(이순형, 1991)에 의하면 남한의 아동들이 부르는 놀이노래 71곡 중에서 고무줄놀이 노래가 48곡으로 가장 많았으며, 언어규칙놀이 중에 부르는 노래가 13곡, 그리고 동작놀이 노래가 4곡이었다. 고무줄놀이를 다시 내용별로 범주화해 보면, 동시로 구성된 동요가사가 26곡, 익살스러운 노래가 9곡, 교육용 보급 노래는 3곡이었다. 또한 텔레비전에서 방영한 만화영화의 주제가가 10곡이었다.

9년 후 놀이노래 2차 조사(이순형, 1999)에서 단계 2의 남한 아동들이 부른 놀이노래는 동요 15곡, 경기놀이 노래 37곡, 만화주제가 5곡, 가요 13곡, 그리고 민요, 자작곡, 팝송 등이었다. 남한 아동의 놀이노래 종류와 주제가 많이 변화한 것을 알 수 있다. 특히 1차 조사 때 가요가 드물게 눈에 띄었으나 2차 조사 때의 놀이노래에는 가요가 큰 비중을 차지하고 있다. 이는 영상매체의 보급 때문으로 보인다.

표 1-3 남한의 놀이노래 종류와 빈도

구분		동요	익살	보급 노래	경기 노래	만화 주제가	TV 광고	민요	연주곡	자작곡	자장가	찬송가	가요	팝송
1차		26	9	3		10								
2차	아동	15			37	5	1	1	2	1			13	2
	청소년	24				5	1				1	1	49	1

2) 놀이노래 가사와 한민족 정서

초월적 존재에 대한 예찬과 기원의 노래[8]가 일찍이 삼국시대에 불렸다는 기록이 있다. 남한 아동들이 부르는 1차 놀이노래 조사결과에 따르면 유치원, 초등학교, 중 · 고등학교와 대학생들은 같은 놀이노래를 부르는 동일 세대로 밝혀졌다. 놀이노래의 가사는 대부분 3음보의 변형인 7, 5조와 4음보의 유지 내지는 변형된 율격을 지니고 있는 것으로 보았을 때, 고려가요 이후 조선시대 말 창가에 이르기까지 이어져 온 전통적 율격인 3음보와 4음보[9]가 전승, 유지되고 있었다(이순형, 1991).

놀이노래의 전통 유지는 주제와 서정성의 표현에서 일관되게 나타났다.[10] 이러한 사실은 노래가 인간의 보편적 정서만을 담은 것이 아니라, 그 시대의 요구에 입각해서 유교의 충효사상, 노동의 중요성, 혹은 개화의 이념과 계몽적 지식 등을 전달해 왔다는 것을 말해 준다. 즉, 가사의 기록이 보존되어 있는 시기부터 근래에 이르기까지, 노래 가사는 전통적인 기본 율격형을 유지하면서 서사성보다 서정성이 짙은 내용이 통시대적 관점에서 반세기가 지나서도 유지되었음을 알 수 있다(이순형, 1991).

분단체제에서 이질화된 남한과 북한은 각기 자본주의, 공산주의 이념을 유지해 왔다. 다른 이념체제 속에서 경험한 생활문화의 이질화는 아동의 놀이에도 차이

8 이 시대의 풍속을 쓴 『삼국지위지동이전(三國志委志東夷傳)』의 기록을 보면, 해마다 일정한 시기에 온 나라 사람들이 모여 하늘에 제사하고 여러 날 동안 노래하며 춤추었다고 전하는데 '구지가(龜旨歌)', 고구려 초기 유리왕의 '황조가(黃鳥歌)', 고조선 시대의 '공후인(箜篌引)'을 비롯해서 향가 25수 중 불교 노래인 균여전(均如傳)에 실린 향가 11수를 제외한 14수로 이어진다.

9 고려시대의 고려가요는 3음보로서 3, 3, 4나 3, 3, 2조의 운율을 유지하는 서정성이 넘치는 노래로서, 조선시대 말 '아리랑'을 비롯한 3음보 구조의 민요로 이어진다. 한일합방 이후 일제강점기 초에 개화와 애국 계몽을 위해 부른 '창가(唱歌)'와 어린이들이 부른 동요는 모두 7, 5조의 형식으로 7음절이 3, 4 혹은 4, 3의 형태였다.

10 '황조가(黃鳥歌)'나 '공후인(箜篌引)'은 남녀 간 이별을 다룬 서정시이고, 향가 '제망매가(祭亡妹歌)'는 누이동생의 죽음을 슬퍼하는 서정시이며, 고려가요 '가시리'를 비롯한 일련의 작품들과 조선시대의 '아리랑' 등이 주로 남녀 간 사랑과 이별을 다룬 작품이라는 면에서 주제와 서정성의 일관성이 나타났다.

표 1-4 남한 아동의 놀이노래 종류와 빈도수

구분	곡수	첫 구절	빈도수
동요	15	꼼꼼아 꼼꼼아 꼬마야 꼬마야 두껍아 두껍아 퐁당퐁당 돌을 던져라 옆집에 사는 미친 개가 푸른 하늘 은하수 아해야디야 바람분다 엄마가 섬그늘에 떴다 떴다 비행기 무궁화꽃이 피었습니다	16
경기놀이 노래	37	하나둘셋(뽕망치) 누가 꿀떡 먹었니 여우야 여우야 뭐하니 우리집에 왜 왔니 왜 왔니	92
만화주제가	5	영심이 아침해가 빛나는 벡터맨 벡터맨 보라돌이 뚜비 나나 뽀~ 자 이제 시작이야 앗따 앗따	6
민요	1	강강술래	1
연주곡	2	소녀의 기도 사랑의 인사	2
광고로고송	1	날 때부터 불량 감자 아니었단다	1
자작곡	1	I'm 천재 I'm 천재 Ok Ok I'm 천재	1
팝송	2	Do you have	3
가요	13	바람 속을 가르는 내 슬픈 사랑은 자꾸 떠오르는 그대의 웃음소리 비 내리는 호남선 믿었어 언제까지 피우지도 못할 깊은 산 오솔길 옆 자그마한 연못에 이것 봐 나를 한번 쳐다봐 파란 나라를 보았니 길가에 앉아 얼굴 쳐다보며	26
계	77		148

를 가져왔을 것이다. 자본주의와 달리 공산주의 사회에서는 계획된 정치사회화를 실시하므로 보육소 등에서 아동에게 제공되는 음악교육은 이념 사회화의 한 방법이다. 다만 아동들이 스스로 부르는 놀이노래는 어쩌면 체제가 강요한 노래만이 아니라 놀이문화 속에서 살아남은 것일 수 있다. 1, 2차 조사결과에서 공통적으로 나타나는 것은 사회 발전의 시차에 따라서 전통놀이와 놀이노래가 점차 사라지고 있는 현상이었다.

한편, 전자제품이 일반인에게 널리 보급되지 못한 북한에서는 고무줄 넘기나 공기놀이 등의 소박한 놀이와 놀이노래가 주를 이룬다.

북한에서 성장한 아동들이 부르는 놀이노래는 가사가 순수한 서사적 노래나 서정적인 것은 드물고 대부분 서사적 내용에다가 김일성 부자의 숭배내용이 포함되거나 서정적 내용에다가 일제, 미제 타도 등의 내용이 첨가되는 등 정치적 의도성이 내포된 경우가 많다. 그 외에 북한 아동이 부르는 놀이노래의 내용은 애국, 집단주의 고취, 적대감 고취, 그리고 통치자와 당에 대한 충성심을 고취하는 것이다. 이를 구체적으로 살펴보면 다음과 같다. 첫째는 애국의 노래로서 '조선의 노래' 등이 이에 속한다. 둘째는 집단주의 생활양식을 고취한 노래다. 셋째는 지도자 찬양의 노래다. 유일사상에 의해 김일성, 김정일 부자와 그의 부모들을 찬양하도록 한 노래가 유아들에게 보급되어 왔다.

그 외에 적대감을 고취하는 놀이노래가 있다. 북한 아동의 사회화는 북한의 보육법이 명시하듯 공산주의 혁명 투사의 육성에 있다. 혁명 투사는 비판적 인식뿐 아니라 적대감을 고취해야 하는데, 북한 아동들은 놀이노래를 통해서 정치적으로 세뇌되고 있다.

참고문헌

김경수, 이소은(2003). 개방적 · 폐쇄적 소프트웨어 경험이 유아의 창의성 및 수 · 공간능력에 미치는 영향. 열린유아교육연구, 8(1), 25-49.

김순홍, 김경호, 김광수, 김두식, 김미라, 김시업(2007). 한국청소년의 삶: 가정생활 · 학교생활 · 여가생활. 광주: 한국사회조사연구소.

김춘경(1991). 비디오 게임과 아동의 인성특성간의 관계 연구. 서울여자대학교 대학원 석사학위 청구논문.

박효정, 최상근, 연은경(2004). 한국 초등학생의 생활 및 문화 실태 분석 연구. 서울: 한국교육개발원.

이경우, 이상금, 이은화, 박혜경, 김세희, 한진이(1995). 5개국 전래 동요에 관한 연구. 서울: 창지사.

이기춘, 이기영, 이은영, 이순형, 김대년, 박영숙, 최연실(1997). 통일에 앞서보는 북한의 가정생활문화. 서울: 서울대학교출판부.

이소은(2000). 유아의 일상활동과 자기주도성. 한국심리학회지: 발달, 13(1), 35-48.

이순형(1991). 놀이노래 가사의 실태와 가사의 전통성 조사. 아동학회지, 12(1), 68-77.

이순형(1999). 북한의 주체사상 사회화의 원리와 한계. 교육학회지, 37(4), 49-68.

이순형(2000). 북한 어린이들의 놀이노래 가사의 의미 분석. 아동학회지, 36(3), 5-16.

이순형(2009). 한국아동의 일상생활문화. 서울: 서울대학교출판부.

이순형(2011). 사회경제발전에 따른 한민족 아동 놀이와 놀이노래의 특성. 한국심리학회지-사회문제, 17(1), 155-174.

이순형, 이기춘, 이기영, 이은영, 김대년, 박영숙, 최연실(1999). 아동학회지, 35(6), 289-315.

이순형, 이소은(1997). 전자오락 경험과 아동의 자기통제력 및 시각정보 처리능력. 아동학회지, 18(2), 105-120.

임동권(1975). 한국 민요 연구(국어 국문학 총서 12). 서울: 삼우출판사.

전가일, 이순형(2013). 어린이집의 자유놀이에서 놀이 틀 유지와 변화를 위한 유아의 또래관계 전략들. 한국보육지원학회, 9(5), 407-436.

전경숙, 이소은(2001). 개방형 소프트웨어 경험이 유아의 창의력에 미치는 영향. 열린유아교육연구, 18(6), 1-18.

중앙교육연구소(1962). 한국 아동의 놀이에 관한 실태 조사. 서울: 중앙교육연구소.

최남숙, 유소이(2002). 청소년의 시간사용 실태와 결정요인 분석: 가사노동, 여가, 과외수업을 중심으로. 한국가족자원경영학회지, 6(1), 1-16.

최우일(1988). 우리 삶 우리 놀이. 서울: 단국대학교출판부.

Bekoff, M. (1972). The development of social interaction, play and metacommunication in mammals an ethological perspective. *The Quarterly Review of Biology, 47*(4), 412-434.

Belsky, T., & Most, R. (1981). From exploration to play: A cross-sectional study of infant free-play behavior. *Developmental Psychology, 17*, 630-639.

Blurton-Jones, N. (1972). Categories of child-child interaction. In N. B. Jones (Ed.), *Ethological studies of child behavior.* London: Cambridge University Press.

deMrrais, K. B., Nelson, P. A., & Baker, J. H. (1994). Meaning in mud: Yup'ik Eskimo girls at play. In J. L. Roopnarine, J. E. Johnson, & F. H. Hooper (Eds.), *Children's play in diverse cultures.* Albany: State University of New York Press.

Dewey, J. (1916). *Democracy and education.* New York. Free Press.

Doehinow, P. J., & Bishop, N. (1970). The development of motor skills and social relationship among primates through play. *Minn. Sympo. Child Psychology, 4*, 141-198.

Erikson, E. H. (1969). *Childhood and Society* (2nd ed.). New York: Norton & Company Inc. 윤진, 김인경 공역(1990). 아동기와 사회. 서울: 중앙적성출판사.

Frost, J. L., & Jacobs, P. (1995). Play deprivation and juvenile violence. *Dimension, 23*, 14-20.

Frost, J. L., Wortham, S. C., & Reifel, S. (2004). *Play and child development* (2nd ed.). New Jersey: Pearson Education Co. 양옥승, 노경혜, 윤희경, 조혜경, 최경애, 황윤세, 오애순 공역(2005). 놀이와 아동발달. 서울: 정민사.

Graybill, D., Kirsch, J. R., & Esselman, E. D. (1985). Effects of playing violent versus nonviolent video gameson the aggressive ideation of aggressive and nonaggressive children. *Child Study Journal, 15*(3), 199-205.

Gross, K. (1898). *The play of animals.* New York: Appleton.

Gross, K. (1901). *The play of man.* New York: Appleton.

Harkness, S., & Super, C. M. (1983). *The cultural structuring of children's play in rural African community.* Paper presented at the annual meeting of the Association for the Anthropological Study of Play, Baton Rouge, LA.

Harlow, H. F., & Harlow, M. (1961). Learning to love. *American Scientist, 54*(3), 244-272.

Hirschfeld, L. A. (2002). Why don't anthropologist like children? *American Anthropologist, 104*(2), 611-627.

Huizinga, J. (1938). *Homo Ludens.* 김윤수 역(1981). 호모루덴스. 서울: 도서출판 까치.

Irwin, A. R., & Gross, A. M. (1995). Cognitive tempo, violent video games, and aggressive behavior in young boys. *Journal of Family Violence, 10*(3), 337-350.

Johnson, J. E., Cristie, J. F., & Yawkey, T. D. (1999). *Play and Early Childhood Development* (2nd ed.). New York: Addison Wesley Longman.

Kagan, J., Reznick, S., & Snidman, N. (1987). The physiology and psychology of behavioral inhibition in children. *Child Development, 58*(6), 1459–1473.

Lancy, D. F. (1996). *Playing on the mother-ground: Cultural routines for children's development.* New York: Guilford.

Lee, S. (1994). Culture and Preschooler's activities: The United States and Korea. Unpublished doctoral dissertation, university of North Carolina at Greensboro.

Lee, S., & Tudge, J. (1995). *Young children's play in S. Korea and the United States: Cross-Cultural and Sub-cultural comparisons.* A paper presented at the annual meeting of the Society for Cross-Cultural Research, Savannah, GA.

Okagaki, L., & Frensch, P. A. (1994). Effects of video game playing on measures of spatial performance: Gender effects in late adolescence. *Journal of Applied Developmental Psychology, 15*(1), 33–58.

Pan, H. -L. W. (1994). Children's play in Taiwan. In J. L. Roopnarine, J. E. Johnson, & F. H. Hooper (Eds.), *Children's play in diverse cultures.* Albany: State University of New York Press.

Piaget, J. (1951/1962). *Play, dreams, and imitation in childhood.* New York: Norton.

Rubin, K. H., Fein, G. C., & Vandenberg, B. (1983). Play. In P. H. Mussen (Eds.), *Handbook of child psychology* (4th ed., pp. 693–774). New York: Wiley.

Sánchez-Martin, J. R., Fanoa, L., Ahedoa, J., Cardasa, P. F., Brain, B., & Azpiroz, A. (2000). Relating testosterone levels and free play social behavior in male and female preschool children. *Psychoneuroendocrinology, 25*(8), 773–783.

Sivern, S. B., & Williamson, P. A. (1987). The effects of video game play on young children's aggression fantasy, and prosocial behavior. *Journal of Applied Developmental Psychology, 8*(4), 453–462.

Vygotsky, L. S. (1976). Play and its role in the mental development of the child. In J. Bruner, A. Jolly, & K. Silvia (Eds.), *Play: Ita role in development and evolution.* New York: Basic Books (Originally published in 1933).

Winnicott, D. W. (1971). *Playing and reality.* 이재훈 역(1975). 놀이와 현실. 서울: 도서출판 한국심리치료연구소.

Wohlwill, J. F. (1984). Relationships between exploration and play. In T. D. Yawkey & A. D. Pellegrini (Eds.), *Child's play: Developmental and applied.* Hillsdale, NJ: Lawrence Erbaum.

Chapter 02

놀이이론

1. 고전적 놀이이론
2. 현대적 놀이이론

아동은 본능적으로 놀이를 좋아하는 것으로 보이나 그 이유에 대해서는 확실히 알려지지 않았다. 아동은 세상에 태어난 이후 끊임없이 자신을 둘러싼 환경을 탐색하고, 자신의 경험을 이해하려는 시도를 멈추지 않는다. 아동의 놀이발달은 이러한 과정을 통해 일어나는 것으로 보이며(Sheridan, Howard, & Alderson, 2011), 아동은 놀이를 통해 자기 자신과 세상에 대해 배운다. 생애 초기의 감각운동적 놀이부터 다른 사람과의 상호작용을 포함한 놀이에 이르기까지 놀이는 아동의 전반적인 발달을 증진시키고 지원하는 역할을 한다. 놀이가 아동의 발달에 중요한 기능을 한다는 사실은 널리 인식되고 있기 때문에 여러 분야의 학자와 전문가가 놀이의 가치나 목적, 역할에 대한 다양한 놀이이론을 제시하고 있다(Hughes, 1999).

놀이이론은 아동이 놀이를 하는 이유나 유익한 점이 무엇인지에 대해 설명해 주고, 놀이가 아동의 발달에 어떠한 영향을 미치는지를 이해하는 데 도움이 되는 관점을 제공한다. 놀이이론은 교사가 아동의 놀이행동을 관찰할 때 무엇을 중심으로 관찰할지, 관찰한 특정 행동을 어떻게 이해하고 대처할지에 대해 직접적 영향을 미칠 뿐만 아니라 교사 자신의 놀이와 관련한 교수활동을 비판적으로 바라볼 수 있는 유용한 틀이 된다(Johnson, Christie, & Wardle, 2005). 교사는 놀이이론에 대한 이해를 바탕으로 자신의 교실 내 놀이활동의 목적과 지도방법, 아동에게 미치는 영향 등을 지속적으로 평가하고 다음 놀이지도에 반영하는 비판적인 교육자가 되어야 함은 물론 동료 교사나 부모들에게 놀이의 발달적 · 교육적 가치를 확신시켜 줄 수 있는 전문가가 되어야 한다(Johnson, Christie, & Wardle, 2005).

놀이이론은 발표될 당시의 역사적 · 사회적 · 정치적 맥락과 밀접하게 관계되며, 일반적으로 고전적 놀이이론과 현대적 놀이이론으로 나누는데(Mellou, 1994), 어떠한 이론도 아동의 놀이에 대해 완전히 설명하지는 못한다.

고전적 놀이이론은 19세기 후반에서 20세기 초에 형성되었으며 그 시대의 진화이론에 대한 관심과 에너지 역학에 대한 사고를 반영하고 있다. 고전적 놀이이론은 주로 아동이 놀이하는 이유, 즉 놀이의 원인과 목적을 밝히고자 시도한 여러 학자의 연구로 잉여에너지 이론, 휴식이론, 반복이론, 사전연습이론이 여기에 포함된다. 1920년 이후에 등장한 현대적 놀이이론은 놀이의 역할을 탐구하기 위한 과학적 방법론과 객관성에 높은 가치를 두고 있다. 현대적 놀이이론은 아동의 발달이라는 관점에서 볼 때 놀이의 가치가 무엇인지, 즉 아동의 발달에서 놀이의 역할이 무엇인지를 살펴본 여러 학자의 연구로 놀이에 대한 정신분석이론과 인지발달이론, 사회맥락이론, 사회학습이론, 각성조절이론이 포함된다. 이 장에서는 놀이의 원인을 중심으로 한 고전적 놀이이론과 놀이의 역할을 중심으로 한 현대적 놀이이론을 차례로 살펴보기로 한다.

1. 고전적 놀이이론

고전적 놀이이론은 놀이를 하는 이유나 목적이 무엇인지를 설명하고자 하는 초기의 놀이이론으로 유럽과 북미에서 19세기 후반과 20세기 초에 형성되었다. 인간에너지는 사용하면 줄어들고, 사용하지 않으면 저장되는 유동적 특성을 지니고 있다는 에너지 역학적 관점이나 진화이론 등 그 시기에 유행하던 사고들이 고전적 놀이이론에 반영되었다(Sutton-Smith, 1980). 철학적 사고와 추론에 의존한 이론

(Ellis, 1973)으로 놀이의 주요 목적에 따라 구분 가능한 네 가지 이론이 포함된다. 놀이의 목적을 에너지 조절의 수단으로 본 잉여에너지 이론과 휴식이론, 놀이를 인류의 진화론적 역사를 반영하는 본능적 기제라고 묘사하는 등 본능과 진화이론의 관점에서 놀이의 목적을 설명한 반복이론과 사전연습이론이다.

1) 잉여에너지 이론

잉여에너지 이론은 놀이의 목적이 남아도는 에너지의 방출에 있다고 설명한다. 18세기 독일의 시인인 Friedrich Schiller와 19세기 영국 철학자인 Herbert Spencer는 인간에게는 삶을 위해 필요한 특정한 양의 에너지가 자연적으로 주어진다고 보았다(Ellis, 1973). 인간이 살아가는 데 꼭 필요한 활동을 위해 사용하고 남은 에너지는 잉여에너지가 되고, 장시간에 걸쳐 모아진 잉여에너지는 반드시 방출되어야 한다. 인간은 이 잉여에너지를 놀이를 통해 사용함으로써 방출한다.

교실 안에서 한참동안 정적인 활동을 하고 난 아동들이 쉬는 시간에 바깥 놀이터로 뛰어나가는 것을 보면 남아도는 에너지의 소비, 즉 잉여에너지의 방출이 놀이의 목적이라는 설명이 맞는 듯하다. 아동은 성인의 보살핌을 받기 때문에 생존을 위해서 열심히 일을 해야 하는 성인들보다 에너지 소비가 적다. 따라서 아동의 잉여에너지 수준이 성인보다 높고, 놀이 성향도 더 높다는 설명도 타당해 보인다(Sheridan, Howard, & Alderson, 2011). 또한 잉여에너지 이론에 의하면 진화론적 관점에서의 하등동물보다 고등동물이 놀이를 더 많이 하는 이유도 이해할 수 있다. 하등동물과 비교할 때 고등동물이 생존에 필요한 활동을 훨씬 효율적으로 수행하므로 놀이를 할 수 있는 잉여에너지가 더 많이 남는 것이다.

한편, 잉여에너지 이론은 아동이 지칠 때까지 놀거나 또는 놀이 때문에 녹초가 되어서 더 이상 남아도는 에너지가 없을 때에도 계속 놀이하는 이유를 설명하지 못하는 한계가 있다. 그리고 인간에너지가 사용하면 없어지고, 사용하고 남은 것은 모이는 유동적 속성을 갖는다는 것은 더 이상 믿을 수 없는 생각으로 밝혀졌다(Johnson, Christie, & Wardle, 2005). 그렇다고 해도 아동의 놀이활동을 계획할 때 에너지 소비 수준이 서로 다른 활동, 즉 조용히 앉아서 하는 정적인 활동과 활기차게 움직이는 동적인 활동이 교대로 이루어지도록 하는 것은 필요해 보인다.

2) 휴식이론

잉여에너지 이론과는 반대로 인간이 놀이를 하는 목적은 휴식을 취하거나 에너지를 회복하기 위해서라는 주장도 있다(Stagnitti, 2004). 휴식이론은 독일 시인 Moritz Lazarus가 주장한 것으로, 놀이의 목적은 일을 하는 과정에서 소비된 에너지를 충전하는 것이다(Ellis, 1973). 인간은 일을 하면서 에너지를 사용하기 때문에 에너지가 부족해진다. 부족해진 에너지는 휴식을 위해 잠을 자거나 에너지를 사용하게 만든 일을 할 때 했던 것과는 전혀 다른 활동을 함으로써 재생된다.

Patrick은 Lazarus가 말하는, 일과는 전혀 다르게 여겨지는 활동이 바로 놀이라고 하면서, 인간은 일을 함으로써 소비한 에너지의 재생을 위해 놀이를 한다는 에너지 갱신이론을 주장하였다(Hughes, 1999). 에너지 갱신이론에 의하면 놀이는 일 때문에 지치고 힘든 인간을 몰입하게 하고, 에너지 공급이 이루어져 신체의 자연적 동작 기능이 회복되는 동안 지루함을 피하도록 해 준다. 적절한 놀이는 일로 인해 생긴 긴장을 풀고 보다 중요한 활동을 준비하기 위한 에너지를 저장하는 데도 도움이 된다(Sheridan, Howard, & Alderson, 2011). 일 때문에 너무 피곤할 때, 일과는 전혀 관계가 없는 활동, 즉 놀이를 하는 것이 에너지 회복에 도움이 된다. 예를 들면, 하루 종일 사무실에서 서류더미와 컴퓨터 모니터와 씨름하면서 힘든 정신적 활동으로 에너지를 소진한 현대 산업사회의 직장인들이 퇴근 후 조깅을 하거나 체육관에서 권투 같은 육체적 활동을 하면서 또는 음악 감상이나 바둑, 온라인 게임 등 일에서 요구되는 것과는 다른 종류의 정신적 활동을 하면서 휴식을 취하고 에너지를 되찾는 경우를 볼 수 있다.

휴식이론은 성인과 달리 일을 할 필요가 없는 아동의 놀이를 설명하는 데 제한점이 있다(Ellis, 1973). 휴식이론에 의하면 일을 통해 에너지 손실이 많은 성인이 아동보다 놀이를 더 많이 해야 한다. 그러나 실제로는 아동이 성인에 비해 훨씬 더 많은 시간을 놀이하면서 보낸다. 휴식이론의 관점을 아동의 일과에 적용하자면 주의 집중이 요구되는 인지적 활동을 하고 난 후에는 신체적 놀이활동이나 충분한 휴식시간을 제공함으로써 소모된 에너지를 충전할 수 있도록 배려해야 한다.

3) 반복이론

놀이의 발달은 인간의 진화과정을 따르며, 놀이를 통해 인간의 원시적인 본능이 약화된다(Stagnitti, 2004)는 것이 반복이론이다. 19세기 말, 인간이 하등동물에서 진화되었다는 Darwin의 진화론에 영향을 받은 과학자들은 인간 태아의 발달이 인간 종의 진화 단계에서 발생하는 과정과 동일하다는 생각을 바탕으로 개체 발생은 계통발생을 반복하거나 재연한다는 이론을 주장하였다(Johnson, Christie, & Wardle, 2005).

미국 심리학자 Stanley Hall은 반복이론을 아동의 놀이로 확장하여 아동의 놀이단계는 인간의 진화과정 순서를 재연한다고 주장하였다(Ellis, 1973). 예를 들어, 영유아의 물놀이나 흙놀이는 물속에서 살다가 육지로 나오게 된 인간 진화의 초기단계를 반영하고, 유아들이 정글짐 같은 놀이기구에 올라가기를 즐겨하는 것은 나무 타기를 즐겨하고 나무에 올라가 열매를 따던 조상의 행동이 나타난 것이라고 하였다(Millar, 1977). 술래잡기나 야구놀이, 풀을 뜯어 소꿉놀이를 하는 아동은 몽둥이를 가지고 동물을 사냥하고, 먹을 것을 채집하던 선사시대 조상들의 경험을 반복한다(Hughes, 1999)고 설명한다.

반복이론에 의하면 놀이의 목적은 현대 삶에서 더 이상 필요하지 않은 인간의 원시적 본능을 없애는 것이다. 도망가고, 잡고, 싸우면서 뒹구는 거친 신체놀이나 나무 오르기 등 아동의 일부 놀이와 게임에서 한때는 인간의 생존에 필수적이었으나 더 이상 필요하지 않은 원시적 본능을 찾아볼 수 있다(Sheridan, Howard, & Alderson, 2011). 놀이를 통해 아동의 원시적 본능이 발산되고 점차 약화된다. 즉, 야구에서 방망이를 휘두르고 두더지 게임에서 망치로 두더지를 때리면서 짐승을 몽둥이로 때려잡던 원시적 사냥 본능을 발산하고 점차 줄여 나간다. 그러나 반복이론에서 주장하는 것처럼 아동의 놀이 발달은 인간의 진화과정 순서를 따라 직선적으로 일어나지 않는다. 그리고 반복이론으로는 아동이 현대 과학기술의 발전을 반영하는 자동차나 컴퓨터 게임기와 같은 놀잇감을 가지고 노는 것을 좋아하는 이유에 대해 설명하기 어렵다는 한계가 있다(Ellis, 1973).

4) 사전연습이론

철학자 Karl Groos는 아동의 놀이가 현대사회에서 필요하지 않은 인간의 원시적인 본능을 제거하기보다는 미래의 삶을 위해 필요한 본능을 강화해 주는 역할을 한다고 믿었다(Ellis, 1973). 어린 시절의 놀이를 통해 성인기의 생존에 꼭 필요한 주요 기술을 사전에 연습한다(Sheridan, Howard, & Alderson, 2011)는 것이 바로 사전연습이론이다.

진화론적 관점에서의 하등동물은 태어날 때부터 가지고 있는 생존을 위한 본능만으로도 다 자랄 때까지 큰 문제없이 살아갈 수 있다. 어린 시절에 놀이를 통해 성인기를 준비할 필요가 없으므로 놀이기간이 짧다. 그러나 신생아나 다른 고등동물은 태어날 때 생존에 필요한 본능이 완전하게 형성되어 있지 않아 놀이기간이 길다. 이 같은 관점에서 어린 시절 자신의 불완전하고 미숙한 능력을 오랜 기간에 걸친 연습을 통해 성인생활에서 요구되는 완전하고 세련된 수준의 능력으로 발달시켜 가는 안전한 방법이 바로 놀이다(Johnson, Christie, & Wardle, 2005). 어린 사자들이 서로 쫓고, 쫓기며 엉켜 싸우듯이 놀이를 하는 것도 다 큰 사자가 되었을 때

적을 물리치고 먹이를 얻는 데 필요한 생존기술을 사전에 연습하는 것이다. 영아는 딸랑이를 흔들고 놀면서 자신의 손과 손목을 자유롭게 조절하는 데 점차 능숙해지고 이는 나중에 필기구나 다른 도구를 사용하는 데 도움이 된다. 이제 막 첫 걸음을 내디딘 걸음마기 영아는 서서 미는 자동차를 가지고 온 집안을 돌아다니면서 놀다가 마침내 아무것도 잡지 않고 스스로 걷게 된다. 이 모두가 놀이를 통해 성인기에 필수적인 기술을 연습하는 것이다.

놀이는 성인으로 살아가는 데 필요한 기술을 발달시키는 것으로서 적응의 목적을 지니고 있다. 즉, 아동은 앞으로의 삶 속에서 필요한 적응기술을 놀이를 통해 익힌다(Stagnitti, 2004). 사전연습이론에 의하면 아동이 극놀이에서 엄마나 아빠 역할을 하는 것은 성인이 되었을 때 필요한 부모역할 기술을 미리 연습하는 것이다. 공을 열심히 좇으면서 노는 새끼 고양이가 나중에 먹이를 좇는 데 필요한 기술을 연습하듯 소꿉놀이를 하는 아동은 미래의 성인생활에 필요한 기술을 놀이를 통해 스스로 준비하는 것이다. 아동이 극놀이에서 의사나 운전사, 미용사, 교사 등 성인 역할을 할 때 관찰해 보면 실제 성인이 하는 행동과 상당히 유사하다. 그러나 실제 아동기 놀이활동의 많은 부분은 성인기에 필요한 기술을 준비하는 것과 연관성이 없어 보인다. 예를 들어, '나무 오르기'처럼 반복이론을 지지하는 듯한 원시적 형태의 놀이가 성인기에 필요한 어떤 생존기술을 연습하는 것인지를 설명하기는 쉽지 않다(Johnson, Christie, & Wardle, 2005). 또한 성인생활에 필요한 기술을 이미 획득했다고 볼 수 있는 성인도 놀이를 멈추지 않는 것을 보면 놀이의 목적이 인간의 생존에 필요한 기술을 연습하는 데만 있다고 보기는 어렵다.

사전연습이론에서 주장하듯이 아동이 놀이를 통해 자신의 성인생활을 대비하기 위해서는 자신이 성인이 되었을 때 요구되는 기술이 무엇인지 미리 알고 준비할 수 있어야 한다. 즉, 아동이 미래의 생활에 대한 정보를 본능적으로 예측할 수 있어야 한다는 점을 전제로 하고 있는데, 이는 사전연습이론이 가지고 있는 제한점이다(Ellis, 1973). 사전연습이론의 관점을 아동의 놀이지도에 적용하자면, 교사는 아동이 성인이 되었을 때 필요하다고 예측되는 구체적인 기술과 능력을 놀이를 통해 발달시킬 수 있도록 지원하는 것이 필요하다. 예를 들어, 시장놀이를 할 때 아동과 함께 물건의 이름표나 가격표, 상점의 간판을 만들고 동전을 소품으로 사용하는 등 극놀이에 자연스럽게 문해요소와 수 개념을 통합할 수 있다. 지금처럼 놀라운 속도로 변해 가는 현대사회에서 아동이 성인이 되었을 때 필요한 생존기술이 무엇인지를 구체적으로 예측하고 그에 대한 준비를 시키는 놀이활동을 계획하는 것은 쉬운 일이 아니다. 그러나 창의성, 협동, 인성, 문제해결력, 원활한 의사소통 능력 등은 사회의 변화 속도가 빠르고 구성원이 다양해질수록 더욱 중요해질 것이다. 그러므로 아동이 놀이를 통해 자연스럽게 그런 능력을 증진시킬 수 있도록 지원하는 것이 필요하다.

지금까지 살펴본 고전적 놀이이론에는 앞에서 언급한 구체적인 제한점 외에도 잉여에너지가 놀이를 위한 필요조건이 될 수 없다는 Groos의 주장을 비롯해(Ellis, 1973) 에너지, 진화, 본능에 대한 잘못된 믿음 등 주요한 한계가 존재한다. 그러나 고전적 놀이이론은 지금까지 오랜 기간 아동과 어린 동물의 특정 행동을 설명하는 데 아주 유용하게 사용되고 있으며, 여러 면에서 현대적 놀이이론의 발달에 영향을 미쳤다. 특히 Hall의 반복이론은 현대적 놀이이론에서 아동놀이의 발달적 경향을 체계적으로 관찰하는 데 영향을 미쳤으며, 그의 놀이 단계는 Piaget의 인지발달이론과 같은 현대 단계이론의 기초가 되었다(Johnson, Christie, & Wardle, 2005).

2. 현대적 놀이이론

현대적 놀이이론은 우리가 살고 있는 이 세상과 과학적 진실에는 역사적 · 사회적 맥락에 좌우되지 않는 고정된 법칙이 있다는 사고가 우세했던 20세기에 등장했다(Hughes, 1999). 현대적 놀이이론의 토대가 된 과학적 방법과 실증주의는 현대적 놀이이론의 형성과정은 물론, 이론을 해석하고 검증하는 연구방식에도 큰 영향을 미쳤다(Johnson, Christie, & Wardle, 2005). 고전적 놀이이론이 의존하였던 논리적 추론 대신에 실험적 연구와 정확한 관찰을 통해 경험적으로 확인할 수 있는 이론에 대한 요구가 커지고 있는 상황에서 등장한 현대적 놀이이론은 놀이의 목적과 원인에 대한 설명을 넘어서, 아동발달의 여러 측면에서 놀이의 역할과 기능, 중요성을 강조하였다(Ellis, 1973).

현대적 놀이이론은 놀이의 역할에 대한 관점을 중심으로 정신분석이론과 인지발달이론, 사회맥락이론, 사회학습이론, 각성조절이론으로 나눌 수 있다.

1) 정신분석이론

아동의 정서발달 측면에서 놀이의 역할에 대해 설명한 정신분석이론은 20세기 초기 놀이에 대한 교육적 사고를 지배하였으며, 대표학자는 Freud와 Erikson이다.

(1) Freud

정신분석이론의 대가인 Sigmund Freud는 놀이의 가치가 정서적인 것에 있다고 보았다(Ellis, 1973). 성인의 보호와 관리 속에서 살아가는 아동은 놀이를 통해 자신이 원하는 것을 해보면서 세상에 대한 통제를 경험한다. 아동은 놀이를 하면서 성인이 인정하지 않는 감정을 자연스럽게 표현하고, 삶 속에서 경험한 고통스러운 사건을 이겨냄으로써 자신이 가지고 있는 불안을 감소시킨다. 놀이는 아동이 자기 내면의 금지된 충동을 다른 사람이 수용할 수 있는 방식으로 표현하는 합법적인 수단이 된다.

초기 아동기에 경험하는 불안에는 객관적 불안(objective anxiety)과 본능적 불안(instinctual anxiety)의 두 가지 형태가 있다(Hughes, 1999). 객관적 불안은 자신을 둘러

싸고 있는 세계에 대해 느끼는 두려움이다. 출생 후 낯선 세상에 적응해야 하는 어린 아동에게는 당연한 일이다. 영유아는 자신의 배고픔이나 불편함, 외로움의 해소 등 기본적인 욕구 충족을 위해 누군가의 도움이 반드시 필요하다는 것을 알게 된다. 성인과는 달리 혼자 힘으로는 생존할 수 없고 반드시 자신을 돌봐주는 양육자에게 의존해야 하는 영유아는 무력감을 경험하며, 따라서 초기 아동기에는 양육자에게서 버려질지도 모른다는 불안을 강하게 느낄 수 있다.

아동은 놀이를 통해 자신의 능력과 세상에 대한 통제를 경험함으로써 객관적 불안을 감소시킨다. 하루 종일 누워서 생활하는 영아는 딸랑이를 흔들거나 아기체육관에 매달린 놀잇감을 가지고 놀면서 자신의 힘이 증대되었다는 느낌을 갖게 된다. 놀잇감의 소리나 움직임을 스스로 조절하는 경험을 통해 자신이 주위 사물을 지배하고 있다는 환상을 일시적으로나마 경험한다. 조금 더 성장한 유아는 관심이 가지만 자신을 압도하는 크기나 위험 때문에 접근이 어려웠던 실제 사물을 축소한 놀잇감을 가지고 놀면서 세상에 대한 통제력을 키우고 불안을 감소시킨다. 너무 높아서 닿지 않았던 부엌의 조리대와 도구를 자신이 다루기에 알맞은 크기로 축소한 주방용품을 가지고 소꿉놀이를 하거나 모형 배를 물에 띄워 놓고 마음대로 방향을 조정하는 등, 아동은 자신이 매일 접하는 거대한 세계를 마음대로 조작이 가능한 놀이활동 속에서 재현하면서 세상에 대한 두려움을 완화시킨다.

친구들과 귀신놀이를 하면서, 보자기를 뒤집어 쓴 자신을 피해 도망가는 친구들을 잡으러 다니면서 보이지 않아 더욱 무서웠던 귀신에 대한 두려움을 이겨낸다. 역할놀이 속에서 엄마나 아빠, 경찰, 군인, 슈퍼맨 등 힘 있고 권력 있는 역할을 맡음으로써 현실세계에서 아동 자신이 연약하고 주위의 권위에 복종해야 하기 때문에 경험하는 불안을 극복할 수 있다.

아동에게는 분노, 이유 없는 공포, 성적 호기심, 무엇인가를 더럽히거나 파괴하고자 하는 욕망을 포함하여 다양한 감정이 있는데, 아동의 삶에서 막강한 권력을 행사하는 성인이 그런 감정을 싫어하기 때문에 아동은 그것을 드러내는 데 두려움을 느낀다. 아동이 그러한 감정을 실제 행동으로 옮기는 것과는 상관없이 성인에게 인정받지 못하는 감정을 자신이 가지고 있다는 사실만으로도 아동은 불안을 느끼는데, 그것이 바로 본능적 불안이다.

놀이는 아동이 현실에서라면 성인에게 혼나거나 인정받지 못할까 봐 불안해서 표현하지 못했던 감정을 마음껏 발산하도록 허용한다. 예를 들어, 어린 동생을 때리거나, 세면대에서 물장난을 하거나, 책을 찢거나, 식탁에 떨어진 자장면 소스를 손으로 마구 문질러 보고 싶은 충동은 성인이 인정하지 않을 것이기에 아동을 불안하게 할 수 있다. 그러나 놀이 속에서 아동은 성인에게 혼날지 모른다는 두려움 없이 얼마든지 분노를 표현하고, 파괴적이며, 더러워질 수 있다. 피구를 하면서 친구에게 힘껏 공을 던져 맞출 수도 있고, 인형놀이를 하면서 미운 짓을 하는 동생 인형의 엉덩이를 때려 줄 수도 있다. 물총놀이를 할 때는 성인의 눈치를 보지 않고 서로에게 물을 쏘아 댈 수 있고, 신문지를 마구 찢어 뿌리며 눈 오는 날을 재현하는 놀이를 하면서 파괴적이 될 수 있다. 손가락 그림그리기를 할 때는 손이 더러워졌다고 혼날 두려움 없이 얼마든지 더러워질 자유가 있다.

놀이에는 아동의 불쾌한 경험과 관련된 부정적 정서를 제거하도록 돕는 정화 기능이 있는데 이는 역할 전환과 반복이라는 두 기제로 나타난다(Johnson, Christie, & Wardle, 2005). 역할 전환은 현실 속에서 누군가에 의해 불쾌한 경험을 당한 아동이 놀이 속에서 자신과 그 경험을 제공했던 사람과의 역할을 바꿈으로써 자신이 겪은 부정적인 감정을 해소하는 것이다. 늘 엄마의 지시와 통제 속에서 자신이 원하는 것을 하지 못해서 불만이었던 아동은 엄마와 역할을 바꾸어 자신이 엄마가 되는 놀이를 하면서, 그리고 친구들 사이에서 늘 부하가 되어야 했던 아동은 집에서 동생과 놀면서 대장 노릇을 하며 자신이 느낀 부정적인 감정을 전이할 수 있다. 고통스러운 치과진료를 받고 난 아동은 치과의사가 되어 자신이 가지고 있는 모든 인형을 환자 삼아 치과놀이를 하면서 자신의 나쁜 경험을 인형 같은 대체물에게 전이할 수도 있다.

아동은 삶 속에서 경험한 고통스러운 사건을 놀이를 통해 여러 번 반복함으로써 그 경험으로 야기된 불안을 감소시키기도 한다. 미국에서 토네이도가 휩쓸고 지나간 후 심각한 불안을 겪던 아동들이 한동안 토네이도와 관련된 극놀이를 하다가 마침내 처음의 불안이 해소된 몇 주 후에 그와 관련된 놀이를 그만두었다고 한다. 놀이에서 자신에게 불안을 느끼게 한 힘들었던 사건을 여러 번 반복함으로써, 아동은 그 사건을 자신이 받아들일 수 있는 여러 개의 작은 부분으로 나눈다(Johnson, Christie, & Wardle, 2005). 그러면서 아동은 그 경험과 관련된 부정적 감정을 서서히 받아들이고, 그로 인한 불안을 더 이상 느끼지 않게 되었을 때 아동은 사건과 관련된 놀이를 더 이상 반복하지 않게 된다.

놀이가 아동이 경험한 불쾌한 사건과 관련된 부정적 정서를 제거하려는 필요에서 동기화되었다고 설명한 Freud의 정신분석이론은 그 외의 동기에 의한 아동의 놀이를 설명하지 못하는 제한점을 가지고 있다(Ellis, 1973).

(2) Erikson

Erik Erikson은 놀이의 주요 기능이 불안 감소라는 Freud의 견해가 지나치게 편협하다고 비판(Hughes, 1999)하면서 아동의 정상적인 성격발달에 미치는 놀이의 역할을 연구함으로써 놀이에 대한 정신분석적 이론을 확장시켰다.

아동은 놀이를 하면서 신체적 기술은 물론 사회적 기술이 발달하고, 이는 자아존중감의 증진으로 이어지기 때문에 놀이에는 자아를 발달시키는 기능이 있으며 다음과 같이 자아의 심리사회적 발달을 반영하는 단계를 통해 놀이가 발달한다고 주장했다(Johnson, Christie, & Wardle, 2005).

출생 후 첫 일 년 동안 영아는 자신의 신체를 탐색하고 감각 및 운동 기능을 연습하는 데 초점을 둔 놀이를 한다. 처음에는 자신의 눈앞을 스치고 지나가는 무의식적인 손, 발의 움직임을 보고도 놀라던 영아가 점차 자신이 그 움직임을 통제할 수 있다는 사실을 알게 된다. 손과 발이 자신의 신체 일부임을 인식하게 된 영아는 무료함을 느낄 때 의식적으로 자신의 손과 발을 가지고 논다. 손을 맞잡거나, 손가락을 빨고, 발을 손으로 잡아당기는 등 점차 다양한 감각과 운동기술을 사용하여 신체를 탐색한다. 이처럼 자신의 신체를 대상으로 하는 놀이를 자기영역 놀이라고 하는데, 영아는 이러한 놀이를 통해 다른 사람과 구별되는 독자적인 존재로서의 자신을 이해하게 된다.

둘째 해 동안 영아의 놀이는 자신의 신체를 대상으로 하는 자기영역 놀이에서 벗어나기 시작하며 그 대상이 사물과 놀잇감으로 확장되는데, 이를 미시영역 놀이라고 한다. 구슬을 꿰고, 모양 상자에 같은 모양의 조각을 찾아서 집어넣고, 놀잇감에 붙어 있는 다양한 모양의 손잡이를 돌리거나, 밀거나, 당겨서 원하는 소리가 나게 하는 등 놀잇감을 포함한 주변 사물에 숙달되면서 자아가 더욱더 발달한다.

유아기의 아동은 놀이를 하면서 자신의 신체를 탐색하고 사물에 익숙해지는 것을 넘어 놀이를 통해 다른 사람과의 사회적 상호작용에 능숙해지고 사회적 기술을 발달시키는데, 이를 거시영역 놀이라고 한다. 아동의 자아는 친구들과 매일의 일상적인 상황을 배경으로 한 놀이나 상상세계 속에서의 놀이를 통해 갈등상황에서 타협하거나 설득 · 양보하고, 서로 동의하에 문제를 해결하는 성공적인 경험을 하면서 보다 더 강화된다. 성공적인 거시영역 놀이는 아동이 자신이 속한 문화와 자신은 물론 다른 사람들의 사회적 역할을 더 잘 이해하는 데 도움이 된다.

정신분석이론의 관점을 아동의 놀이에 적용하자면, 아동이 가지고 있는 욕구가 충족되고 불안이 감소될 수 있는 이상적인 놀이환경을 만들어 주는 것이 필요하다. 아동이 놀이상황에서 주도적으로 상황을 통제하고 자신의 능력을 스스로 조절하는 경험을 함으로써 긍정적인 자아를 발달시킬 수 있도록 지원해야 한다. 또한 부모 간의 다툼이나 자연재해 등 고통스러운 경험을 한 아동과는 관련된 책을 읽고 아동이 그 사건과 관련된 주제극 놀이를 반복적으로 할 수 있는 기회를 제공하여 아동이 가지고 있는 부정적인 감정을 자연스럽게 표현하고 불안을 감소시킴으로써 마침내 그 사건을 극복할 수 있도록 돕는다.

2) 인지발달이론

1960년대 후반 인지이론의 영향으로 아동의 인지발달에서 놀이의 역할에 대한 관심이 증대되었다. Piaget나 Bruner 그리고 Sutton-Smith 같은 인지이론가들은 놀이가 아동의 자발적인 활동으로, 창의적 사고를 포함하여 전반적 인지발달을 촉진하는 인지적 과정이라고 보았다(Hughes, 1999; Stagnitti, 2004). 놀이는 편안하고 긴장되지 않은 분위기를 제공함으로써 아동이 문제해결을 위한 혁신적이고 다양한 방법을 자연스럽게 학습할 수 있도록 하며(Bruner, 1972; Sutton-Smith, 1967), 이미 일어난 학습을 강화하는 역할을 한다. 놀이를 통해 증진된 문제해결력과 창의적 사고는 아동이 현실세계의 문제에 대처할 때에도 도움이 된다.

인지이론가 중에서 아동의 인지발달에서 놀이의 역할을 밝히는 데 가장 큰 기여를 한 학자는 스위스의 생물학자이자 심리학자인 Jean Piaget다. Piaget는 모든 유기체는 생존을 위해 환경에 적응하는 것이 중요한데, 적응은 동화와 조절 사이의 평형 혹은 균형을 통해 일어난다(Pellegrini, 2009)고 주장했다.

동화는 새로운 사물이나 경험을 자신이 이미 가지고 있는 인지적 도식 혹은 틀(Scheme)을 이용하여 이해하거나 사용하는 것이고, 조절은 새로운 사물이나 경험이 자신이 가지고 있는 인지적 도식에 맞지 않을 때 그에 맞게 도식을 변형하거나 새로운 도식을 만드는 것이다. 예를 들어, 엄마와 함께 동물원에 간 유아가 생전 처음 호랑이를 보았다고 하자. 유아는 우리 안에서 어슬렁거리는 호랑이가 어떤 동물인지 이해하기 위해 자신이 가지고 있는 동물에 대한 도식을 점검할 것이다. 4개의 다리와 꼬리, 그리고 몸 전체의 줄무늬와 얼굴의 수염을 보고 자신이 가지고 있는 고양이 도식을 사용하여 '큰 고양이' 라고 외친다면 동화가 일어난 것이다. 그러나 호랑이의 포효를 듣고 자신이 알고 있는 고양이 소리와 달라서 혼란을 느낄 때, 엄마가 "저 동물은 호랑이야." 하고 말해 주면 유아는 고양이와 비슷하게 생겼지만 몸집도 훨씬 크고 우는 소리도 다른 호랑이에 대한 인지도식을 추가하는데,

그것이 바로 조절이다.

동화와 조절은 많은 경우에 동시에 일어나지만 둘 중의 하나가 다른 것보다 훨씬 더 지배적으로 일어나는 경우가 있다. 놀이상황에서는 조절보다 동화가 훨씬 더 빈번하게 일어나며 현실의 왜곡이나 변형도 자주 나타난다(Hughes, 1999). 예를 들어, 아동은 의자를 자동차처럼 사용하기도 하고 목에 빨간 보자기를 두른 채 자신이 마치 슈퍼맨이 된 것처럼 생각하고는 높은 곳에서 주저 없이 뛰어내리기도 한다. 즉, 아동은 놀이상황 속에서 사물이나 놀잇감, 사람, 경험을 이미 존재하는 자신의 인지도식에 맞추어 이해하고 활용한다.

Piaget는 아동이 자신의 인지발달 수준에 맞는 놀이를 하기 때문에 놀이 관찰을 통해서 아동의 현재 인지발달 단계를 알 수 있다고 했다(Johnson, Christie, & Wardle, 2005). 아동의 인지발달 단계에 따른 놀이유형을 살펴보면 다음과 같다. 먼저 감각운동기에 속하는 2세 이하의 영아는 사물이 포함된 반복적인 신체행동으로 구성된 연습놀이를 한다. 2세경에 상징을 사용하는 능력이 발달하며 전조작기(2~7세)로 옮겨 간다. 이 시기에 눈에 보이지 않는 사물과 상황에 대한 정신적 표상을 형성하기 시작하며 상징놀이나 구성놀이를 시작한다.

구체적 조작기(7~11세)에는 자신이 직접 경험할 수 있는 구체적 사물과 사건에 대해서는 논리적이고 체계적인 사고가 가능해지기 때문에 정해진 규칙이 있는 게임을 즐길 수 있다.

Piaget 이론에서 학습과 발달에 대한 놀이의 역할은 다소 복잡하다. 학습과 발달이 일어나기 위해서는 동화와 조절 사이의 평형 혹은 균형이 필요한데, 놀이는 앞에서 언급한 대로 동화가 조절보다 지배적인 불균형의 상태다. 이러한 불균형은 아동이 놀이상황에서 현실이나 실제 사물의 속성을 무시하는 상징놀이 또는 가상놀이에서 가장 많이 나타난다. 아동은 자신의 놀이를 위해 빈 상자를 자동차로 사용하거나 베개를 아기라고 가장하기도 하는데, 물리적 세계의 현실과 아동의 내적 세계 간 불균형 때문에 놀이가 진정한 학습을 일으키지 않는다고 Piaget는 주장했다. 그러나 놀이는 아동의 학습에 매우 중요한 역할을 한다. 아동은 새로 알게 된 개념이나 기술, 행동을 놀이를 통해 반복적으로 연습하거나 이미 가지고 있는 다른 기술이나 개념, 행동과 통합하지 않으면 쉽게 잊어버린다. 즉, 아동은 새로운 기술이나 개념, 행동을 배우고 난 후 그것이 내면화될 때까지 배운 것을 거듭 반복해야 한다(Sutton-Smith, 1980).

놀이는 아동의 인지적 구조의 변화를 요구하지 않기 때문에 학습과 동일한 것은 아니지만, 학습이 일어나기 위해서는 놀이가 중요하다. 예를 들어, 영아가 식탁의 아기 의자에 앉아 이유식을 먹다가 우연히 숟가락을 떨어뜨렸을 때 엄마가 주워 주면 영아는 엄마가 주워 줄 때마다 계속해서 떨어뜨리며 재미있어 한다. 영아는 숟가락을 반복적으로 떨어뜨리는 놀이를 통해 새로이 획득한 개념, 즉 사물은 높은 곳에서 낮은 곳으로 떨어진다는 것을 분명한 자기 것으로 만드는 것이다. 인지발달이론의 관점을 교육현장에 적용하자면, 아동의 인지적 발달을 위해서 놀이할 수 있는 시간을 충분히 제공하는 것이 필요하다. 상징놀이나 가상놀이는 아동을 다양한 경험과 지적인 성장을 자극할 수 있는 새로운 가능성에 노출시킴으로써 학습을 촉진한다. 여러 모양의 블록을 가지고 집을 짓는 놀이를 한 아동은 그 과정에서 분류, 균형, 전체와 부분, 가로와 세로 높이의 측량 및 비율 등에 대해 배울 수 있을 것이다. 이제 막 보존 개념을 획득한 아동은 다양한 모양의 용기를 가지고 물놀이, 모래놀이를 하면서 새로 학습한 양의 보존 개념을 강화하는 기회를 갖게 될 것이다. 놀이에 대한 인지발달이론의 제한점은 인지적 발달이 더 이상 일어나지 않을 때의 놀이에 대해 설명할 수 없다는 것이다(Ellis, 1973).

3) 사회맥락이론

러시아 심리학자인 Lev Vygotsky는 아동의 발달에 중요한 사회적 맥락을 제공하는 놀이의 역할에 주목했다(Huges, 1999). 놀이는 아동의 발달에 도움이 되는 다양한 경험은 물론 사회적 지지를 자연스럽게 주고받을 수 있는 사회적 맥락을 제공한다.

아주 어린 아동은 사물과 의미를 따로 떼어서 생각할 수 없기 때문에 추상적으로 사고하기 어렵다(Johnson, Christie, & Wardle, 2005). 가상놀이를 하면서 비로소 아동은 사물과 그 의미를 분리하기 시작한다. 처음에는 진짜 전화기를 가지고 전화하는 척하면서 놀이를 하던 아동이 나중에는 나무블록이 마치 전화기인 것처럼 귀에 대고 전화하는 놀이를 하게 된다. 진짜 전화기를 대신하여 나무블록을 전화기로 사용하면서 아동은 사물로부터 의미를 분리해서 생각하기 시작한다. 전화기를 대신하여 사용한 사물인 나무블록이 전화기 자체로부터 전화기의 의미를 분리하는 중요한 역할을 하는 것이다. 놀이는 아동이 사물과 의미를 구분해서 생각할 수 있는 다양한 경험을 제공함으로써 추상적 사고의 발달에 중요한 역할을 한다.

아동의 인지발달에 놀이가 제공하는 사회적 맥락의 중요성을 보여 주는 것은 근접발달지대의 존재다. 근접발달지대(Zone of Proximal Development, ZPD)는 아동이 혼자서 수행할 수 있는 실제 발달 수준과 다른 사람으로부터의 사회적 지지가 있을 때 수행할 수 있는 잠재적 발달 수준 간의 거리다(Vygotsky, 1978). 아동은 놀이상황에서 부모나 교사 또는 자신보다 유능한 또래의 지원을 받을 때 혼자서 하던 것보다 더 높은 수준의 수행능력을 보여 준다. 성인과 함께 퍼즐을 하면서 가장자리 조각과 모서리 조각을 먼저 분류하여 테두리부터 맞추는 것을 도움 받은 아동은 혼자 맞출 때보다 훨씬 더 쉽게 퍼즐을 완성할 수 있다. 놀이는 이처럼 근접발달지대 내에서 성인이나 또래에 의한 비계 설정이 자연스럽게 이루어질 수 있는 맥락을 제공한다.

아동은 놀이할 때 자신에게 하는 혼잣말을 통해 비계를 스스로 설정하기도 한다(Bodrova & Leong, 1996). Vygotsky에게 놀이는 아동이 보다 높은 수준의 기술을 보여 주고 더 높은 수준의 발달을 이루도록 '스스로 비계 설정' 할 수 있는 방법이다(Sheridan, Howard, & Alderson, 2011). 아동은 혼자 놀이를 하면서도 성인이나 또래와 함께 놀이한 상황에서 사용했던 방법, 언어, 지식, 기술을 기억하면서 적용하려고 한다. 자신의 놀이행동을 지원하기 위해 성인이나 또래가 사용했던 언어를 스스로 소리 내어 말함으로써 비계 설정을 하고, 그 소리에 따라서 자신의 놀이행동을 통제한다. 놀이는 아동의 학습과 발달을 지원하고 촉진하는 사회적 맥락을 제공하는 것이다.

Vygotsky의 사회맥락이론에 따르면 아동의 학습, 발달, 놀이는 항상 특수한 사회맥락에서 나타난다(Sheridan, Howard, & Alderson, 2011). 놀이 중에서도 특히 '~인 척' 하는 가상놀이는 사회문화적 학습에서 중요한 역할을 한다. 놀이를 하면서 아동은 자신이 속한 사회의 문화적 가치와 지식에 대해서 상당히 많은 것을 학습하게 된다. 부모나 형제자매, 교사, 또래와 함께하는 놀이를 통해 아동은 자신의 사회적 · 문화적 경험을 해석하고 재해석하는 기회를 가지면서 발달한다. 아동의 문화적 지식이 놀이를 통해 표현되고 놀이상황에 반영된다.

사회맥락이론을 교육현장에 적용하자면, 교사는 아동의 놀이를 지원하기 위해 다양한 사회적 상황에서 아동의 놀이를 관찰하고 적절한 도움을 주어야 한다. 늘 제한되고, 동일한 방법으로만 놀잇감을 가지고 노는 아동과는 교사가 놀이를 함께 하면서 상호작용을 한다. 적절한 비계 설정으로 새로운 기능과 기술을 익히고 창의력을 발휘하도록 함으로써 잠재되었던 발달 수준에 이를 수 있도록 지원해야 한다. 교사와의 놀이를 통해 높은 수준의 발달에 이를 수 있었던 아동은 그 후 혼자 놀이에서도 보다 높은 수준으로의 발달을 위해 자신만의 비계 설정을 한다.

부모나 교사는 아동의 진정한 잠재력이 발휘되도록 사회적 맥락을 조직함으로써 아동의 인지적 발달은 물론 사회적 발달을 촉진할 수도 있다. 대집단 활동에서 늘 소극적으로 놀이하는 아동에게는 순한 아이들이나 더 나이 어린 아동들로 구성된 소집단 놀이활동을 통해 자신의 적극적인 성격을 발휘할 수 있는 놀이환경을 제공하고, 소꿉놀이에서 늘 엄마나 아기 역할을 맡는 아동이 정해져 있다면 아동들이 돌아가면서 역할을 맡아 개별 아동이 가지고 있는 성격의 다양한 특성이 나타나도록 할 필요가 있다. 늘 아기 역할만 하던 귀엽고 수동적인 아동이 엄마 역할을 하면서 자신 안에 잠재되어 있던 권위 있고 당당한 성격을 발달시킬 수도 있다.

4) 사회학습이론

사회학습이론가인 Albert Bandura(1977)는 아동의 행동은 다른 사람의 행동을 관찰함으로써 학습된다고 주장하였는데, 이를 관찰학습 또는 모방이라고 한다. 아동은 자신이 직접 상호작용을 하면서 관찰할 수 있는 인물뿐만 아니라 텔레비전이나 영화, 책, 컴퓨터게임 속 인물의 행동 또한 관찰을 통해 배우고 모방을 한다. 그러나 아동이 관찰하는 모든 대상의 행동을 학습하는 것은 아니다.

아동은 관찰 대상이 형제자매나 또래처럼 아동 자신과 비슷하다고 인식할 때 그 대상의 언어, 행동, 감정 등을 더 많이 모방함으로써 학습하게 된다. 아동은 자신과 여러 면에서 차이가 나지 않는다고 생각되는 친구의 행동을 유심히 관찰하고 모방한다. 놀이를 통해 또래 간에 서로의 행동을 모방하고 성 정형화된 행동을 강화하기도 한다.

관찰된 행동이 잘 학습되는 또 다른 경우는 관찰 대상이 부모나 교사처럼 힘과 권위가 있다고 아동이 인지할 때다. 아동은 인형놀이를 하면서 자신이 관찰한 자녀 성별에 따른 부모의 양육행동을 모방하고, 선생님 역할놀이를 하면서 교사와 아동 간의 상호작용 방식을 모방하여 재현함으로써 성 역할이나 사회적 문제해결 능력 등을 학습한다. 텔레비전에 등장한 힘센 주인공이 자신의 목적을 위해 공격적이고 폭력적인 행동을 하는 것을 관찰한 아동은 친구들과 놀면서 그러한 행동을 모방하기도 한다. 따라서 아동의 사회적 발달에 또래나 부모, 교사, 텔레비전이나 게임 속 가상적 인물의 행동을 모방하는 놀이는 중요한 역할을 담당한다.

아동이 자신이 관찰한 대상의 행동을 성공적으로 모방하기 위해서는 '주의, 기억, 운동 재생, 동기 유발' (Bandura, 1977)의 네 가지 단계가 필요하다고 한다. 첫째, 아동은 관찰 대상의 행동에 주의를 기울이거나 집중해야 한다. 예를 들어, 형의 야구경기에 따라간 동생이 형처럼 멋지게 공을 치는 법을 배우기 위해서는 공을 치는 형의 행동에 충분한 '주의'를 기울여야 한다. 둘째, 아동은 자신이 관찰한 행동을 '기억'해야 한다. 형이 공을 치기 위해 방망이를 어떻게 들고, 어떤 자세를 취했으며, 공이 날아올 때 방망이를 어떻게 휘둘렀는지 잘 기억해 두었다가 필요할 때 그 행동을 회상해 내고 순서대로 따라할 수 있어야 한다. 셋째, 자신이 관찰한 행동을 신체적으로 수행할 수 있는 '운동 재생' 능력이 필요하다. 공을 멋지게 쳐낸 형의 행동을 모방하기 위해서는 방망이를 들고 바른 자세를 취하고 있다가, 날아오는 공을 보고 정확한 각도와 시간에 맞추어 방망이를 휘두르는 능력이 필요하다. 넷째, 관찰한 행동을 모방하고자 하는 '동기 유발'이 필요하다. Bandura에 따르면, 아동은 자신의 행동에 대한 직접강화뿐만 아니라 다른 사람이 강화 받는 행동을 관찰하는 것만으로도 자신도 그러한 행동을 하게 되는 대리강화로도 동기유발이 된다. 형이 야구경기에서 멋지게 공을 쳐내고 많은 사람에게 박수 받는 것을 관찰한 아동은 자신도 야구를 하겠다는 강한 동기를 갖게 되고, 이는 야구놀이로 이어질 수 있다. 놀이는 아동이 관찰한 다양한 대상의 행동을 모방하고 학습하는 장을 제공함으로써 아동의 발달에 중요한 역할을 한다. 따라서 사회학습이론을 교육현장에 적용하자면, 아동이 모방할 수 있는 다양한 인물이나 대상을 제공함으로써 놀이를 더욱 풍부하게 확장시키는 것이 필요하다.

5) 각성조절이론

각성조절이론은 아동의 각성 수준 조절에 놀이가 하는 역할을 주목한 것으로, Berlyne(1960)이 제안하고 Ellis(1973)와 Fein(1981) 등이 보완했다. Berlyne에 의하면 아동을 포함한 유기체는 중추신경조직의 각성 수준을 최적의 상태로 유지하기 위해 행동하는 경향이 있다. 각성 수준이 지나치게 높아지는 것을 방지하기 위해 자극에 노출되는 것을 피하려 할 수도 있고, 다른 한편으로는 각성 수준을 높일

만한 사건을 만들 수도 있다. 이러한 능력을 적절하게 활용함으로써 유기체는 최적의 각성 수준을 유지해 나간다.

아동은 자신이 속한 환경에서 이전에 경험하지 못했던 아주 강렬하고 전혀 기대하지 못한 자극이나 사건에 접하면 각성 수준이 높아지는데 그럴 경우에는 탐색을 통해 자극을 익숙하게 만든다(Ellis, 1973). 탐색을 통해 자극에 반복적으로 접하고, 그 자극이 다른 중요한 사건을 초래하지 않는 한 아동은 그것에 친숙해지며, 더 이상 각성 수준이 높아지지 않으므로 그에 대한 탐색적인 활동도 사라진다. 이렇게 아동에게 익숙해진 자극은 새로이 기대할 만한 것이 없기 때문에 아동의 주의를 끌지 못하고 따라서 각성 수준을 낮춘다. 반대로 환경에 자극이 결핍되어 지루함을 느낄 정도로 각성 수준이 낮아진 아동은 자신의 각성 수준을 상승시켜 최적의 각성 상태를 유지하기 위해 환경과의 상호작용을 시도하기도 한다(Berlyne, 1960). 아동과 같은 고등동물은 자극이 부족할 때 다양한 자극 추구 행동을 통해 스스로 각성하는 것이 가능하다. Berlyne(1960)은 아동의 자극 추구 행동이 단순히 아무 자극이나 추구하는 것이 아니라 각성 잠재력을 가지고 있는 자극을 추구하는 것이라고 설명했다.

Ellis(1973)는 놀이를 아동의 각성을 높이는 행동에 사용되는, 즉 최적의 각성 수준을 위한 자극 추구 활동으로 보았다. 놀이터에서 자신에게 익숙한 방법으로 미끄럼틀이나 그네를 타는 것만으로는 더 이상 재미를 느끼지 못하는 아동은 미끄럼틀을 누워서 타고 내려온다거나 그네 줄을 배배 꼬아서 타고 논다. 놀이는 각성 수준이 낮은 수준으로 감소했을 때 새로운 자극을 추구함으로써 최적의 각성 수준을 유지하기 위한 활동이다.

Fein도 Ellis와 마찬가지로 놀이는 유기체에게 필요한 다양한 자극을 생산한다고 주장하였는데, 여기에는 감각적, 신체 · 운동적 자극뿐만 아니라 인지적 자극도 포함된다. 아동은 불장난이나 괴물놀이, 높은 곳에 오르기 등 성인들이 보기에 위험하다고 생각하는 놀이를 즐기면서 자신이 원하는 자극을 추구하는 것으로 보인다.

최적의 각성 수준에 도달하기 위한 자극을 생산하려는 아동의 행동에는 어떤 특성이 있을까? 이에 대해 Berlyne(1960)은 가장 단순한 수준에서 아동은 최적의 각성 자극이 있는 상황에서 그냥 다양한 각성 자극이 제시되는 대로 선택적으로 집중하기만 할 뿐이라고 했다. 만약 자극이 아동의 다른 반응을 요구하지 않고 계속 반복되면 곧 각성 잠재력을 상실할 것이다. 그러면 아동은 자극적 사건을 만들기 위해 행동하는데, Berlyne에 의하면 각성 수준을 높이는 자극은 어느 정도의 새로움과 불확실성이나 부조화, 복잡함을 가져야 한다. 여기서 새로움은 사건이 예전에 전혀 경험한 적이 없는 완전히 새로운 것이거나 아니면 최근에 경험한 적이 없다는 것을 의미한다. 성탄절에 친척들에게서 받은 여러 개의 새 놀잇감을 아동에게 한 번에 다 주면 처음에는 놀잇감의 홍수 속에서 아동의 각성 수준이 지나치게 높아졌다가 곧 모든 놀잇감에 싫증을 내고 각성 수준이 낮아진다. 그러므로 아동의 각성 수준을 최적의 상태로 오랫동안 유지하기 위해서는 놀잇감을 차례대로 하나씩 주는 것이 도움된다. 아동이 한 가지 놀잇감을 반복적으로 가지고 놀아서 그 놀잇감으로 인한 각성 수준이 낮아질 즈음에 다른 새로운 놀잇감을 제공함으로써 최적의 각성 수준을 유지하는 것이다. 모든 놀잇감을 한 번씩 다 가지고 논 다음에는 다시 처음의 놀잇감을 제공한다. 완전히 처음 접하는 놀잇감은 아니지만 최근에 가지고 놀지 않았기 때문에 각성 수준을 높이는 자극으로 사용될 수 있다.

최적의 각성에 적절한 것은 중간 수준의 새로움이나 정보를 제공하는 자극이다(Ellis, 1973). 완전히 새롭거나 너무 많은 불확실성을 가지고 있는 자극, 특히 아동이 피할 수 없을 경우에는 불쾌할 정도로 지나치게 높은 각성을 일으킨다. 놀이와 자극 추구 사이에는 공통점이 많다. 놀이는 자극 추구 행동이 분명하지만 모든 자극 추구 행동이 놀이는 아니다. 각성조절이론을 아동의 놀이에 적용하자면, 아동에게 지나친 자극이나 정보 제공은 오히려 해가 되므로 너무 많은 새로운 놀잇감을 안겨 준다거나 심하게 복잡한 놀잇감을 제공하지 않는다. 또한 아동의 각성 수준을 최적의 상태로 유지시킬 수 있는 놀이활동을 계획하는 것이 필요하다.

참고문헌

Bandura, A. (1977). *Social learning theory*. Englewood Cliffs, NJ: Prentice Hall.

Berlyne, D. E. (1960). *Conflict, arousal and curiosity*. New York: McGraw-Hill.

Bodrova, E., & Leong, D. (1996). *Tools of the mind: The Vygotskian approach to early childhood education*. Eaglewood Cliffs, NJ: Prentice-Hall.

Bruner, J. S. (1972). The Nature and uses of Immaturity. *American Psychologist, 27*, 687-708.

Ellis, M. J. (1973). *Why People Play*. Englewood Cliffs, NJ: Prentice-Hall.

Erikson, E. H. (1950). *Childhood and Society*. New York: Norton, Bacon.

Fein, G. G. (1981). Pretend Play: An Integrative review. *Child Development, 52*, 1095-1118.

Hughes, F. P. (1999). *Children, Play, and Development*. Boston: Allyn & Bacon.

Johnson, J. E., Christie, J. F., & Wardle, F. (2005). *Play, Development, and Early Education*. Boston: Pearson Education.

Mellou, E. (1994). The case of intervention in young children's dramatic play in order to develop creativity. *Early Child Development and Care, 99*, 53-61.

Millar, S. (1977). *The Psychology of Play*. New York: Penguin Books.

Pellegrini, A. D. (2009). *The Role of Play in Human Development*. Oxford: Oxford University Press.

Piaget, J. (1962). *Play, Dreams and Imitation in Childhood*. New York: W. W. Norton.

Sheridan, M. D., Howard, J., & Alderson, D. (2011). *Play in Early Childhood: From Birth to Six Years*. EBSCO Publishing: eBook Collection.

Stagnitti, K. (2004). Understanding play: The implications for play assessment. *Australian Occupational Therapy Journal, 51*, 3-12.

Sutton-Smith, B. (1967). The Role of Play in Cognitive Development. *Young Children, 22*, 361-370.

Sutton-Smith, B. (1980). Children's play: Some sources of theorizing. In K. Rubin (Ed.), *Children's Play* (pp. 1-16). San Francisco: Jossey Bass.

Vygotsky, L. (1978). *Mind in society: The development of higher mental processes*. MA: Harvard University Press.

Chapter

03

놀이유형별 발달

1. 놀이의 발달

2. 놀이유형별 발달

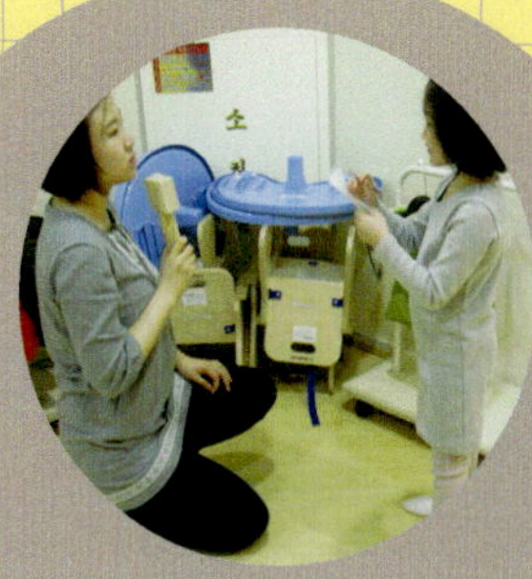

1. 놀이의 발달

1) 사회적 놀이 발달

영유아들은 대체로 다른 영유아들이 함께 있을 때 놀이를 한다. 사회적 놀이는 영유아들이 함께 놀이를 할 때 나타나는 것으로, 여러 가지 기능을 가지고 있다(Morrison, 2011). 첫째, 영유아들이 또래와 상호작용하며 여러 가지 사회적 기술을 배울 기회를 제공한다. 예를 들어, 놀이를 하면서 자연스럽게 타협 기술(예: "그러면 내가 환자할게 넌 의사선생님 해. 그러면 괜찮은 거지?"), 충동 조절 기술(예: "나도 항상 의사선생님을 하고 싶지만, 참을 때도 있어."), 융통성 발휘 기술(예: "알겠어. 먼저 네가 원하는 방식으로 병원놀이 하자. 그다음에는 내가 원하는 방식으로 하는 거야."), 갈등 해결 기술(예: "친구를 때리면 어떻게 해. 말로 해야지.") 등의 사회적 기술을 익힐 수 있다. 둘째, 상대와 함께 놀이를 하면서 듣고 말하고 읽고 쓰는 언어 사용 기회를 가짐으로써 의사소통능력을 발달시킬 수 있다. 셋째, 놀이를 통해 충동 조절이 가능해진다. 영유아는 친구들과 놀이를 즐겁게 오랫동안 지속하기 위해서는 항상 자기가 원하는 대로만 해서는 안 된다는 것을 자연스럽게 알게 된다. 넷째, 영유아가 성공적인 인생을 살아가기 위해 꼭 필요한 사회적 상호작용의 기회를 제공함과 동시에 외로움을 멀리 할 수 있게 한다. 그렇다면 영유아 시기의 사회적 놀이는 어떠한 발달과정을 거치는 것일까? Parten (1932)에 따르면, 영유아의 연령이 높아질수록 사회적 참여가 증가하는데, 사회적 참여 정도에 따라 비참여 행동(unoccupied play), 방관자적 행동(onlooker behavior), 혼자놀이(solitary play), 병행놀이(parallel play), 연합놀이(associative play), 협동놀이(cooperative play)의 6가지 범주로 구분할 수 있다.

(1) 비참여 행동

비참여 행동이란 사회적 참여가 전혀 이루어지지 않는 행동으로, 비참여 행동을 보이는 영유아는 무엇을 가지고 놀이를 하거나 누군가와 함께 놀이를 하지 않는다. 단지 뚜렷한 의도나 목적이 없이 대체로 멍하니 바라보거나 배회하는 두 가지 형태의 모습을 보인다. 진행되고 있는 활동에 흥미를 보이더라도 그것은 순간적인 흥미일 뿐 곧 별다른 관심을 보이지 않는다. 예를 들어, 무엇인가를 유심히 관찰하는 것도 없이 머리카락을 꼬고 있는 행동, 앉았다 일어서는 행동, 물건을 만지작거리는 행동 등이 비참여 행동에 해당한다. 이러한 비참여 행동은 무엇인가를 탐색하기 위해 바라보는 탐색행동과는 구별해야 한다. 가령, 영유아가 새로운 놀이실에 들어갔을 때 환경을 탐색하기 위해 그곳에 있는 포스터나 카메라, 시계 등을 바라보는 것은 비참여 행동이 아니라 탐색행동으로 보아야 한다.

(2) 방관자적 행동

방관자적 행동이란 다른 영유아의 놀이를 지켜보는 행동으로, 방관자적 행동을 보이는 영유아는 다른 영유아의 놀이를 지켜보며 가끔 말을 걸기도 하고 조언을 하기도 하고 함께 웃기도 하지만 자신이 직접 놀이에 참여하는 모습을 보이지는 않는다. 예를 들어, 한 유아가 블록으로 기찻길을 만들고 있는 유아들을 바라보며 "야, 너희 뭐하는 거냐?", "기찻길은 저기 네모난 블록으로 만들어야지."라고 말한

사진 3-1 방관자적 행동의 예

다면 이는 방관자적 행동에 해당한다. 보통 이러한 방관자적 행동은 기존의 놀이 집단에 새로운 구성원으로 들어가는 것을 어려워하는 영유아나 새롭게 흥미로운 놀이를 찾고자 하는 영유아에게 나타난다. 방관자적 행동은 특정 영유아들의 놀이를 관찰한다는 점에서 목적이나 의도 없이 멍하니 바라보거나 배회하는 비참여적 행동과 구별되며, 특정 영유아들을 지켜보는 행동 자체가 타인의 존재에 대해 의식하고 주의를 기울인다는 측면에서 비참여 행동보다 사회적 능력이 좀 더 발달된 형태로 볼 수 있다.

(3) 혼자놀이

혼자놀이란 놀이에 참여는 하지만 혼자서 놀이하는 것으로, 혼자놀이를 하는 영유아는 주변이나 심지어 바로 곁에서 또래 영유아들이 놀이를 하고 있어도 관심을 보이지 않으며, 그들과 다른 장난감을 가지고 자신의 놀이에만 집중하는 모습을 보인다. 보통 다른 영유아들과 1m 정도의 거리를 두고 각자 놀이를 하는 경향이 있지만, 놀이를 하는 공간이 좁을 경우에는 그렇지 않을 때도 많다. Parten은 영유아가 성장하고 사회성이 발달함에 따라 혼자놀이의 비중이 줄어든다면서,

사진 3-2 혼자놀이의 예

혼자놀이의 유형을 사회적 참여의 비중이 높은 놀이와 비교하여 미성숙한 놀이의 형태로 보았다. 그러나 최근에는 혼자놀이가 영유아들로 하여금 자기에게 맞는 적절한 속도와 자신만의 독창적인 방법으로 사물에 익숙해지는 기회를 제공함으로써 독립심과 문제해결능력을 길러 주는 역할을 한다고 보고 혼자놀이를 미성숙한 놀이로 단정해서는 안 된다는 비판적인 견해도 존재한다(Eckerman, Davis, & Didow, 1989).

(4) 병행놀이

병행놀이란 주변의 영유아들과 같은 장난감 혹은 비슷한 장난감을 가지고 놀이를 하되 서로 간에 교류 없이 혼자서 놀이하는 것으로, 병행놀이를 하는 영유아는 곁에서 놀이를 하고 있는 영유아들을 인식하고 있다. 그들에게 관심도 많고 가끔 그들이 놀이하고 있는 것에 대한 자신의 생각을 언어적으로 표현하기도 하지만, 서로 교류하는 모습은 보이지 않는다. 즉, 다른 영유아들 곁에서 혹은 무리 속에서 놀이를 하고 있지만 함께하지는 않는다. 가령, 블록 쌓기 영역에서 여러 명의 유아가 둘러앉아 레고 블록으로 각자 자신만의 자동차를 만들고 있다면 이는 병행놀이에 해당한다. Parten은 병행놀이에 대해 혼자놀이와 마찬가지로 사회적 참여 비중이 낮다면서 상대적으로 미성숙한 놀이로 보았다. 그러나 Bakerman과 Brownlee(1980)는 연구를 통해 병행놀이에서 집단놀이(연합놀이나 협동놀이) 형태로 이동하는 것은 수개월에 걸쳐 이루어지는 것이 아니라 순간적으로 일어난다고 보고하며, 병행놀이를 집단놀이에 비해 미성숙한 단계의 놀이로 단정해서는 안 된다고 주장했다. 이들의 연구에 따르면 영유아들은 이미 다른 영유아들이 진행하고 있는 놀이에 함께하고 싶을 때 전략적으로 병행놀이 형태를 보이는 것으로 나타났다.

사진 3-3 병행놀이의 예

(5) 연합놀이

연합놀이란 여러 명의 유아가 함께 모여서 비슷한 종류의 활동을 하는 놀이로, 연합놀이를 하는 영유아들은 놀잇감을 빌려 주기도 하고 빌리기도 하며 놀잇감을 공유하는 것은 물론 이야기를 주고받기도 한다. 하지만 놀이에 리더가 없으며 역할을 분담하여 놀이가 전개되지는 않는다. 팽이치기나 제기차기, 그림그리기 등이 연합놀이에 해당한다. 제기차기 놀이를 예로 들어 보면, 여러 명의 유아가 모여 제기차기를 할 때 한 개의 제기를 가지고 여러 명이 공유하며 놀이를 진행한다. 그리고 잘 차는 유아에게는 칭찬도 해 주고 응원도 해 준다. 그러나 제기차기를 할 때

사진 3-4 연합놀이의 예

모두가 동일한 활동을 하기 때문에 각각의 유아가 어떠한 역할을 해야 하는지에 대한 역할 분담이 필요 없으며, 중심이 되어 놀이를 이끌어 가는 특정 리더가 있는 것도 아니다.

(6) 협동놀이

협동놀이란 놀이 구성원들에게 공동의 목표가 있으며, 공동의 목표 달성을 위해 놀이 구성원들의 역할이 분담되어 있는 조직적인 놀이형태다. 협동놀이를 하는 영유아들은 어떤 물품을 만들어 내기 위해, 극놀이를 하기 위해, 경쟁적으로 특정 목표를 빨리 달성하기 위해 놀이 구성원을 조직하고 구성원 각자에게 적절한 역할을 할당한다. 그리고 공동 목표를 달성해야 하는 협동놀이는 집단 속에서 놀이가 이루어지기 때문에 중심이 되어 놀이 전체를 이끌어 가는 리더가 존재하며, 일정한 규칙이 존재한다. 엄마아빠놀이, 병원놀이, 가게놀이 등의 각종 극놀이와 대형 로봇 만들기, 도로 만들기와 같이 협력하여 만들기 놀이 등이 협동놀이에 해당한다. 예를 들어, 레고 블록으로 대형 로봇을 만들고자 할 때, 뜻을 같이하는 유아들이 함께 모여 각자가 어떤 부위를 만들 것인지 역할을 분담하여 놀이를 하게 될 것이다. 이때 합체가 되었을 때 어떤 모습의 로봇이 되어야 하는지 구체적인 그림을 가

사진 3-5 협동놀이의 예

표 3-1 사회적 놀이유형의 특성 비교

특성	혼자놀이	병행놀이	연합놀이	협동놀이
놀이 상대	×	×	○	○
언어적 상호작용	×	×	○	○
놀잇감 동질성	×	○	○	○
놀이 리더	×	×	×	○
놀이 역할 분담	×	×	×	○

지고 있는 유아가 리더가 되어, 만들고 합체하는 과정에서의 시행착오를 최소화하도록 이끌어 주어야 한다. 또한 만드는 과정에서 '자기에게 할당된 블록만 가지고 만들어야 한다.' '한쪽 팔을 맡은 사람은 다른 쪽 팔을 맡은 사람과 같이 만들어야 한다' 등의 규칙이 적용된다. Parten은 이러한 협동놀이를 높은 수준의 사회적 놀이로 보고 어린 영아들에게서는 나타나지 않는 놀이형태로 보았다. 그러나 이후의 연구들을 통해 걸음마기의 어린 영아들도 숨바꼭질을 할 때 누가 술래를 할지를 결정하고 순서를 지켜 술래를 하는 등 협동놀이 형태가 가능하다는 것이 밝혀졌다(김수영, 김수임, 김현아, 정정희, 2009; Brenner & Mueller, 1982).

2) 인지적 놀이 발달

일찍이 놀이는 곧 인지발달의 수준을 보여 주는 지표가 된다고 보고 인지 수준에 따른 놀이의 발달 단계를 제시한 Piaget의 놀이이론은 오늘날 놀이 발달에 대한 인지적 토대에 관심을 기울이는 중요한 계기가 되었다. Piaget(1962)는 영유아의 놀이는 인지적 수준에 따라 연습놀이(practice play), 상징놀이(pretend play), 규칙 있는 게임(games with rules) 단계를 거쳐 발달한다고 보았으며, 이를 좀 더 정교화한 Smilansky(1968)는 기능놀이(functional play), 구성놀이(constructive play), 극놀이(dramatic play), 규칙 있는 게임의 4단계로 놀이가 발달한다고 했다. 여기에서는 Smilansky가

표 3-2 Piaget와 Smilansky의 인지적 놀이 발달 단계 비교

발달 시기	인지적 놀이 발달 단계		비고
	Piaget(1962)	Smilansky(1968)	
출생 후 ~ 2세 미만	연습놀이	기능놀이	감각운동기
2~7세 미만	상징놀이	구성놀이	전조작기
		극놀이	
7세 이후	규칙 있는 게임	규칙 있는 게임	구체적 조작기

제시한 놀이유형을 중심으로 인지적 놀이의 발달 단계를 살펴보고자 한다.

(1) 기능놀이

기능놀이란 단순히 신체감각이 만들어 내는 즐거움을 위해 반복적으로 되풀이 하는 놀이행동이다. 예를 들어, 바퀴 달린 자동차를 건드릴 때마다 이리저리 움직이는 것을 보고 즐거움을 느낀 영아가 자동차 굴리기를 반복하는 것, 물이 담긴 컵을 아래로 부었을 때 물이 쏟아지는 것을 보고 즐거움을 느낀 영아가 이 컵에서 저 컵으로 물 쏟아 붓기를 반복하는 것, 우연히 혀를 내밀고 즐거움을 느낀 영아가 계속해서 혀 내밀기를 반복하는 것 등이 모두 기능놀이에 해당한다. 이러한 기능놀이를 통해 영아는 자신의 신체적 능력을 시험해 보고, 또 알게 되는 좋은 기회를 얻는다.

Piaget의 인지적 놀이 단계와의 비교

Piaget는 이러한 기능놀이에 대해 연습놀이 단계로 명명하며 "이 시기 영아는 단지 잡는 즐거움을 위해 잡고, 흔들리는 즐거움을 위해 흔들 뿐이다. 즉, 그 행동을 반복해서 무엇인가를 배우거나 탐색하기 위한 것이 아니라, 단지 그 행동에 숙달되는 즐거움과 그 행동을 실현해 낸 자신의 능력을 과시하는 즐거움을 위해 그 행동을 반복하는 것이다."라고 기술했다(Morrison, 2011).

(2) 구성놀이

구성놀이란 사물을 조작해서 구조물을 만들어 내거나 무언가 새로운 것을 창작해 내는 놀이로, 구성놀이를 하는 영유아들은 일단 재료가 될 만한 것(블록, 적목, 점토, 모래, 폐품 등)을 이리저리 다루어 본 다음 그 재료가 가진 특성을 고려하여 새로운 무엇인가를 만들어 내는 일련의 과정을 통해 세상에 대한 지식을 쌓을 수 있다. 모래성 쌓기, 블록으로 빌딩이나 자동차 만들기, 점토로 음식모형 만들기, 폐품으로 로봇 만들기 등 어떤 재료를 가지고 새로운 무엇인가를 만들어 내는 활동이 모두 구성놀이에 해당한다.

구성놀이와 기능놀이가 구별되는 것은 해당 놀이를 왜 하고자 하는가, 즉 놀이를 하는 목표의 차이에 있다. 가령, 한 유아가 손바닥으로 꾹꾹 누르는 감각적 경험을 위해 점토반죽을 세게 누른다면 이는 기능놀이에 해당하지만, 케이크를 만들어 내기 위해 점토반죽을 세게 누르는 것은 구성놀이에 해당한다. 또한 물을 쏟고 붓는 즐거움을 위해 이 컵에서 저 컵으로 부었다 쏟았다 하는 것은 기능놀이이지만, 각 컵의 물 높이를 같게 하기 위해 물을 쏟아 붓는 것은 구성놀이다.

Piaget의 인지적 놀이 단계와의 비교

동화(assimilation)와 조절(accomodation)이라는 상호 보완적인 두 가지 과정으로 이루어지는 적응(adaptation)이 바로 인지발달의 핵심이며, 놀이는 조절보다 동화가 우세하게 작용하는 활동이라고 주장한 Piaget(1962)는 구성놀이에 대해 엄밀한 의미에서 볼 때 놀이라기보다는 다양한 사고 및 공간적 이해능력 등의 인지적 발달을 돕는 지적 활동에 가까우며, 놀이행동이 적응활동(adaptive activities)으로 전환되도록 돕는 경계선상의 활동이라고 보았다. 한편, 이러한 Piaget의 주장에 대해 구성놀이를 하나의 독립된 놀이 단계로 인정할 수 없다는 것으로 해석할 수도 있지만, 구성놀이는 즐거움을 추구하는 놀이와 최대한의 인지적 적응을 추구하는 교육의 조화로운 접점이 될 수 있음을 시사하는 것으로 해석할 수도 있다며 구성놀이의 높은 교육적 가치를 인정해야 한다는 견해도 있다(이종희, 1995).

(3) 극놀이

극놀이는 시간이나 공간, 사물이나 상황, 역할을 실제와 다르게 변형시켜 표상화하는 놀이로 '마치 ~인 것처럼' 가정해서 놀이하는 가작화 요소가 포함된다는 측면에서 상징놀이(symbolic play), 가상놀이(pretend play), 상상놀이(imaginative play), 환상놀이(fantasy play), 역할놀이(role play), 표상놀이(representation play) 등과 해석에서 약간의 차이는 있지만 혼용하기도 한다. 예를 들어, 'L' 자 모양의 블록을 만들어 도둑에게 총을 쏘는 흉내를 내는 경찰관 놀이나 점토로 피자를 만들어 파는 피자가게 놀이, 동화 속의 신데렐라가 되어 왕자님과 춤을 추는 장면을 시연하는 놀이 등이 극놀이에 해당한다. 극놀이는 놀잇감의 종류에 따라 영향을 받을 수 있는데, 보통 변형되는 놀잇감(예: 로봇으로 변신하는 자동차)보다는 자동차 모형이나 인형과 같은 일반 놀잇감일 때, 구조화된 놀잇감(예: 크레용, 퍼즐 등)보다는 구조화 정도가 낮은 놀잇감(예: 블록, 인형, 구급상자 등)일 때 극놀이가 활성화되는 것으로 보고된다(Bagley & Chaille, 1996; Singer & Singer, 2001).

놀이를 할 때 어떤 사물을 가지고 놀이를 하느냐가 극놀이의 활성화에 영향을 미치는데, 극놀이에서 유아들은 가상적인 상황을 부여하고 특정 역할을 맡아 사물의 용도를 변형하기도 하면서 세상에서 경험한 것들에 대한 자신의 생각과 느낌을 표현한다. 이에 따라 극놀이를 하기 위해서는 수많은 인지적 전략이 요구된다. 사물과 행동을 상징적으로 변화시킬 수 있어야 하고, 경우에 따라 의견 교환과 협의도 할 수 있어야 하며, 놀이 진행과정에서 나타나는 문제를 해결하고 목표를 달성해야 한다. 이와 관련하여 그동안 많은 연구자가 극놀이가 활발하게 이루어진 결과 이러한 인지적 전략이 발달하는 것인지 혹은 극놀이의 발달과 상기 인지적 전략의 발달이 동시에 이루어지는지에 대해 큰 관심을 기울여 왔다. 후자의 가설에 무게중심을 두는 연구자들은 보통 가작화, 수용 및 표현 언어, 정신적 표상의 발달이 거의 동일한 시기에 시작(대략 1~2세 사이)된다는 점을 근거로 한다. 현재까지 이에 대한 연구가 계속 진행 중이지만, 분명한 것은 극놀이가 어린 유아들의 삶에서 지극히 중요한 역할을 한다는 것이다(Bergen, 1998). 최근 한 연구에서 인간의 뇌 속에는 가상현상을 설명할 수 있는 '독립된 정신적 작업공간(separate mental workspace)'이 있다는 주장이 제기되기도 했는데(Nichols & Stich, 2000), 이는 인간의 인지발달과 극놀이가 긴밀한 관계 속에 얽혀 있음을 시사하는 것으로 신경과학적으로도 이를 증명할 날이 멀지 않았음을 보여 준다(Bergen, 2002).

Piaget의 인지적 놀이 단계와의 비교

Piaget는 이러한 극놀이에 대해 상징놀이라고 명명하고 개념 발달이 미숙한 단계의 어린 유아들이 현실을 자신의 욕구에 동화시키면서 나타나는 놀이형태라고 보았다. Piaget는 일반적인 놀이상황에서 이루어지는 상징놀이에는 가상적인 역할을 표상하는 역할의 가작화 활동과 무엇인가를 만들어서 표상하는 구성활동의 요소가 포함되어 있으며, 또 이들 두 요소는 감각운동의 요소를 포함하고 있는 것으로 보았다. 가령, 점토를 반죽해(감각운동) 문이 달린 집을 만들고(구성), 가상의 친구를 정해(역할 가작) 초대해서 술래잡기 놀이를 하는 것과 같이 상징놀이를 하다 보면 자연스럽게 역할의 가작화와 감각운동 및 구성활동이 복합적으로 이루어진다는 것이다. 이러한 Piaget의 견해에 따르면 상징놀이는 극화적인 요소가 강해지면 극놀이에, 무엇인가를 만들어 내는 예술적 요소가 강해지면 구성놀이에 가까워지는 것으로 볼 수 있다.

(4) 규칙 있는 게임

규칙 있는 게임놀이란 미리 정해진 규칙에 따라 게임을 하는 놀이형태로, 4~5세경에 이르면 나타나기 시작하는 놀이유형이다. 예를 들어, 각종 보드게임이나 윷놀이, 제기차기, 체스, 달리기 경주 등이 규칙 있는 게임놀이에 해당한다. 유아들은 미리 정해진 규칙을 수용하고 주어진 규칙이나 제한 내에서 행동을 조절하게 되는데, 게임을 시작하기 전에 놀이 당사자들끼리 이러한 규칙에 대해 합의를 할 수도 있다. 그러나 실제 이 단계에 있는 유아들의 놀이를 관찰해 보면 놀이 중에도 게임의 리더격이 되는 유아들이 자기 멋대로 규칙을 변형하는 것을 종종 볼 수 있다. 한편, 규칙 있는 게임은 놀이에 참여한 유아들 간에 경쟁의 요소가 포함된다는 특징이 있다(Rubin, 2001). 예를 들어, 벽에 공 튀기기 놀이를 하는 2명의 유아가 1명이 공을 던지다가 공이 땅에 떨어지면 다른 사람이 공을 던지는 순서로 놀이를 한다는 규칙을 정해서 놀이를 한다는 것만으로 이 놀이를 규칙 있는 게임놀이라고 단정 짓기는 어렵다. 그러나 이 유아들이 공이 땅에 떨어지기 전에 공이 벽에 맞고 튀어나온 숫자를 세면서 상대 유아보다 더 많이 튀기려고 애를 쓴다면 규칙 있는 게임놀이가 된다.

유아들의 규칙 있는 게임놀이를 살펴보면 유아들은 놀이를 통해 사회적 욕구와 지적인 욕구를 충족시키는 것을 볼 수 있다(Fernie, 1988). 가령, 놀이를 위해 편을 가르면서 친구들 사이의 우정이나 서열을 좀 더 확고히 하는가 하면, 게임에서 이기기 위해 논리적인 전략 및 기술 등을 고민하면서 논리수학적인 사고의 발달을 도모하게 된다.

Piaget의 인지적 놀이 단계와의 비교

Piaget의 놀이이론에서도 규칙 있는 게임놀이 단계로 명명된다. Piaget에 따르면 구체적 조작기가 시작되는 7세경에 좀 더 논리적인 사고가 가능해지고 한번 정해진 규칙은 바뀔 수 없다는 것을 이해하기 시작하면서, 유아들의 놀이형태가 상징놀이에서 벗어나 규칙 있는 게임놀이로 변화하게 된다. 그리고 규칙 있는 게임형태의 놀이는 이전의 다른 놀이유형(연습놀이, 상징놀이)과 달리 이후의 형식적 조작기를 거쳐 성인기까지 지속되는 것으로 보았다.

2. 놀이유형별 발달

1) 구성놀이

구성놀이는 2세경부터 4세경까지 활발한 양상을 보이다가 4세 이후에는 감소하는 경향을 보이는데(Johnson, Christie, & Yawkey, 1987), 실제 영유아들에게 가장 많이 나타나는 놀이유형으로 알려져 있다(구현아, 이종희, 1996). 2~6세 영유아들에게 블록을 가지고 구성물을 만들게 한 후 이들이 만든 블록 구성물의 형태를 토대로 그 수준을 구분한 Johnson(1962)의 연구에 따르면, 블록을 이용한 구성놀이는 1단계에서 7단계까지 발달한다(Johnson & Mitchell, 1996). 1단계에서는 단지 블록을 옮겨 놓는 정도의 수준으로, 블록을 사용하여 어떤 구성물을 만들지는 못한다. 2단계에서는 블록을 수직으로 쌓아 올려 탑을 만들거나 단순히 횡적으로 이어 줄을 만드는 정도다. 3단계에서는 2개의 블록을 간격을 두고 놓은 후 다른 블록으로 연결하여 다리를 만드는 형태가 나타난다. 4단계에서는 블록으로 폐쇄된 공간을 만들어 내부와 외부 공간이 분리되는 형태가 보인다. 블록 구성이 능숙해지는 5단계에서는 균형과 대칭의 형태가 나타나고 장식적인 패턴이 보인다. 6단계에서는 자신이 만든 구성물에 이름을 붙이기 시작하며, 7단계에서는 자신이 아는 실제 구성물을 3차원적으로 있는 그대로 재현할 수 있으며, 구성물의 형태가 매우 복잡하고 정교해진다. 이 연구에서는 연령이 높아질수록 높은 단계의 블록 구성물을

표 3-3 블록을 이용한 구성놀이의 발달과정

구분		특징	사례
1단계	옮기는 단계	블록 옮기기	블록을 옮겨 다른 자리에 놓기
2단계	쌓기 단계	수직으로 쌓아 올리기, 한 줄로 늘어놓기	탑 쌓기, 기차 만들기
3단계	교각 단계	균형을 고려하는 초보적 구성물 만들기	기둥 2개를 양쪽에 세워놓고 지붕 모양의 삼각기둥을 얹은 집 만들기
4단계	공간 구성 단계	폐쇄된 공간으로 구성하기	집의 사각 외벽 만들기
5단계	패턴 단계	대칭, 균형 및 장식적인 패턴으로 구성하기	외벽을 만들 때 양쪽 벽을 똑같은 높이로 쌓기
6단계	명명 단계	구성물에 이름 붙이기	구성물을 만들고 우리집을 만든 것이라고 설명해 주기
7단계	정교화 단계	3차원적으로 정교하게 구성하기	집 안에 침대와 의자 등을 만들어 배치하기

제작하면서 진보하는 과정을 보여 주지만, 구성놀이 빈도는 2~4세까지 증가하는 양상을 보이다가 4세 이후에는 감소하는 경향을 보인다고 보고했다.

한편, 블록을 이용한 구성놀이의 경우 성별로 선호도의 차이가 있어 남아가 여아보다 더 선호하는 것으로 보고된다. 관련 선행연구들에서는 이처럼 블록을 이용한 구성놀이에서 성차가 나타나는 이유에 대해 첫째, 남아가 기질적으로 블록과 같은 활동적인 놀잇감을 선호하고, 둘째, 부모가 블록 놀잇감을 여아보다는 남아에게 제공하는 경향이 있으며, 셋째, 남아가 쌓기놀이 영역을 자신의 영역이라고 생각하여 여아의 접근을 제한하는 경향이 있기 때문인 것으로 분석했다(이경순, 2007).

2) 조작놀이

조작놀이(manipulative play)란 주로 손과 손가락의 소근육을 사용해서 맞추기, 끼우기, 포개기, 쌓기, 재배열하기 등 다양한 방법으로 사물(objects)을 다루는 놀이를 말한다. 퍼즐 맞추기, 구슬 꿰기, 컵 포개어 쌓기, 크기 순서대로 배열하기, 패턴 블록으로 모양 만들기 등의 놀이가 이러한 조작놀이에 해당한다. 6개월경의 영아들은 한 번에 한 가지 사물만 가지고 노는 것이 일반적이지만, 몇 개월이 지나면서 두 개의 분리된 사물을 결합하거나 연결하는 상관행위(relational acts)가 나타나기 시작한다(Fenson, Kagan, Kearsley, & Zelazo, 1976). 상관행위는 단순 상관행위(simple relational acts), 적응적 상관행위(accommodative relational acts), 모으기(grouping)의 세 가지 하위 범주로 구분된다. 단순 상관행위란 주전자 밑바닥에 스푼 부딪치기와 같이 사물들 간의 관련성 없이 두 사물을 연결하는 행위를 의미하는데, 9개월경에 이러한 행위가 나타난다. 적응적 상관행위란 주전자에 뚜껑을 덮고, 컵 받침 위에 컵을 놓는 것과 같이 사물들 간에 적절한 조합을 찾아내는 것으로 13개월경이면 거의 모든 영아가 이를 수행할 수 있다. 그리고 비슷한 사물끼리 짝을 짓는 모으기는 20개월경의 영아들에게 보편적으로 나타나는 형태다. 한편, 이숙재

(2004)에 의하면 눈과 손의 협응력이 발달하는 2세경에는 크기대로 쌓기, 구멍에 모양 맞추기, 손잡이가 달린 2~5쪽 정도의 퍼즐 맞추기 등의 조작놀이를 할 수 있으며, 3세경에는 5~10쪽 정도의 퍼즐 맞추기, 구슬 꿰기 등의 놀이와 함께 찍찍이 붙이기, 지퍼 올리기와 같은 일상 생활용품 조작하기를 할 수 있다. 4세경에는 10~20쪽 정도의 단순한 조각그림 퍼즐 맞추기뿐 아니라 도형 퍼즐, 숫자 퍼즐과 같이 학습과 관련되는 조작놀이에 흥미를 보이며, 5세경에는 20~30쪽 정도의 퍼즐 맞추기, 분류하기, 서열화하기와 같이 수학적 경험을 제공하는 조작놀이가 활발하게 이루어진다.

3) 신체활동놀이

영유아 시기에 이루어지는 신체활동놀이(physical activity play)는 리듬운동(rhythmic stereotypies), 운동놀이(exercise play), 거친 신체놀이(rough-and-tumble play)로 구분해 볼 수 있으며, 각각의 놀이유형이 모두 역 U자 발달곡선 형태를 보이며 발달한다. 몸통을 앞뒤로 흔들기(body rocking), 발차기(foot kicking)와 같은 리듬운동은 신경과 근육이 성숙하면서 시작되어 출생 후 첫 6개월경에 가장 활발하게 이루어지다가 이때를 기점으로 점차 사라지는 경향을 보인다(Pellegrini & Smith, 1998).

달리기, 빨리 걷기, 도망가기, 잡기, 점프하기, 밀고 잡아당기기, 오르기, 자전거 타기 등 어느 정도의 체력을 요하는 운동놀이는 첫해 말경부터 서서히 나타나기 시작해서 4~5세경에 절정을 이루다가 초등학교에 들어가는 만 6세 이후부터 감소하는 경향을 보인다. 관련 연구들을 통해 운동놀이의 발생 빈도를 구체적으로 살펴보면, 어린이집에서 생활하는 2~4세경 유아들의 전체 행동을 분석한 결과 전체 행동의 10%(Field, 1994)가, 49.2개월경에는 20%(McGrew, 1972)가 운동놀이인 것으로 나타나 증가하는 양상을 보인 반면, 초등학교에 입학한 이후 6~10세경 아동들의 경우 바깥놀이 행동의 13%(Pellegrini, 1990)만 운동놀이인 것으로 나타났다(Pellegrini & Smith, 1998에서 재인용).

레슬링, 발로 차기, 텀블링, 팔로 찌르기와 같이 몸을 거칠게 움직이면서 친구들과 함께 놀이하는 거친 신체놀이의 경우 유아기를 거쳐 초등학교 1학년까지 계속 증가하는 양상을 보이다가 8~10세경에 절정을 이루고, 그 이후에 감소하는 경향을 보인다. 거친 신체놀이와 운동놀이의 차이는, 운동놀이는 사회적 놀이의 형태가 아닐 수도 있지만 거친 신체놀이는 반드시 사회적 놀이의 형태가 된다는 점이다. 즉, 운동놀이의 경우 혼자서 할 수 있지만 거친 신체놀이의 경우 항상 부모나 친구와 함께해야 놀이가 이루어진다(Pellegrini & Smith, 1998).

신체활동놀이의 성차는 운동놀이와 거친 신체놀이에서 나타난다. 일반적으로 여아보다 남아가 운동놀이와 거친 신체놀이에 참여하는 빈도가 더 높은 것으로 보고되는데, 이는 여러 문화권에서 보편적인 현상이다(이숙재, 1998). 이러한 성별 차이에 영향을 미치는 요인은 크게 두 가지로 구분해 볼 수 있다(Pellegrini & Smith, 1998). 첫째, 호르몬의 차이에서 비롯된다. 즉, 여아보다 남아가 남성호르몬 안드로겐의 수치가 더 높다. 실제로 선천성부신과형성(Congenital Adrenal Hyperplasia, CAH: 유전적으로는 남성이지만 성호르몬을 생산할 능력이 없어 여성의 외부 생식기를 갖게 되는 열성 유전질환)을 앓는 여아들을 대상으로 한 연구를 보면, 이들의 경우 일반 여아보다 남아가 선호하는 놀잇감이나 활동을 더 선호하는 것으로 나타났다(Berenbaum & Snyder, 1995). 둘째, 남아와 여아 간 사회화의 차이에서 비롯된다. 남아와 여아는 출생 후 부모와 함께 상호작용하기 시작할 때부터 다르게 사회화되는 것은 물론 유치원과 학교에 다니며 다르게 행동할 것을 기대받는다. 가령, 아빠는 딸보다 아들과 더 많은 시간을 보내며 아들과 함께 있을 때 신체적으로 거친 놀이를 더 많이 하는 경향을 보인다. 그리고 교사들은 남아들이 거친 신체놀이를 할 때보다 여아들이 거친 신체놀이를 하는 것에 대해 더 많은 통제를 하는 경향이 있다.

4) 극놀이

극놀이의 발달은 자신의 경험을 상징적으로 표상하는 능력의 발달과 밀접하게 관련되는데, 일반적으로 장난감과 같은 사물이나 행동이 실제 대상물이나 사태(event)를 표상한다는 것을 이해하는 능력은 2세를 전후로 발달한다. 극놀이는 대략

표 3-4 가상행동의 위계적 구조에 따른 극놀이의 발달과정

구분		특징	사례
1	전상징적 단계 (기능적 단계)	친숙한 사물의 용도를 인지하고 이를 행동으로 표현함	머리에 빗을 갖다 대기, 빈 컵을 입에 갖다 대기, 스폰지로 바닥 문지르기
2	자기 가작화 단계	자신과 관련된 행동을 적절한 효과음이나 제스처를 사용하여 가상적 행동으로 표현함	코를 골면서 자는 흉내 내기, 쩝쩝거리며 먹는 흉내 내기, 컵을 거꾸로 들며 마시는 흉내 내기
3	타인 가작화 단계	가상행동의 대상이 자신에서 타인으로 분산되며 탈중심화가 이루어짐. ① 타인에게 관찰된 행동(주로 엄마의 행동)을 가작화하여 표현하거나 ② 다른 사람이나 사물에게 가상적 행동을 표현함	① 요리하는 흉내 내기, 책 읽는 흉내 내기, 물건 사는 흉내 내기 ② 인형에게 우유를 먹이는 흉내 내기, 엄마에게 가르치는 흉내 내기
4	복합적 가작화 단계	여러 가지 도식(scheme)이 일련의 순서로 연결됨. ① 하나의 가상적 도식이 여러 대상에게 적용되거나 ② 여러 가지 상징적 도식이 하나의 대상에게 연속적으로 적용되거나 ③ 다른 상징적 도식이 일련의 순서를 가지고 적용됨	① 먼저 엄마에게 우유를 먹이고 난 후 인형에게 우유를 먹이는 흉내 내기 ② 인형에게 우유를 먹이고 난 후, ③ 인형을 차 속에 넣고 차를 굴리는 흉내 내기
5	위계적 가작화 단계	내적 인지과정(internal mental process)에 따른 위계적 구조를 가지고 가상적 행동이 나타남. ① 어떤 놀이를 할 것인지 계획을 세우고 준비하거나 ② 사물에 표상적 의미를 부여하거나 ③ 사물에 생명력을 부여하는 형태로 나타남	① 시장놀이를 하자고 얘기하며 시장놀이에 필요한 물건들을 준비하기 ② 블록을 음식이라고 가정하고 놀이하기 ③ 음식을 인형의 입에 직접 넣어 주기보다 인형의 손에 쥐어 주고 먹게 하기

2세경에 단독 가상놀이(solitary pretend play) 형태로 시작해서 3~6세경에는 사회적 가상놀이(social pretend play)로 진행하며 절정에 이르고, 초등학교 시기까지 극놀이가 계속 확장되어 나타난다. 즉, 처음에 영아들은 바닥을 기어다니며 고양이나 개를 흉내 내거나 곰인형을 재우는 시늉을 하는 단독 가상놀이를 하다가 생일케이크를 사이에 두고 생일축하파티를 하는 사회적 가상놀이를 하게 된다. Howes(1985)에 따르면, 사회적 가상놀이와 사회적 놀이의 차이는 사회적 가상놀이에는 가작화 요소가 반드시 포함되어야 하지만 사회적 놀이에는 가작화 요소가 빠질 수도 있다는 점이다.

McCune은 가상행동의 위계적 구조에 따라 극놀이의 발달과정을 전상징적(presymbolic), 자기 가작화(self-pretend), 타인 가작화(other-pretend), 복합적 가작화(combinational pretend), 위계적 가작화(hierarchical) 놀이도식의 5단계로 구분하여 제시하였으며, 구체적인 내용은 **표 3-4** 와 같다(McCune, 1995).

5) 언어놀이

지금까지 제시된 거의 모든 놀이가 언어를 매개로 이루어진다는 측면에서 언어를 사용해서 놀이를 진행하는 모든 놀이를 곧 언어놀이로 볼 수도 있겠지만, 여기에서는 놀이의 대상을 말 혹은 언어로 삼고 있는 놀이로 협소하게 한정지어 정의한다. 이러한 언어놀이는 언어 구사가 비교적 자유로워지는 유아기에 발달하는데, 이 시기 유아들이 선호하는 대표적인 언어놀이로 끝말잇기, 수수께끼, 이야기 꾸미기 등을 들 수 있다. 이 중 일종의 말놀이로 보통 질문부에 의도적인 교란 장치를 갖고 있으며 질문과 대답의 쌍으로 이루어진 것을 의미(신명선, 2003)하는 수수께끼놀이의 발달양상을 최경애, 김재숙, 박미라(1998)의 연구를 중심으로 살펴보면, **표 3-5** 와 같다.

표 3-5 수수께끼놀이의 발달과정

구분		발달 시기	특징	사례
1단계	전인식기	3세 초	수수께끼놀이의 기본 규칙을 이해하지 못해 상대에게 수수께끼를 내기 힘듦	
2단계	수수께끼 시도기	3세 말 ~ 4세 초	수수께끼놀이를 하려면 청자와 화자가 있어야 하고, 언어로 묘사해야 한다는 것을 이해하고 수수께끼놀이를 시도하지만, 답을 은폐하는 것은 어려워함	유아 1: 나는 배추에요. '배' 자가 들어가요. 유아 2: 배추
3단계	물리적 묘사기	4세 말 ~ 5세 초	답을 은폐해야 하고 언어 또는 다른 방법으로 단서를 제공해야 한다는 기본적인 게임 규칙을 이해하고 한두 가지 단서를 제공함	유아 1: 나는 '단'으로 시작하고 세 글자예요. 유아 2: 단풍잎
4단계	초점 표현기	5세 말 ~ 6세 초	청자가 은폐된 답에 초점을 맞출 수 있도록 언어적 혹은 신체적 단서를 제공하며 유도함	유아 1: 나는 동물인데 가장 목이 길어요. 유아 2: 기린
5단계	비유적 표현기	6세 이후	수수께끼 대상의 특성을 다른 대상의 특성에 비유하여 표현함	유아 1: 감은 감인데 못 먹는 감은? 유아 2: 영감

참고문헌

구현아, 이종희(1996). 3, 4, 5세 아동의 구성놀이 발달에 관한 연구: 놀이의 질에 대한 분석. 아동학회지, 19(1), 155-167.

김수영, 김수임, 김현아, 정정희(2009). 놀이지도. 파주: 양서원.

신명선(2003). 수수께끼의 메타언어적 성격에 대한 국어 교육적 고찰. 국어교육, 110, 67-89.

이경순(2007). 쌓기놀이에 대한 여아들의 인식과 여아들의 선호도 증가를 위한 교사의 전략. 아동학회지, 28(1), 95-113.

이숙재(1998). 어린이의 거친 신체 놀이와 사회적 능력 연구. 아동학회지, 19(1), 131-140.

이숙재(2004). 유아를 위한 놀이의 이론과 실제. 서울: 창지사.

이종희(1995). 놀이와 교육: 구성놀이에 대한 재고. 유아교육연구, 15(2), 91-104.

최경애, 김재숙, 박미라(1998). 동화 맥락적 수수께끼 프로그램 적용을 통한 유아의 수수께끼 전략에 관한 연구. 사회과학연구, 5, 231-254.

Bagley, D. M., & Chaille, C. (1996). Transforming Play: An Analysis of First-, Third-, and Fifth-Graders' Play. *Journal of Research in Childhood Education, 10*, 134-142.

Bakerman, R., & Brownlee, J. R. (1980). The strategic use of parallel play: A sequential analysis. *Child Development, 51*, 873-878.

Berenbaum, S. A., & Snyder, E. (1995). Early hormonal influences on childhood sex-typed activity and playmate preferences: Implication for the development of sexual orientation. *Developmental Psychology, 31*, 31-42.

Bergen, D. (1998). Stages of play development. In Doris Bergen (Ed.), *Readings from … Play as a medium for learning and development* (pp. 71-93). Olney, MD: Association for Childhood Education International. ED 421 252.

Bergen, D. (2002). The role of pretend play in children's cognitive development. *Early Childhood Research & Practice, 4*(1). [Online].

Brenner, J., & Mueller, E. (1982). Shared meaning in boy toddlers' peer relations. *Child Development, 53*, 380-381.

Eckerman, C. D., Davis, C. C., & Didow, S. M. (1989). Toddlers' emerging ways of achieving social coordinations with a peer. *Child Development, 60*, 440-453.

Fenson, L., Kagan, J., Kearsley, R. B., & Zelazo, P. R. (1976). The developmental progression of manipulative play in the first two years. *Child Development, 47*(1), 232-236.

Fernie, D. (1988). *The nature of children's play.* ERIC Digest (ED307967).

Howes, C. (1985). Sharing fantasy: social pretend play in toddlers. *Child Development, 56*, 1255-1258.

Johnson, H. M. (1962). *The art of block building.* New York: Bank Street College Publications.

Johnson, H. M., & Mitchell, L. S. (1996). The art of block building. In E. S. Hirsch (Ed.), *The block Book* (pp. 9-26). Washington, DC: NAEYC.

Johnson, J. E., Christie, J. F., & Yawkey, T. D. (1987). *Play and early childhood development.* Illinois: Scott, Foresman and company.

McCune, L. (1995). A normative study of prepresentational play at the transition to language. *Developmental Psychology, 31*(2), 198-206.

Morrison, G. S. (2011). *Early childhood Education Today.* Prentice Hall PTR.

Nichols, S., & Stich, S. (2000). A cognitive theory of pretense. *Cognition*, *74*(2), 115-147.

Parten, M. (1932). Social play among preschool children. *Journal of Abnormal and Social Psychology*, *27*, 243-269.

Pellegrini, A. D., & Smith, P. K. (1998). Physical activity play: the nature and function of a neglected aspect of play. *Child Development*, *69*(3), 577-598.

Piaget, J. (1962). *Play, dreams, and imitation in childhood.* NY: Norton.

Rubin, K. H. (2001). The play observation scale (POS). *Center for Children, Relationships, and Culture.* University of Maryland.

Singer, D. G., & Singer, J. L. (2001). *Make Believe: Games and Activities for Imaginative Play.* Washington, DC: Magination Press.

Smilansky, S. (1968). *The effects of sociodramatic play on disadvantaged preschool children.* NY: Wiley. http://ecrp.uiuc.edu/v4n1/bergen.html

Chapter

04

놀이의 효과

1. 신체발달
2. 인지발달
3. 언어발달
4. 사회성발달
5. 정서발달

역사가 시작된 이후로 모든 인간은 놀이를 하며 성장을 하고 발달해 왔다. 즉, 성장과 발달에 가장 중요한 동인으로 늘 놀이가 있었다. 유아교육이론가들은 고대 그리스 시기에서부터 놀이의 효과를 언급했다. 그리스의 철학자이자 교육자이기도 했던 플라톤은 개인의 조화로운 발달에 놀이의 중요성을 강조했다. 유아기에 부모가 놀이를 장려하고 동화, 음악, 체육 등 다양한 활동으로 유아들이 자신의 잠재력을 발휘할 수 있도록 도와주어야 하며, 이를 통해 국가적인 사회복리를 달성할 수 있다고 보았다. 플라톤의 제자인 아리스토텔레스는 국민의 행복을 도모하고 바람직한 인간으로 키우기 위해 교육이 국가적인 차원에서 이루어져야 하는데, 7세까지는 즐거운 경험이나 자연스러운 운동, 동화 등을 통해 가정에서 건강한 성장과 발달을 도모하는 것이 필요하다고 했다.

이러한 생각은 유아를 대상으로 한 유치원이 설립되고 자유로운 놀이를 바탕으로 그들이 성장과 발달을 이루어 낼 수 있도록 지원하는 적극적인 움직임이 시작된 18~19세기에까지 이어졌다. 1837년에 최초의 현대식 유치원을 만든 프뢰벨은 유아의 본성에 따른 자발적 교육을 위해 놀이의 중요성을 강조하였고, '은물' 이라고 불리는 교구를 사용한 놀이를 통해 스스로 발달을 도모해 나갈 수 있도록 했다. 즉, 그는 놀이 자체가 교육이라고 본 것이다.

모든 유아는 자발적인 놀이 욕구를 타고난다. 유아들의 몸짓과 행동, 나아가 그들의 생활 자체가 놀이이고, 그들은 그 자체를 즐긴다. 놀이를 통해 스스로 성장과 발달을 이루어 나간다는 점에서 개인의 성장과 발달에 미치는 놀이의 효과는 무궁무진하다. 이번 장에서는 신체, 인지, 언어, 사회성, 정서 등 각각의 발달영역을 중심으로 놀이의 효과에 대해 알아보고자 한다.

1. 신체발달

인간에게는 태어날 때부터 성숙의 기제가 내재되어 있기 때문에 신생아가 단순히 먹고, 자고, 숨 쉬는 것만으로도 어느 정도 키가 크고 몸이 자란다. 하지만 신체발달이란 단순히 양적인 발달만을 의미하는 것이 아니며, 온전한 의미의 신체발달을 위해서는 감각, 생리 기능, 운동능력 등 각 영역이 고르게 발달하는 질적인 발달이 반드시 필요하다. 놀이가 이러한 질적인 발달을 도모해 준다.

놀이가 신체발달에 어떤 효과를 가져오는지에 대해 구체적으로 알아보기 위해 감각발달, 생리기능발달, 운동능력발달이라는 세부적인 영역에 따라 살펴보고자 한다.

1) 감각발달

보고, 듣고, 냄새를 맡으며, 맛을 보고, 피부로 느끼는 감각은 생존보호라는 가장 기본적인 목적을 위해서라도 누구나 필수적으로 갖추어야 할 능력이다. 하지만 이러한 감각능력은 태어날 때부터 완벽한 형태로 타고나는 것이 아니다. 청각은 임신 4개월경부터 외부의 소리에 반응할 수 있을 만큼 이른 시기에 발달하며, 태어날 때부터 여러 가지 냄새를 식별하고 맛을 구별할 수 있을 만큼 후각과 미각도 일찍 발달한다. 하지만 완벽한 수준으로 모든 감각이 발달하기까지는 충분한 시간이 필요하다. 감각발달이 주로 이루어지는 영아기에 주변의 다양한 환경자극을 접하면서 더욱 온전한 감각능력을 갖추어 나가게 된다. 보고, 듣고, 냄새를 맡고, 맛을 보고, 피부로 느끼는 다섯 감각과 놀이는 떼려야 뗄 수 없는 관계다. 무엇을 보지 않고 느끼지 않고서 놀이를 하기는 어렵기 때문이다. 영아가 머리 위에 매달려 있는 모빌을 바라보며 그 대상의 이름과 존재의 이유는 모른다 하더라도 그것에 흥미를 보이며 바라보고 있는 것 자체도 놀이가 될 수 있다. 영아는 자신이 바라보고자 하는 곳에 시야를 고정하여 자신이 할 수 있는 수준에서 그것의 색과 형태를 지각하고, 나아가 그것의 움직임에 따라 시선을 맞추는 반복적 경험을 하게 된다. 깊이에 대한 지각능력은 6~7개월경에 발달한다고 알려져 있는데(Gibson & Walker, 1960), 이것도 놀이와 관련된다. 이 시기의 영아는 점차 이동능력을 획득하여 적극

사진 4-1 딸랑이를 흔들어 소리를 듣는 모습

적으로 기어 다니면서 세상을 탐색한다. 직접 다가가 새로운 물건을 탐색하기도 하고 높은 곳에 기어오르기도 하는 보다 적극적인 놀이를 통해 여러 가지 깊이에 대한 단서를 경험하고, 깊이에 대한 개념을 형성해 나간다. 그뿐만 아니라 여러 가지 사물을 직접 만지면서 부드러움, 딱딱함, 뾰족함 등을 피부로 느끼며 다양한 감촉을 구분할 수 있게 되기도 하고, 딸랑이를 흔들 때 나는 소리에 귀를 기울이고 놀잇감이 서로 부딪히며 만들어 내는 생생한 소리를 접하면서 소리나 음에 대한 청각적 민감성을 기를 수도 있다. 이러한 과정은 놀이가 완전한 수준으로 감각능력을 발달시키는 데 크게 기여한다는 점을 보여 준다.

2) 생리기능발달

놀이를 하며 대근육과 소근육의 움직임을 활발히 하게 되는데, 이는 영유아의 혈액순환을 돕는다. 혈액순환이란 심장의 수축운동을 원동력으로 하여 혈액이 일정한 방향으로 유동하는 것을 말한다. 순환하는 혈액 속에는 산소가 들어 있어 온몸 구석구석으로 이를 전달해 주며, 우리 몸에 필요한 각종 영양분과 호르몬도 함께 전달한다. 또한 혈액 안에는 유기물을 분해하며 에너지를 얻는 과정에서 만들어진 이산화탄소와 각종 노폐물이 담겨 있어 이를 다시 체외로 배출해 주기도 한다. 놀이가 이루어지는 동안, 신체를 구성하고 있는 여러 근육이 골고루 자극될 수 있기 때문에 혈액순환이 촉진되어 생체 유지 및 방어에 도움을 줄 뿐만 아니라 놀이는 소화와 배설도 촉진한다. 소화는 섭취한 음식물을 체내에 흡수할 수 있는 형태로 분해하는 과정이며, 배설은 탄수화물, 지방 등의 영양소가 호흡에 의해 분해될 때 생기는 노폐물을 체외로 내보내는 과정이다. 영유아의 소화 및 배설능력은 성인에 비해 떨어지는데, 놀이를 통한 활발한 움직임이 영유아의 소화운동이나 배설운동을 적극적으로 도와줄 수 있다. 나아가 깨어 있는 동안의 활발한 놀이를 통해 몸이 휴식을 필요로 하게 됨으로써 잠을 자는 동안에는 숙면을 유도하고, 그만큼 체력 보충이 필요해지므로 식욕도 좋아져 섭식 상태도 좋아질 수 있다. 즉, 여러 가지 측면에서 놀이는 생리 기능을 전반적으로 촉진하여 성장의 발판이 된다.

3) 운동능력발달

신생아도 근육조직을 가지고는 있지만 신체 크기에 비해 상대적으로 적고 수분 함유량이 많다. 그러다가 점차 근육섬유가 발달하고 근육량이 많아지면서 더욱 단단한 근육이 된다. 근육의 발달은 운동능력의 발달과 직결되기 때문에 중요하며, 이는 영양가 있고 고른 섭식과 더불어 지속적인 운동경험을 통해 이루어진다.

운동능력은 대근육 운동능력과 소근육 운동능력으로 구분된다. 대근육 운동은 신체의 목, 팔, 다리 등 사지와 관련된 것으로 기기, 걷기, 달리기, 뛰기, 구르기, 오르내리기와 같은 운동 기능과 밀기, 끌어당기기, 들기, 던지기, 받기, 차기와 같은 비운동 기능으로 다시 한 번 나누어진다. 대근육 운동능력은 연령의 증가에 따라 머리부터 발에 이르기까지 위에서 아래로 발달된다. 가만히 누워서 하늘만 보고 있던 영아가 고개를 들고 이어서 가슴을 들며, 받쳐주면 앉다가 혼자서도 앉게 된다. 도와주면 설 수 있던 영아는 스스로 가구를 붙잡고 일어서며 혼자서 기기도 한다. 잡아주면 걷다가 결국 혼자 일어서게 된다. 스스로 걸을 수 있게 되는 1세 이후에도 운동 기능은 지속적으로 발달하여 점차 균형 잡힌 걸음걸이를 하게 되고, 2세경이 되면 속도를 내어 달릴 수도 있으며, 두 발로 깡총 뛰기를 할 수 있다. 또 달리다가 멈출 수도 있다. 3세경이 되면 달리다가 속력을 늦추거나 방향을 틀 수 있다. 유아의 신체놀이 중에는 대근육 운동과 밀접한 관련이 있는 놀이가 상당히 많다. 아직 스스로 걷지 못하는 영아도 신기하기만 한 모빌을 따라 고개를 움직이거나 공을 잡기 위해 손을 뻗거나 손에 닿는 놀잇감을 끌어당겨 보기도 한다. 또한 걷지는 못하더라도 여기저기를 기어 다니며 엄마와 까꿍놀이를 한다. 이후에는 걷고, 달리고, 뛰면서 조금 더 넓은 공간을 누비고, 페달을 밟으며 자전거를 타고,

계단을 올라가 미끄럼틀에서 내려오거나 그네를 타기도 하고, 공을 힘껏 던지고 받고 발로 차기도 한다. 이렇게 유아의 신체놀이는 기본적인 대근육 운동능력을 바탕으로 이루어지기도 하지만, 놀이의 경험을 통해 대근육 운동능력이 이전보다 향상되는 결과를 가져오기도 한다. 신체놀이 그 자체가 대근육 운동인 것이다. 그런데 반드시 신체놀이만 대근육 운동능력과 관련되는 것은 아니다. 유아가 인형을 놀이차에 태우고 밀어주는 것, '나비야' 노래에 맞추어 두 팔을 들고 날갯짓을 하며 여기저기를 돌아다니는 것 등 다양한 놀이가 궁극적으로 유아의 대근육 운동능력의 발달에 기여한다.

한편, 소근육 운동이란 몸의 상지, 주로 손과 손가락을 사용하는 작은 운동을 말하며, 몸의 전체를 움직여서 큰 움직임을 만들어 내는 대근육 운동과는 구분된다. 보통은 팔을 사용한 운동이 발달하고 난 후에 손을 사용한 운동이 발달하며, 그다음으로 손가락을 사용한 운동이 발달한다. 영아는 생후 4~5개월이면 손을 뻗어 물건을 잡으려는 시도를 하기도 하고, 6~7개월이 되면 손으로 물건을 움켜쥘 수 있다. 1세가 되면서는 손가락 두세 개를 이용하여 물건을 집을 수도 있다. 영아가 물건을 집을 수 있게 되면서 놀잇감에 대한 적극적인 탐색이 가능해지는데 대근육 운동능력에서와 마찬가지로 기본적인 소근육 운동능력을 토대로 놀이가 이루어지지만 다양한 놀이를 통해 소근육 운동능력이 더욱 발달된다. 즉, 소근육 사용이 보다 정교화되고 질적으로 세련되어진다. 소근육 운동은 크게 눈과 손의 협응, 양손의 협응, 사물 조작능력, 손가락의 민첩성 등의 요소로 이루어지는데 놀이는 이러한 소근육 운동 요소 모두와 관련된다. 눈으로 놀잇감을 바라보고 시선과 자신의 움직임을 일치시켜 가는 과정 속에서 눈과 손의 협응이 이루어지고, 두 손으로 공을 잡거나 비틀고 한 손에서 다른 손으로 옮기는 과정 속에서 양손의 협응이 이루어진다. 또한 인형을 잡고 토닥거리거나 블록을 끼우고 연결하고 쌓으면서 사물을 조작하는 능력이 발달하며 손가락 사용이 민첩해진다. 이렇게 놀잇감을 다루고 놀이를 진행해 나가는 과정에서 대근육 운동능력과 소근육 운동능력의 발달이 자연스럽게 도모된다.

사진 4-2 풍선을 잡기 위해 달리기를 하는 모습

2. 인지발달

유아는 새로운 지식을 얻기 위해 혹은 무엇인가를 배우기 위한 분명한 목적을 가지고 놀이를 하는 것이 아니다. 그들에게 놀이는 그 자체가 목적이다. 또한 누군가가 요구를 하거나 시켜서 놀이가 이루어진다면 그것은 더 이상 놀이가 아니다. 내적 욕구에 의해 자발적으로 시작되는 놀이는 자연스러운 과정을 통해 유아에게 인지적 향상을 가져다준다.

인지발달에 대한 놀이의 효과는 매우 다양하다. 이를 구체적으로 알아보기 위해 감각운동적 지식 형성 및 대상영속성의 획득, 상징적 사고능력 및 조망수용능력의 발달, 인과론적 사고 및 논리적 사고의 발달, 창의력의 발달 등으로 나누어 살펴보고자 한다.

1) 감각운동적 지식 형성 및 대상영속성의 획득

Jean Piaget(1896~1993)의 인지발달이론에 따르면 생후 2년 동안은 주로 감각기관으로 사물을 탐색하고, 자신의 운동 기능을 시험하며, 세상을 알아가는 감각운동기다. 이 시기의 영아는 손가락을 빠는 것이 재미있거나 손가락을 빠는 느낌이 좋았을 때 그것을 반복한다. 나아가 우연히 고무 오리를 밟아 '삑' 하고 재미있는 소리가 났다면 그 소리로 인한 즐거움을 얻기 위해 반복적으로 고무 오리를 밟는 행동을 하기도 한다. 영아는 점차 목적지향적인 행동을 하고, 스스로 만들어 낸 감각운동적인 즐거움을 느끼며 세상에 대해 배우고 익힌다. 또한 이 시기의 중요한 인지적 향상인 대상영속성은 놀이를 통해 획득된다고 해도 과언이 아니다. 대상영속성(object permanence)이란 어떤 대상이 현재 자신의 눈앞에 보이지 않는다고 해도 여전히 그 대상이 존재한다는 사실을 아는 것인데, 4~8개월경에 초보적인 수준의 대상영속성이 등장하고 24개월경이 되면 대상영속성을 온전히 획득한다. 대상영속성을 획득하지 못한 영아는 눈앞에서 엄마가 잠시 사라지면 엄마가 아예 없어졌다고 생각하여 떠나갈 듯이 울지만, 이후 대상영속성을 획득하게 되면 엄마가 당장 자신의 눈앞에 보이지 않아도 여전히 존재한다는 믿음이 있기 때문에 크게 불안해하지 않는다. 이러한 과정에는 '까꿍놀이(peekaboo)' 가 큰 역할을 담당한다. 까꿍놀이는 전세계 공통으로 나타나는 영아들의 전형적인 놀이로 숨었다 나타나면서 '까꿍' 을 외치는 놀이다. 영아의 눈앞에서 곰인형을 이불 아래 감추면 영아는 곰인형이 영영 없어져 버렸다고 생각해서 울지만, 이불을 걷어 곰인형을 다시 보여 주면 없어졌다고 생각했던 곰인형이 나타난 것에 신기해한다. 또한 엄마가 문 뒤에 잠시 숨었을 때 영아는 엄마가 없어졌다고 생각하고 울어버린다. 하지만 엄마가 기적처럼 자신의 눈앞에 다시 나타나면 영아는 그 광경이 놀랍고 행복하다. 처음에는 곰인형이 없어지거나 엄마가 사라지면 크게 당황하지만 이러한 경험이 반복되면 더 이상 당황스러운 일이 아니라 즐겁고 재미있는 놀이가 된다. 이렇게 까꿍놀이의 경험은 눈앞에 보이지 않더라도 그 대상이 여전히 존재한다는 사실을 아는 데 중요한 역할을 한다. 대상영속성의 획득은 구체적인 사물이나 현상을 마음속으로 그릴 수 있게 되는 내적표상능력의 발달과 관련이 되며, 까꿍놀이는 내적표상능력의 발달과 대상영속성의 획득에 도움을 준다.

사진 4-3 까꿍놀이를 하는 모습

2) 상징적 사고능력 및 조망수용능력의 발달

조금 더 연령이 증가하여 만 3세 이후의 전조작기가 되면 정신적 표상에 의한 상징적 사고가 가능해진다. 이 시기에는 보다 주제가 확장된 역할놀이를 하게 되는데 그 안에 자연스럽게 상징이 녹아 들어간다. 유아는 놀이 안에서 자신이 아닌 다른 사람이 된다. 즉, 엄마나 아빠와 같이 다른 가족구성원이 되기도 하며, 선생님과 같은 주변사람 혹은 책에서 보았던 마법사가 되기도 한다. 또한 자신이 가지고 있는 놀잇감을 다른 무엇인가에 대한 상징의 형태로 활용하며, 지금 현재 여기가 아닌 상황을 만들어 낸다. 엄마처럼 자신이 아기인형을 등에 업고 토닥토닥 하다가 나중에는 아기인형이 아니라 베개를 등에 업고 아기인 양 토닥거리기도 한다. 전화기 놀잇감을 들고 전화를 하는 시늉을 하고 나중에는 블록 하나를 전화기인 양 들고 전화를 하기도 한다. 역할놀이를 즐기면서 '지금 여기'에서 벗어나기 위해 다양한 상징을 활용하며 표상적 사고가 더욱 발달되어 간다.

한편, 유아기 놀이의 또 다른 효과는 조망수용능력(perspective-taking)을 향상시킨다는 것이다. 조망수용능력은 다른 사람의 관점과 생각, 감정 등을 이해하는 능력을 말하며, 성인기에 이르기까지 사회적 관계 형성 및 유지에 상당히 중요한 역할을 담당한다. 유아기 후반이 되면 하나의 주제로 또래들과 함께 놀이를 꾸미고 진행해 나가면서 서로 원하는 것을 주장하기도 하고, 의견을 조율하기도 하며, 놀이를 협력적으로 이끌게 된다. 물론 이렇게 되기까지 놀이를 하며 서로 갈등을 겪고, 다투는 일들도 많이 일어난다. 유아들은 놀이를 통해 다양한 관계의 맥락을 경험하게 되고, 같은 상황 속에서도 사람들이 서로 다른 욕구나 바람을 가지기도 하고 같은 대상을 바라보면서도 서로 다른 생각을 할 수 있다는 점을 자연스럽게 깨닫게 된다. 또한 서로 존중하고 배려하며 상호작용을 나누는 법을 익혀 나가게 된다.

3) 인과론적 사고 및 논리적 사고의 발달

놀이는 인과론적 사고에도 긍정적인 역할을 담당한다. 북을 치면 소리가 나고, 자동차를 뒤에서 밀면 앞으로 나아가고, 다 쌓아진 블록을 손으로 치면 우르르 무너져 내린다. 놀이는 무수한 인과관계를 창출해 내며, 이러한 과정을 일상적으로 접하는 가운데 모든 일에는 인과관계가 있고 원인이 있으면 결과가 있다는 것을 이해하게 된다. 나아가 놀이는 탐구력 및 추론능력 향상에도 도움을 주는데, 놀이 중 일어나는 다양한 현상과 놀이가 만들어 내는 흥미로운 결과에 대해 호기심을 갖게 될 뿐 아니라 그것의 원인에 대해 관심이 생긴다. 경사로를 만들어 트럭을 내려 보낼 때 트럭에 무언가를 싣고 난 후 더 빨리 내려가는 것을 발견하고는 그 원

사진 4-4 색깔에 따라 공을 분류하는 모습

인과 이유에 대한 호기심을 해결하기 위해 이 현상에 관심을 두고 탐구하고 추론하게 된다. 꼭 꼬마 과학자 같다. 놀이를 통해 탐구력과 추론능력이 향상된다.

한편, 보존 개념, 분류화, 서열화 등에 대한 사고는 전조작기인 유아기에서부터 구체적 조작기인 아동기를 거쳐 형식적 조작기인 청소년기에 이르러 점차 논리성을 갖추게 된다. 유아기에 하는 놀이는 이러한 논리적 사고의 형성에 중요한 역할을 담당한다. 유아는 여러 개의 구슬을 통에 담았다가 꺼내기를 반복하기도 하고, 찰흙으로 몇 개의 공을 만들었다가 다시 뭉쳐서 하나의 큰 공을 만들기도 하며, 물컵에 물을 담았다가 또 다른 컵에 옮겨 담기도 한다. 즉, 놀이는 보존 개념을 학습하는 자연스러운 실험이기도 하며, 이러한 실제적이고 구체적인 경험을 통해 유아는 보존 개념을 차츰 학습해 나간다. 분류화와 서열화도 마찬가지다. 블록을 같은 색이나 모양끼리 나누어 보거나 크기별로 줄을 세우는 흔한 놀이도 유아가 분류화와 서열화에 대한 논리적 사고를 획득하는 데 도움을 준다.

4) 상상력과 창의력의 발달

놀이는 상상력과 창의력 향상에도 기여한다. 아이들의 놀이를 지켜보다 보면 그들이 발휘하는 상상력에 놀라는 경우가 많다. 아무것도 놓이지 않은 곳이 바닷가가 되기도 하고 우주가 되기도 한다. 쌓아놓은 블록 몇 개가 개미가 사는 집이 되기도 하고 하늘로 오르는 계단이 되기도 한다. 이렇게 아이들의 놀이는 현실에서 벌어지는 일들만 담고 있는 것이 아니며 시간과 공간을 초월하는 방식으로 이루어진다. 놀이 주제를 선정하거나 놀이상황을 만들어 내고, 실제로 놀이를 진행하는 과정에서 아이들은 참신하고 기발한 생각을 하며, 그 생각을 흥미롭고 다양하게 표현해 낸다. 이러한 과정을 통해 상상력과 창의력이 크게 향상된다.

사진 4-5 소풍놀이를 하고 있는 모습

3. 언어발달

언어발달은 놀이의 효과 중에 상당히 중요한 부분이다. 언어는 언어를 사용하는 환경에 자주 노출될수록 늘고, 자연스러운 상황 속에서 반복하여 듣고 말하고 읽고 쓰는 가운데 크게 향상된다. 그런 점에서 놀이상황은 가장 좋은 언어 학습의 장이다. 유아들은 놀이를 통해 새로운 단어를 배우고, 배운 단어를 반복적으로 활용하며 익힌다. 또한 놀이를 하는 동안 다른 사람의 이야기에 귀를 기울이고, 즐겁게 놀이하기 위해 자신의 생각과 감정을 말로 표현한다. 이렇게 놀이는 단어를 확장시키고, 듣기와 말하기 능력을 발달시킨다. 그뿐만 아니라 상대방과 적절히 대화를 주고받고 사회적인 의사소통을 나누는 기술도 향상되며, 가장 자연스러운 맥락에서 읽기와 쓰기 능력을 발달시킨다. 다음에서는 언어발달에 대한 놀이의 효과를 세부적으로 살펴보고자 한다.

1) 단어의 확장

갓 태어나 울음으로만 자신의 의사를 표현하던 영아는 일반적으로 약 10개월 전후에 첫 단어를 말하며, 약 18개월 전후에 50개 정도의 단어를 말한다(Bloom, 1993; Nelson, 1973). 이후 단어수가 급격히 증가하여 2세가 되면 200개 이상의 단어를 말할 수 있게 된다(Smith & Cowie, 1991). 일반적으로 '엄마', '맘마' 와 같이 명사를 먼저 말하게 되는데, 처음 사용하는 단어는 보통 자신의 주변을 둘러싼 대상이나 환경, 그리고 자신의 생존욕구와 관련된 단어들이다. 연령의 증가에 따라 생활반경이 넓어지고, 단순히 숨을 쉬고 먹고 누워 있는 단계가 아니라 스스로 주변을 탐색하고 놀이를 통해 즐거움을 추구하기 시작하면서 단어를 더욱 적극적으로 배워 나간다. 놀이를 하는 과정 속에 강아지인형을 '멍멍이' 라고 부른다는 것을 알고 또 자동차를 '빠방' 이라고 부른다는 것을 알게 된다. 즉, 어떤 사물이든 이름을 하나씩 갖고 있다는 것을 알게 되는 것이다. 이렇게 사물과 그것의 이름이 각각 대응된다는 점을 인지하고 하나씩 단어를 익혀 나가는 과정은 놀이가 언어 학습을 가능하게 한다는 증거가 된다. 놀이 속에서 새로운 단어를 접하고, 또한 놀이 속에서 이 단어를 반복해서 사용하고 활용하면서 점차 이해하고 표현하는 단어의 수가 많아진다.

2) 듣기 · 말하기의 발달

아직 본격적으로 놀이라고 하기 어려운 초기 형태의 놀이도 언어발달에 대한 효과를 가진다. 즉, 다른 사람과 대화를 하지 않더라도 엄마가 주도하는 놀이를 관찰하거나 그 놀이에 수동적으로 참여하는 것만으로도 누군가의 이야기에 귀를 기울이며, '듣는' 훈련을 하게 된다. 다른 사람의 말 속에는 단어장도 있고 문장도 있다. 무엇보다 그것들의 기초가 되는 음소도 있고 음운도 있다. 이렇게 자연스럽게 언어적 자극에 노출되면서 다양한 소리를 듣고 구분하는 능력을 기른다. 조금 더 시간이 지나면 영아는 듣는 수준에 머물지 않고 정확하지 않더라도 비슷한 소리를 내어 보기도 한다. 즉, '마마마', '구구구'와 같은 소리를 내는데 이것이 옹알이(babbling)다. 이는 엄마의 말을 따라 하기 위해서일 수도 있고, 자신의 생각을 표현하기 위해서일 수도 있다. 무엇보다 그냥 소리를 내는 연습을 하는 과정일 수도 있다. 이렇게 아직 구체적인 의미가 담긴 말이 아닐지라도 소리를 내는 연습은 나중

사진 4-6 놀이 중 친구에게 말을 걸고 있는 모습

에 정확한 의미를 담은 단어를 말하기 위한 기초가 된다.

놀이를 하다 보면 대상 자체뿐 아니라 그 대상을 지칭하기 위해 "이거 줘." "그건 내 것이야." 처럼 다양한 대명사를 사용한다. 그뿐만 아니라 "예쁜 곰인형." "빨리 달려." 처럼 사물의 특성을 구체적으로 지칭하거나 상황을 설명하기 위해 형용사나 부사를 사용한다. 물론 사물의 움직임을 설명하기 위해 "빨리 간다." "의자에 앉았어." 와 같이 동사도 사용한다. 이러한 과정 속에 자연스럽게 몇 개의 단어들을 연결해 주는 조사나 어미도 사용하게 된다. 즉, 놀이를 통해 단어가 확장될 뿐 아니라 나아가 문법이 발달하며, 구문 및 문장 구성력이 완성되어 간다. 이에 따라 자연스럽게 긴 문장을 말할 수 있게 된다.

3) 의사소통기술의 향상

또래와 함께 놀이가 시작되면 언어발달은 더욱 촉진된다. 특히 연합놀이나 협동놀이를 하는 경우, 놀이를 시작하는 단계 혹은 진행하는 단계에서 서로 자신이 원하는 놀이의 종류나 방법 등에 대해 서로 이야기를 나눈다. 나아가 서로 자신의 생각을 나누고, 함께 놀이를 이끌어 나간다. 이러한 과정 속에서 자신의 생각을 보다 세밀하게 표현하는 법, 논리적으로 문장을 전개해 나가는 법, 다른 사람에게 어떤 상황에 대해서 보다 정확하게 묘사하거나 설명하는 법, 원하는 목표를 위해 다른 사람을 설득하는 법 등을 배워 나간다. 물론 합의가 이끌어지지 않으면 갈등상황이 만들어져 서로 다투게 되기도 한다. 이때 신체를 이용해 공격하는 것과 같이 비언어적인 방법으로 자신들의 감정이나 입장을 드러내기도 하지만 언어로 그것을 표현하기도 한다. 유아는 '기쁘다', '즐겁다' 와 같은 긍정적인 감정과 관련된 단어뿐 아니라 '슬프다', '속상하다' 와 같이 부정적인 감정과 관련한 단어까지 두루 사용하며, 보다 풍부한 의미가 담긴 의사소통을 나눌 수 있게 된다.

4) 읽기 · 쓰기의 발달

유아기 후반에는 놀이에 말하기와 듣기뿐 아니라 읽기와 쓰기가 적극 활용된다. 유아는 시장놀이를 하면서 직접 가게의 이름을 지어 간판을 만들고 물건마다 각각의 이름표를 만들어 붙이기도 한다. 무대를 꾸며 공연놀이를 할 때는 공연의 순서를 알리는 알림판을 만들기도 하고 사람들을 공연에 초대하기 위해 초대장을 만들기도 한다. 공연의 사회를 보는 유아는 사회자로서 해야 할 말을 미리 적기도 한다. 역할극을 하는 경우에는 각각 역할을 맡은 친구들이 극의 내용을 짜고 역할에 따른 대사를 적은 후 연습하기도 한다. 한편, 어떤 주제를 가지고 자신만의 책을 만들기도 하는데 그 안에 자연스럽게 쓰기의 과정이 녹아 있으며, 완성된 책을 친구와 함께 재미있게 돌려 읽을 때 그 안에 읽기의 과정이 녹아 들어간다.

사진 4-7 결혼식 놀이에 초대하는 초대장

영유아들은 놀이를 통해 자연스럽게 언어적 환경에 노출되며, 놀이를 계획하고 이끌어 나가는 과정 속에서 언어를 적극적으로 사용하게 된다. 이렇게 놀이는 영유아의 언어발달을 이끄는 주요 동인이 된다.

4. 사회성발달

영유아에게 놀이는 생활의 전부라고 해도 과언이 아니다. 영유아는 하루 24시간 중 잠을 자는 시간을 제외하고 대부분의 시간에 놀이를 한다. 이렇게 놀이는 그들에게 생활 그 자체일 뿐 아니라 앞으로 살아가게 될 세상을 경험하게 해 주는 장이 된다. 즉, 영유아들은 놀이를 통해 세상을 만나고, 독립적인 존재로서 자신을 인식하게 된다. 놀이는 영유아가 엄마와의 관계를 돈독히 할 수 있게 할 뿐 아니라 자신을 둘러싼 주변 사람들과 보다 적극적으로 관계를 맺고 유지하는 법을 익힐 수 있게 한다. 나아가 놀이는 영유아가 사회적 맥락에서 그들이 맡게 될 다양한 역할을 미리 연습하게 하여, 준비된 사회구성원으로서 기능할 수 있도록 도와주는 역할을 한다. 영유아의 사회성발달에 대한 놀이의 효과를 구체적으로 알아보면 다음과 같다.

1) 애착의 형성과 자존감의 발달

아기가 세상에 태어나 여러 사람들과 관계를 맺으며 살아가기 위한 가장 기초가 되는 것은 주양육자, 즉 엄마와의 애착(attachment) 관계다(Bowlby, 1969). 애정 어린 눈길로 바라봐 주고, 따뜻한 손길로 안아 주고 어루만져 주는 엄마의 존재는 이후 영유아의 사회성발달에 가장 큰 기여를 한다. 영아기 놀이는 주로 엄마와 함께 시작된다. 혼자서 하는 놀이도 있지만 영아의 놀이를 지켜봐 주고 격려해 주는 역할을 엄마가 담당한다. 엄마는 하나의 사물의 모습이나 움직임을 아기와 함께 바라보고 그러다 눈을 맞추며 웃어 주기도 하고 손뼉을 치기도 한다. 아기가 입으로든 손으로든 놀잇감을 적극적으로 탐색하면 이를 따뜻하게 격려해 준다. 엄마가 음식 모형을 가지고 먹는 시늉을 하면 영아가 따라 하기도 하고, 영아가 먼저 노래를 흥얼거리며 춤을 추면 엄마가 따라 하기도 한다. 이러한 놀이를 통해 엄마와 영유아는 서로 감정을 교류하고 공유하며 심리적 유대감을 형성한다. 영유아가 엄마와 신뢰와 애정을 바탕으로 한 애착관계를 맺고 나면 자신을 둘러싼 세상 또한 신뢰할 수 있고 따뜻한 곳이라는 인상을 가질 수 있다.

영아기 초기에는 엄마와 자신을 구분하지 못할 만큼 일체감을 느끼며, 어떤 관계보다 밀착된 유대관계를 형성한다. 그런데 조금 더 시간이 지나면 영아는 엄마와의 긍정적인 관계는 여전하지만 친밀한 자신이 엄마와 구별되는 또 다른 존재라는 점, 즉 영아는 엄마와의 지속적인 상호작용을 통해 '자아(self)'를 형성하는 것이다.

이렇듯 영아는 충분한 사랑을 받으며 긍정적인 자아개념을 형성하고, 자존감도 발달시키게 되면서 다른 사람과도 좋은 관계를 맺고 유지해 나갈 수 있는 토대를 마련하게 된다.

2) 타인에 대한 이해 증진과 상호작용 기술 습득

또래와 함께하는 놀이상황 속에서 자신과 똑같이 차를 좋아하는 친구의 모습을 보기도 하고, 자신이 방금 꺼내 온 인형을 옆에 있는 친구도 갖고 놀고 싶어 하는 모습을 보기도 한다. 이런 경험을 통해 다른 사람이 자신과 비슷한 욕구와 바람을 가질 수도 있다는 것을 알게 된다. 그뿐만 아니라 같은 모양과 형태를 가진 자동차를 가지고도 자신은 양옆으로 밀면서 놀고 싶은데 친구는 위에서 아래로 툭 떨어뜨리며 놀기를 원하는 모습을 보거나, 인형을 안아서 재우고 싶어 하는 자신과는 달리 친구가 그 인형을 유모차에 싣고 가고 싶어 하는 모습을 보기도 한다. 이런 경험은 같은 놀잇감으로 놀이를 하면서도 자신과 다른 생각을 하고 다른 것을 원하는 경우도 있다는 것을 알게 된다.

영유아는 놀이를 통해 앞으로 성장하여 성인이 되었을 때 경험하는 다양한 관계의 맥락을 자연스럽게 접해 본다. 본격적으로 협동놀이가 이루어지면 놀이의 주제와 놀이의 방법 및 방향을 정하는 데 친구와 적극적인 상호작용을 하게 된다. 처음에는 서로 생각하거나 바라는 것이 다를 때 손으로 친구를 밀치거나 놀잇감을 뺏고 던지는 등의 행동으로 자신이 원하는 바를 달성하려고도 한다. 그러나 시간이 지나면서 자신의 생각을 타인과 함께 나눌 기회가 많아지고 적절히 서로의 의견을 조율하는 경험을 하게 된다. 또한 다투기도 하고 서로 갈등을 겪기도 하면서 다른 사람의 생각과 감정, 느낌 등을 존중하고 이해할 수 있는 능력도 키워 나간다. 이

사진 4-8 여러 명이 함께 놀이하며 상호작용을 나누는 모습

렇게 영유아는 놀이를 통해 또래와 보다 원만한 관계를 형성하고 유지할 수 있게 된다. 영유아가 놀이 속에서 또래와 나누는 상호작용, 그리고 그들과 맺는 관계는 성인들의 그것에 비해 다소 미흡한 점이 있을지라도 분명히 사회적인 상호작용이며 사회적인 관계맺음이다.

3) 사회구성원으로서의 역할 연습

실제적으로 유아에게 놀이는 세상의 축소판이다. 사회적인 존재로서의 개인의 다양한 역할을 연습해 보고 습득할 수 있다. 아기인형을 안아 주거나 눕혀 재우거나 맛있는 음식을 먹여 주는 것은 엄마의 역할을 익히고 배워 나가는 과정이며, 병

사진 4-9 역할놀이 의상을 입고 경찰놀이를 하는 모습

원놀이를 하면서 청진기를 환자의 배에 대기도 하고 주사를 놓기도 하는 것은 의사의 역할을 익히고 배워 나가는 과정이다. 영유아들이 하는 여러 가지 역할놀이의 주제와 내용에는 실생활에서의 그들의 경험이 반영되어 있으며, 놀이는 그들의 실제 경험을 다른 형태로 재생산해 주는 역할을 한다. 엄마도 되어 보고 의사선생님도 되어 보고 선생님도 되어 보고 가게주인도 되어 보면서, 사회를 이루고 있는 다양한 구성원의 역할에 대해서 배우고 그 역할에 어울리는 언어를 사용하며 역할에 부여되는 행동을 익혀 나가는 것이다. 즉, 놀이는 성숙한 사회구성원이 될 수 있는 역할 연습의 장이다.

5. 정서발달

영유아는 놀이를 하는 동안 미소를 짓기도 하고 소리 내어 웃기도 한다. 혹은 슬픈 눈을 하기도 하고 소리 내어 울기도 한다. 영유아는 놀이를 하면서 다양한 종류의 정서가 유발되는 상황에 놓이고, 그 속에서 해당 정서를 경험하게 된다. 이러한 과정 속에서 정서의 분화가 이루어져 보다 다양한 정서를 느끼고 인지한다. 그뿐만 아니라 영유아가 스스로 자신의 정서를 적절히 다루고 조절하는 능력뿐 아니라 타인의 정서를 이해하는 능력도 함께 기를 수 있다. 정서발달에 대한 놀이의 효과를 살펴보면 다음과 같다.

1) 긍정적인 정서의 경험

놀이는 기본적으로 자발적으로 즐거움을 추구하는 경험인 만큼 긍정적인 정서와 깊이 관련된다. 처음 보는 놀잇감이 눈앞에 놓여 있을 때 아기는 호기심을 느끼고 얼굴에는 미소를 띤다. 놀잇감이 내는 예상하지 못한 소리에 즐거움을 느끼고 소리를 내어 웃기도 한다. 엄마와 함께 서로 음식을 먹여 주는 놀이를 하며 애정을 느끼고 함께하는 기쁨을 느낀다. 그리고 몸을 흔들며 서툴게 춤을 추는 모습에도 큰 칭찬을 보내 주는 엄마의 얼굴을 보며 만족감을 느끼고, 달려가다가 넘어져서 무릎에 피가 고인 친구에게 안타까움과 동정심을 느끼기도 한다. 자신이 새로운 놀이를 시작하였을 때 친구들이 그 놀이가 재미있겠다며 몰려오거나 멋진 놀이라며 선생님이 칭찬을 할 때는 자부심을 경험하기도 한다.

앞으로 인생을 살면서 느끼게 될 무궁무진한 정서가 놀이 안에 있다. 긍정적인 정서를 경험하는 것은 생활의 안정감을 주며, 긍정적인 자아 형성과 자존감 발달에도 기여하므로 영유아기에 놀이를 통해 기쁨, 즐거움, 만족감, 자부심 등의 긍정적인 정서를 경험하는 것은 매우 가치롭다.

사진 4-10 함께 만든 작품을 보며 웃는 모습

2) 정서 다루기 능력 향상

놀이는 항상 긍정적인 정서만 유발하는 것은 아니다. 놀이를 하는 중에 벌어지는 다양한 상황에 따라 부정적인 정서를 경험할 수도 있다. 영유아는 열심히 쌓은 블록이 한순간 무너져 내리는 모습에 당황하거나 좌절감을 느끼기도 하고, 자신이 갖고 놀고 있는 딸랑이를 채 가는 동생 때문에 화가 나기도 한다. 자신보다 키가 훨씬 크고 몸도 큰 또래가 자신을 향해 공을 던지는 모습을 보고 놀라거나 겁을 먹기도 하고, 낯선 모습의 피에로 인형에 무서움을 느끼기도 한다. 자신이 좋아하는 인형을 동생에게 안겨 주는 엄마의 모습을 본 후 동생에게 질투를 느끼기도 한다. 친구들에게 쉽게 퍼즐을 맞출 수 있다고 자랑하고는 퍼즐을 결국 완성하지 못했을 때에는 수치심을 느끼기도 하고, 놀이 중 친구와 갈등이 생겨 친구를 밀쳐 다치게 하거나 달리기에서 상대를 이기기 위해 출발선에서 조금 앞에 섰다가 다른 친구에게 그 모습을 들켜 죄책감을 느끼기도 한다.

한편, 부정적인 정서를 경험하는 것도 나름의 효과가 분명히 있다. 살아가면서 단 한 번도 좌절감을 느끼지 않는 것, 한 번도 화가 나지 않는 것, 수치심이나 죄책감을 느끼지 않는 것은 사실 불가능하다. 만약 놀이를 하지 않는다면 그러한 정서를 가장 안전하게 경험해 보는 기회를 갖지 못할 것이며, 이후 실제 생활에서 그러한 정서를 느꼈을 때 이에 올바른 방식으로 반응하고 대처하며 그 정서를 적절히 다루는 것이 쉽지 않을 것이다. 영유아는 화가 났을 때 무엇인가를 던지거나 다른 사람을 때리는 것과 같은 방법으로 해결하기보다는 자신의 화를 언어로 표현하거나 사회적으로 인정될 수 있는 다른 방법으로 풀어야 한다는 점을 알게 되고, 그러한 연습을 할 수 있다. 좌절감을 느끼는 상황이 있을 수 있지만 그것으로 모두 끝난 것이 아니고 다시 한 번 시작할 수 있다는 점, 용기를 내어 극복하면 언젠가 성공할 수 있다는 점을 깨닫게 된다. 지나친 수치심과 죄책감은 의지를 약하게 하고 자존감을 떨어뜨리기 때문에 어느 정도의 수치심과 죄책감은 스스로 감내하면서

사진 4-11 울고 있는 유아와 이를 달래고 있는 교사의 모습

도, 그러한 부정적인 정서가 지속적으로 남아 우울한 기분을 느끼는 일이 없게 적절히 털어 내는 법도 익히게 된다. 이렇게 놀이를 통해 다양한 정서를 경험함으로써 자신이 지금 현재 느끼고 있는 정서에 대한 이해를 높이고, 이를 적절히 다루는 능력이 향상될 수 있다.

3) 정서이해능력의 발달

놀이는 다른 사람의 정서를 이해하는 능력에도 크게 기여한다. 내가 느끼는 것처럼 다른 사람도 느낄 수 있다는 것을 알게 되어 만약 나 혹은 누군가가 어떤 상황에 놓였을 때 상대방이 어떤 정서를 느낄지 예상할 수 있다. 친구가 내 놀잇감을 빼앗은 경험을 통해 내가 친구의 놀잇감을 빼앗았을 때 그 친구가 어떻게 느낄지를 이해할 수 있는 것과 같다. 유아들은 직접적인 경험으로 다른 사람의 입장에 서 보게 되고, 하나의 상황도 다른 방향에서 바라볼 수 있다. 예를 들어, "친구의 장난감을 뺏으면 친구가 속상하지요."라고 설득하거나 "장난감은 뺏는 게 아니에요."라고 알려 주는 것보다 친구에게 자신의 장난감을 뺏겼을 때 그 느낌을 직접 경험해 보게 하는 것이 훨씬 효과적일 수 있다. 이렇게 말로는 이해되지 않고 머릿속으로는 파악되지 않던 것들이 놀이를 통해 자연스럽게 체득된다. 즉, 놀이를 통해 다른 사람도 자신과 마찬가지로 정서를 느끼는 존재라는 점을 인식하고, 그들의 정서를 예측하며, 나아가 그 정서를 이해할 수 있게 되면서 상대방을 더욱 깊이 이해하고, 타인과 원만한 관계를 맺을 수 있다.

참고문헌

Bloom, L. (1993). The transition from infancy to language: Acquiring the power of expression. New York: Cambridge University Press. Recipient of the Eleanor E. Maccoby Book Award, Division 7, Developmental Psychology, American Psychological Association, 1996.

Bowlby, J. (1969). *Attachment, Vol. 1 of Attachment and loss*. London: Hogarth Press. New York: Basic Books; Harmondsworth, UK: Penguin (1971).

Gibson, E., & Walk, R. D. (1960). The Visual Cliff. *Scientific American, 202*, 80-92.

Nelson, K. (1973). Structure and Strategy in learning to talk. *Monographs of the Society for Research in Child Development, 38* (1-2, serial no. 149).

Smith, P. K., & Cowie, H. (1991). *Understanding Children's Development* (2nd ed.). Chapter 3, 59-69 and 78-82.

Chapter

05

놀이에 영향을 미치는 요인

1. 개인적 요인
2. 사회적 요인
3. 문화적 요인

놀이를 하는 방식은 아동에 따라 많은 차이가 나타난다. 이러한 차이를 설명해 줄 수 있는 요인으로 성차, 부모, 형제, 교사, 또래, 문화 등을 들 수 있다. 이처럼 놀이에 영향을 주는 여러 가지 요인을 크게 개인적 요인, 사회적 요인 그리고 문화적 요인으로 구분하여 살펴본다.

1. 개인적 요인

아동의 놀이에 영향을 미치는 개인적 요인에는 아동의 성별, 지능 그리고 기질이 포함된다.

1) 성별

아동은 이른 시기부터 성별에 따라 놀잇감을 선택하거나 놀이활동을 하는 데 차이를 보인다. 이러한 차이를 설명하는 데에는 학습이론, 인지발달이론 그리고 생물학적 이론에 따라 해석할 수 있다(Hughes, 2009). 학습이론적 관점에서 설명하면 자신의 성별에 적합한 방식을 모방과 강화에 의해 학습하게 되는 것이라고 볼 수

사진 5-1 남아가 선호하는 장난감

사진 5-2 여아가 선호하는 장난감

남아 여아

사진 5-3 성별에 따라 선호하는 색의 차이
출처: EBS 다큐프라임 아이의 사생활 〈남과 여〉

있다. 인지발달이론은 아동이 발달하면서 성에 대한 개념 인식도 발달하기 때문에 자신의 성에 적합한 활동을 하게 된다고 설명한다. 또 생물학적 이론에서는 타고난 생물학적 요인의 차이 혹은 성 호르몬으로 인한 차이로도 설명한다.

먼저, 아동의 성별에 따라 선호하는 색과 놀잇감에서 차이가 나타난다. 여아는 보통 핑크나 파스텔 톤을 더 좋아하고, 남아는 어두운 계열의 색을 선호한다. 이는 많은 여아가 장난감을 고를 때 핑크색을 고르고 남아는 푸른색을 고르는 성향으로 나타난다. 색뿐만 아니라 선호하는 장난감도 남아는 자동차, 기차 등 움직임이 있는 것이다. 이러한 차이는 남자가 움직임을 포착하고 사물의 방향과 속도를 잘 감지할 수 있는 반면, 여자는 색깔과 질감 식별에 더 민감하기 때문에 나타나는 것으로 설명할 수 있다.

색과 놀잇감에 대한 선호도에서 나타나는 차이를 학습으로도 설명할 수 있다. 특히 2~3세 사이에 이미 성 유형화된 장난감을 구분하며, 어떤 장난감을 가지고 놀 때 부모님의 인정을 받을 수 있는지에 대한 구분도 3세 정도에 확실하게 나타난다(Freeman, 2007). 성 유형화된 장난감이란 아동의 실제 놀이 선호와 성인이 판단하는 기준으로 구분된다. 다수의 연구결과에 따르면, 성인은 아기의 성별만 알려준 조건에서 별다른 지시사항이 없이도 아기의 성별에 따라 장난감을 달리 권한다. 즉, 동일한 아기를 보고도 그 아기를 남아라고 알고 있다면 남자 장난감을, 여아로 알고 있다면 여자 장난감을 건넨다. 이처럼 부모나 교사 등 성인은 아동이 성 유형화된 장난감을 선택하는 데 영향을 주었을 가능성이 높다고 할 수 있다.

놀이에서의 성차는 상상놀이에서도 나타난다. 여아가 남아보다 상상놀이를 더 많이 하고, 지속시간이 길며, 주제 또한 더 복잡성을 띠고 더 발달되어 있다(Pellegrini & Bjorklund, 2004). 또한 상상놀이에 사용하는 도구, 상상놀이의 주제, 그리고 상상놀이의 역할을 택할 때 차이가 나타난다. 상상놀이를 위한 도구를 선택할 때 남아는 남성적이거나 중성적인 도구를 선택하고 여성적인 도구를 거부하는 반응이 더 강하게 나타난다. 상상놀이의 역할과 관련하여, 남아나 여아 모두 자신의 성과 동

표 5-1 아동의 실제 놀이 선호도와 성인의 평가에 따른 성에 적합한 장난감

남아 선호 장난감	여아 선호 장난감
경주용 자동차 세트	패션 인형
기차	패션 인형 액세서리
장난감 총 세트	엄마와 아기 인형
스포츠 관련 게임	인형 유모차
블록	인형 집
자동차와 트럭	소꿉놀이
전자 장난감	미용기구
조립식 장난감	인형 가구
프라모델(모형 만들기)	봉제인형
스포츠 용품	여성적인 의상
작업대와 공구	구슬
무전기	크레용, 미술재료

출처: Hughes (2009)에서 재인용.

일한 성 역할을 선택하는 경우가 많고, 여아는 가정적인 역할을, 남아는 영웅의 역할을 선호한다. 상상놀이의 주제 또한 그 역할에 걸맞게 남아는 모험과 극적인 요소가 담긴 주제를 선택하는 반면, 여아는 가족놀이와 같은 주제를 선호한다.

거친 신체놀이(rough-and-tumble play)도 아동의 성별에 따라 차이를 보인다. 거의 모든 문화권에서 남아가 여아에 비해 거친 신체놀이를 많이 한다(이숙재, 2004; 이지영, 2007). 이러한 차이는 모든 연령대의 아동에게서 나타나는데 특히 학령기 아동에게서 가장 두드러진다(Blatchford, Bains, & Pellegrini, 2003). 거친 신체놀이는 남아와 여아의 참여 빈도뿐만 아니라 그 형태에서도 차이를 보인다. 남아들의 거친 신체놀이는 치고, 때리고, 찌르는 등의 공격적 형태를 통한 힘의 과시가 일반적으로 나타난다. 반면, 여아들은 업어 주거나 안아 주는 행동으로 친밀감을 표시하다가 뒤엉켜 넘어져서 거친 신체놀이로 연결되는 경우가 많으며, 그 대상은 평소

자주 어울리는 사이에서 나타나는 특징이 있다(고여훈, 엄정애, 2010).

이 밖에도 남아는 여아에 비해 놀이활동 시 스스로 자신의 신체를 움직이고 조절하는 신체적 협응이 잘 이루어지고, 적극적으로 움직이며, 동적인 것을 선호하고, 즐거움의 표현이나 유머 감각이 높은 것으로 나타난다(우수경, 2008). 남아와 여아는 놀이행동과 정서 표현에서도 차이를 보이는데, 남아는 의성어 사용과 혼잣말 그리고 부정적 정서를 더 많이 표현하고, 여아는 상상놀이와 긍정적 정서 표현을 더 많이 한다. 특히 남아들은 자신의 성과 일치하는 남성적 유형의 장난감을 가지고 놀 때 의성어 사용과 상호작용이 더 많이 나타나고, 여아들은 여성적 유형의 장난감을 가지고 놀 때 혼잣말과 상상놀이를 더 많이 한다(송하나, 최경숙, 2010).

2) 지능

아동의 놀이는 아동의 성장과 더불어 인지적 발달이 이루어지면서 함께 발달한다. 특히 놀이와 지능의 관계에 대해 유아의 놀이가 IQ 점수와 정적인 상관관계에 있다는 점과, 놀이연습이 IQ 점수를 향상시킨다(Christie, 1983)는 사실이 알려지면서 더욱 관심을 받게 되었다. 하지만 이후, IQ의 개념으로만 인간의 능력을 설명하기는 부족하다는 지적과 함께 지능의 개념이 세분화되고 확대된 다중지능이론이 대두되었고, 다중지능과 유아의 놀이가 상관관계가 있는 것으로 나타났다(정대현, 윤숙현, 채영란, 2004). 놀이의 하위영역별로 다중지능과 관계를 살펴본 연구(이채호, 채인수, 2008)에 따르면, 유아의 인지놀이는 언어지능, 논리수학지능, 신체운동지능, 공간지능, 음악지능, 개인 내 지능, 대인지능과 정적인 상관관계가 있다. 언어놀이는 언어지능, 논리수학지능, 신체운동지능, 개인 내 지능 그리고 대인지능과 관련이 있고, 사회 · 정서 · 운동놀이 또한 다중지능의 여러 영역과 상관관계에 있는 것으로 나타났다(표 5-2 참조).

아동의 실제 놀이경험에서 놀이유형을 선택하고, 또래와 상호작용하며 관계를

표 5-2 놀이와 다중지능 간의 상관관계

다중지능	유아의 놀이				
	인지놀이	언어놀이	사회놀이	정서놀이	운동놀이
언어지능	✓	✓	✓	✓	✓
논리수학지능	✓	✓	✓	✓	✓
신체운동지능	✓	✓	✓		
공간지능	✓			✓	
음악지능	✓				
개인 내 지능	✓	✓	✓	✓	✓
대인지능	✓	✓	✓	✓	✓

형성하는 방식에서의 개인차를 설명하는 요인 중 하나는 놀이에 대한 성향, 즉 놀이성이다(Barnett, 1991). 놀이성은 아동의 내적 특성으로 놀이행동과 확산적 사고의 다양성에 영향을 주며, 아동의 상상놀이, 창의성과 관계가 있다(Taylor & Rogers, 2001). 이처럼 아동의 놀이에 영향을 미치는 놀이성은 특히 정서지능과 상관관계가 있다(유영의, 2006).

지능이 놀이에 미치는 영향은 비장애유아와 장애유아의 지능 발달 수준에 따른 놀이행동 비교에서도 나타난다. 정신지체아의 놀이형태와 내용은 정신연령과 관계가 있으며 같은 연령의 비장애유아에 비해 놀이의 복잡성이 떨어지고 놀이의 선택폭이 제한되어 있다(마주리, 1997). 혼합연령학급의 유아들을 대상으로 살펴본

놀이성(Playfulness)의 5가지 요소

- 신체적 자발성: 몸 전체 또는 일부분의 활발한 움직임과 신체 협응력의 정도
- 사회적 자발성: 타인과 어울리는 능력, 리더십, 집단 내 놀이 참여능력 등
- 인지적 자발성: 상상력, 창의성, 유연한 사고
- 즐거움의 표현: 만족, 행복, 즐거움 등의 표현 정도
- 유머 감각: 재미있는 사건의 식별력, 즐거운 상황 인식, 호의적 농담 등

지능 발달과 놀이행동 간의 관계에서도 발달적으로 더 빠른 유아가 장애유아나 발달적으로 덜 성숙한 유아에 비해 유목적이고 사회적 놀이를 하는 데 더 많은 시간을 보내는 반면, 단순 조작을 요하는 교구를 가지고 노는 데 보내는 시간은 적다(Blasco, Bailey, & Burchinal, 1993). 지능발달 수준이 높은 유아들은 구성놀이와 역할놀이를 많이 하는 데 반해 지능발달 수준이 낮은 유아들은 비놀이를 많이 한다. 이는 지능발달 수준이 낮은 정신지체아의 특성 중 하나인 주의집중력의 결함과, 사용 가능한 놀이기술이 다양하지 못하고 놀잇감을 다양하게 활용하는 능력이 부족하다는 사실에 기인하는 것으로 본다(김수영, 정정희, 2002).

3) 기질

기질은 생물학적으로 타고나는 요소로 개인의 고유한 성향을 나타내며 개인의 행동양식과 정서적 반응유형을 결정짓는다. 타고난 기질에 따라 같은 놀이에 대해서도 저마다 느끼는 흥미의 정도가 달라질 수 있다(김민정, 엄정애, 2005). 따라서 기질은 아동의 놀이에 영향을 주는데, 일반적으로 순한 기질의 아동이 다른 아동에 비해 놀이 수준이 높은 것으로 나타났으며(김난실, 조혜진, 2007), 집단놀이를 선호한다(이지연, 2004). 이는 순한 기질의 아동이 또래들과의 상호작용을 더 잘하고 상대방의 요구를 수용하는 능력이 높기 때문이라고 할 수 있다. 반면, 까다로운 기질의 아동은 또래와 신체놀이나 공격적인 놀이를 많이 하거나 혼자놀이를 한다(이지연, 2004). 까다로운 기질의 아동은 긍정적인 상호작용보다 자신의 주장대로 따라 주기를 요구하거나 다른 아동의 놀이를 방해하는 행동을 함으로써 또래집단의 거부로 이어질 가능성이 높기 때문이다. 만 1, 2세 영아의 경우에도 기질에 따라 놀이행동에 차이를 보인다. 까다로운 기질의 영아는 탐색놀이와 거친 신체접촉을 많이 하고 가작화놀이는 가장 적게 한다. 반면에 순한 기질의 영아는 가작화놀이를 많이 한다(김난실, 조혜진, 2007).

한편, 영아가 선호하는 놀잇감 선택은 기질의 구성요소와 상관관계가 있는 것으로 나타났다(김난실, 조혜진, 2007). 새로운 상황에서도 쉽게 위축되지 않고 잘 접근하며(접근성), 한 가지 활동을 오래 지속(지속성)할 수 있는 영아일수록 자신의 의도에 따라 다양하고 새로운 방식으로 사용할 수 있는 개방형 놀잇감을 선호한다. 반면, 부정적 기분을 자주 나타내는 영아는 한 가지 해결방법이나 기능을 가진 폐쇄적 놀잇감을 선택하는 경우가 많다.

기질은 놀이와 관련된 여러 영역에 영향을 주며, 특히 놀이성을 설명하는 중요한 예측요인이다. 놀이성에 미치는 기질의 영향은 사회적 유능감보다 더 크다고 할 수 있다(황윤세, 최미숙, 2007). 부모나 교사들은 놀이행동 전반에 걸쳐 아동의 기질적인 특성이 영향을 줄 수 있다는 사실을 이해하고, 특히 까다로운 기질의 아동에게는 필요시 놀이활동에 적절한 도움을 주어야 한다.

기질의 구성요소와 유형

기질의 구성요소(Thomas & Chess, 1977)

- 활동 수준: 일상생활에서 신체활동의 양
- 규칙성: 수유, 수면, 배변 등의 예측 가능성
- 접근/회피: 새로운 사건이나 자극에 대한 접근과 회피의 반응
- 적응성: 변화된 상황에 대한 적응 정도
- 반응강도: 긍정적 또는 부정적 반응의 강도
- 반응역치: 반응을 유발하는 데 필요한 자극의 양
- 기분: 즐겁고 우호적인 감정/행동 빈도와 슬프고 부정적인 감정/행동의 빈도
- 주의산만성: 외부자극에 의해 현재 행동 및 활동을 방해받는 정도
- 지속성: 활동의 지속시간과, 방해를 받았을 때 그 활동을 지속하려는 의지

기질의 구성요소에 근거한 기질의 유형

- 순한 기질: 생물학적 규칙성과 주기성을 보여 규칙적인 수면과 식사를 한다. 새로운 음식을 접하거나 낯선 사람들을 대할 때도 크게 거부하거나 어려워하지 않는 편이다. 새로운 생활습관에 잘 적응하며 쉽게 좌절하지 않는 특성을 보인다. 전체 아동의 약 40%가 이 기

질에 속한다.

- 까다로운 기질: 새로운 자극에 위축되고 변화에 대한 적응을 어려워한다. 기분의 변화가 심하고, 쉽게 좌절하는 경향이 있다. 전체 아동의 약 10%가 이 기질에 속한다.
- 반응이 느린 기질: 활동성이 낮고 새로운 것에 적응하는 데 많은 시간을 필요로 한다. 좋고 싫음의 의사 표현이나 반응이 크지 않다. 전체 아동의 약 15%가 이 기질에 속한다.

2. 사회적 요인

아동의 놀이는 환경과 관련하여 차이를 보이는데, 그러한 차이를 만드는 다양한 사회적 요인으로 부모, 형제, 교사 그리고 또래가 포함된다.

1) 부모

아동이 성장하는 데 가장 큰 영향을 미치는 존재는 부모라고 할 수 있다. 부모는 아동의 놀이에도 중요한 요인으로 작용하는데, 부모와 아동의 우호적 관계 및 안정적인 가정환경은 아동의 놀이에 긍정적인 영향을 미친다. 일반적으로 어머니들은 자녀의 발달 상태에 민감하다고 할 수 있는데, 그중에서도 자녀의 발달 수준에 따라 놀이의 수준을 적절하게 맞춰 주는 능력이 더 뛰어난 경우도 분명히 존재한다. 예를 들어, 아동의 자발적인 가상놀이가 활발하게 이루어지기 전인 만 1세 이후부터 어머니들은 장난감 전화기에 대고 통화하는 척하는 행동을 직접 보여 주며 아동이 따라하도록 유도한다(Tamis-LeMonda & Bornstein, 1991). 그런데 자녀의 발달 상태에 보다 민감하게 반응하는 어머니들은 아동이 성장함에 따라 초기에 어머니가 주도하는 가상놀이의 형태에서 아동 스스로 주도하는 가상놀이에 어머니가 참여하는 형태로 변화하는 모습을 보인다.

영유아기의 놀이는 부모가 구조화 역할을 함으로써 격려되고 촉진된다(Bigelow, MacLean, & Proctor, 2004). 영아들은 많은 장난감이 주어져도 혼자놀이를 할 때보다는 성인, 즉 어머니와 함께 상호작용하며 놀이를 할 때 더 복잡한 수준의 놀이를 하고 놀이도 더 오래 지속된다(Escalona, 1968). 어머니는 자녀와의 놀이에서 지도자의 역할을 하는데, 그들은 아동의 욕구에 맞추어 놀이활동의 강도를 조절하고, 격려나 칭찬 등의 방법으로 아동이 놀이활동에 흥미를 잃지 않도록 하며, 결과적으로는 아동이 주의집중을 지속할 수 있도록 도움을 준다.

놀이의 양과 질을 예측해 볼 수 있는 특징으로는 어머니의 교육 수준과 반응성을 들 수 있다. 어머니의 교육 수준과 관련하여 일반적으로 교육 수준이 높을수록 자녀의 놀이가 자신의 발달 수준에 적합한 양상으로 나타난다(Fewell, Casal, Glick, Wheeden, & Spiker, 1996). 반응성이 높은 어머니는 자녀가 보내는 신호에 민감하고, 이에 대한 반응이 즉각적이며, 일관성을 띤다. 따라서 반응성이 높은 어머니들이 보다 효율적인 놀이상대가 되며, 그 자녀들은 반응성이 낮은 어머니를 둔 아동에 비해 발달에 적합한 방식의 놀이를 하고 순서에 따라 교대로 하는 사회적 게임을 경험한다.

아버지와 어머니는 아동과의 놀이에서 우리가 생각하는 것 이상으로 유사한 역할을 한다. 아버지와 어머니 모두 아이를 가르치고, 아이와 소통하며, 아이의 발달

영유아 놀이에서 부모역할의 가치

- 영아가 환경에 대한 통제의 느낌을 갖도록 하며, 따라서 자기 확신과 지적 성장을 촉진한다.
- 영아가 부모와의 강력한 사회적 상호작용에 노출되도록 함으로써 부모-영아 간의 애착을 용이하게 한다.
- 영아로 하여금 주변 탐색을 하도록 격려한다.
- 영아가 언어의 사회적 측면에 더 유심히 주의를 기울이도록 한다.

출처: Hughes (2009)에서 재인용.

에 따라 놀이를 적절하게 조절하는 역할을 한다. 이처럼 아동의 놀이에 영향을 미치는 아버지와 어머니 역할의 유사점이 많은 반면, 차이점도 분명히 존재한다. 어머니는 아버지에 비해 교육적인 목적의 놀이를 더 많이 한다(Stevenson, Leavitt, Tompson, & Roach, 1988). 또한 어머니는 딸과 놀이할 때 더 많은 대화를 하고, 아이의 감정이나 요구 등에 대한 이야기를 많이 하는 반면, 아들과의 놀이에서는 대화보다 지시적 목적의 말을 많이 건넨다(Clearfield & Nelson, 2006). 아버지들은 자녀와의 놀이에서 어머니에 비해 거친 신체놀이(rough-and-tumble play)와 잡기놀이 같은 신체적 놀이에 집중한다(Tamis-LeMonda, 2004). 또한 자녀의 성별에 따라서도 차이를 보이는데, 딸보다는 아들과의 놀이에서 아버지들이 거친 신체놀이를 많이 한다(Power & Parker, 1986).

아동의 놀이 중 활동적 놀이는 부모의 지지와 양육유형에 크게 영향을 받는다(Schary, Cardinal, & Loprinizi, 2012). 부모의 지지는 격려, 아동과 함께 놀아주기, 교통편 제공하기, 신체활동에 참여하는 아동 지켜보기, 신체활동에 대한 정보 제공하기 등으로 이루어진다. 부모 지지의 5가지 요소 모두 아동의 활동적 놀이와 관계가 있지만 그중에서도 특히 부모의 격려가 활동적 놀이에 가장 큰 긍정적 영향을 준다. 부모의 양육유형(Baumrind, 1991)은 애정과 통제라는 차원에 따라 4가지로 나누어진다(표 5-3 참조). 부모의 지지에 따른 영향만큼 큰 차이가 나타나지는 않지만 권위적 부모유형은 더 많은 애정과 격려를 주는 만큼 아동의 활동적 놀이에도 긍정적 영향을 준다고 볼 수 있다.

부모의 양육태도와 유아의 놀이성과의 관계에서는 아버지가 애정적일수록 유아가 놀이를 할 때 사회적 자발성이 높게 나타나면서 또래와 협력하고 협동하는 활동이 증가한다. 아버지와 어머니의 통제적인 양육태도는 유아의 신체적 자발성과 관계가 있으며 이는 유아의 신체적 움직임의 증가로 나타난다. 이러한 결과는 부모의 통제적 양육태도에 유아가 스트레스를 받고, 이것이 신체적으로 발산되는 것으로 본다(박정연, 이성희, 2009). 그뿐만 아니라 아버지와 어머니의 통제적 양육태

표 5-3 아동의 활동적 놀이에 영향을 주는 부모의 양육유형

구분	수용/반응	요구/통제	특징
권위적 (Authoritative)	↑	↑	애정적이고 반응성이 높음. 자녀의 독립심을 격려하며 훈육 시 논리적으로 설명. 일관성 있는 강화와 수용
독재적 (Authoritarian)	↓	↑	엄격한 통제가 있고 설정된 규칙을 따르도록 강요. 자녀의 욕구에 민감하지 못함
허용적 (Indulgent)	↑	↓	애정적이고 반응적이지만 통제는 결여. 규칙도 없고 요구도 없음
방임적 (Neglectful)	↓	↓	애정이 없고, 냉담하면서 자녀의 욕구에 무관심

도는 유아의 인지적 자발성을 감소시킨다. 이는 유아의 인지적 활동의 감소로 나타나 결국 유아의 창의성과 자율성 발달을 저해하는 요소로 작용할 수 있음을 나타낸다(장영숙, 조혜정, 2006). 통제적 양육태도뿐만 아니라 언어적인 통제도 유아의 놀이발달에 영향을 주는데, 어머니가 남아에게 명령적 언어 통제를 많이 사용하는 것과 여아에게 지위적 언어 통제유형을 많이 사용하는 것은 유아의 긍정적 또래놀이 양상에 부정적 영향으로 나타난다(문혜련, 엄정혜, 2009).

2) 형제

형제관계는 출생 후 맺게 되는 가족관계로 부모-자녀의 관계보다 더 오랫동안 상호작용하며 지속된다. 형제관계에서는 출생순위에 따른 서열은 존재하지만 수직관계인 부모-자녀 사이의 관계와는 달리 보충성과 상호 호혜성을 포함한다. 보충성은 서로 다른 행동들을 통해 서로의 행동을 보충하여 완성시키는 것으로, 형제관계에서 도움이나 가르침을 주고받음으로써 발달을 도모하는 것을 말한다(Newman, 1994). 상호 호혜성은 서로 비슷한 수준의 도움을 주는 행동 특성을 말하며, 형제관계에서는 또래놀이에서와 유사하게 공동의 목표를 가지는 놀이와 대화를 통해 영향을 주고받는다(Anderson, Hetherington, Reiss, & Howe, 1994).

따라서 부모와 마찬가지로 같은 가정 내의 구성원이지만 형제가 아동의 놀이에 미치는 영향은 부모와는 근본적인 차이가 있다. 부모와 아동 사이의 놀이에서 특징적으로 나타나는 부모의 구조화나 지시적 방법이 형제간의 놀이에서는 나타나지 않기 때문이다. 부모는 아동이 새로운 기술을 터득하고 발달에 맞추어 진보하도록 돕는 역할을 하는 반면, 형제는 이렇게 발달시킨 놀이기술을 사용하고 연습할 수 있도록 돕는 역할을 한다. 즉, 형제는 부모와 같은 사회적 파트너로서 놀이에 참여하는 것이 아니고 나란히 놀이를 한다(Dunn, 1983). 사회적 파트너로서의 역할이 필요한 놀이 대신 형제간에는 혼자놀이나 동생이 손위 형제의 놀이를 보고 모방하는 형태의 놀이가 많이 나타난다.

형제의 역할은 부모와의 놀이와 비교했을 때 가상놀이의 주제와 관련해 큰 차이를 보인다. 부모와의 가상놀이는 주로 요리하기, 식사하기, 쇼핑하기와 같은 일상적 주제에 집중된다. 반면, 형제와의 가상놀이는 우주, 심해, 괴물의 나라 그리고 무인도와 같은 환상적 주제로 이루어지는 경우가 많다(Dunn, 1985). 그럼에도 불구하고 많은 연구는 부모의 역할에 비해 형제의 역할을 중요하게 여기지 않기 때문에 이를 부모-자녀놀이의 중요성을 강조하는 데 이용하곤 한다(Hughes, 2009).

사진 5-4 형제간 놀이에서의 모방

그러나 아동의 가정 상황이나 문화적 차이에 따라 오히려 형제간의 놀이가 더 많은 영향을 주는 경우도 있다. 특히 가상놀이 발달과 관련해 부모가 관심이 없거나 비협조적인 경우라도 놀이 상대가 되어 줄 수 있는 애정적이고 친절한 형제가 있다면 그에 따른 부정적 영향은 감소된다(Dunn, 1985). 형제간 가상놀이를 하는 빈도에 따른 차이도 나타난다. 가상놀이를 자주하는 형제의 경우, 그렇지 않은 형제에 비해 높은 수준의 협상기술을 보인다. 협상의 놀이를 성공적으로 이끄는 중요한 요소 중 하나로서, 높은 수준의 협상기술은 아동이 가상놀이의 시나리오를 만들어 가고, 역할에 대해 의논하거나 변화시키고, 사물을 변형하여 놀이에 이용하는 상황 등에서 나타난다. 높은 수준의 협상은 비계(scaffolds)를 포함하는데, 이를 통해 가상 시나리오의 구성에 도움을 준다. 또한 가상놀이를 자주 하는 형제는 가상놀이 과정에서 내적 상태 언어(internal state language)를 더 많이 사용한다(Howe, Petrakos, & Rinaldi, 1998). 특히 생리적 · 정서적 상태와 관련된 내적 상태 언어를 많이 사용하는 것은 친숙한 놀이 상대나 형제와의 사회적 상호작용을 통해 아동이 자기 자신과 상대방에 대한 사회적 · 정서적 개념과 지식을 획득하기 때문인 것으로 볼 수 있다.

문화에 따라 부모보다 형제가 아동의 놀이에 미치는 영향이 훨씬 큰 경우도 있다. 동아프리카 문화에서는 어머니가 관찰자, 양육자 그리고 보호자로서의 역할을 하며 주요 놀이 상대는 형제가 된다. 일반적으로 멕시코에서는 아동과의 놀이에서 부모가 보이는 구조화와 교육의 기능을 손위 형제가 담당하는 경우가 많다(Maynard, 2002).

3) 교사

아동의 놀이에서 부모나 교사와 같은 성인의 개입은 놀이를 풍부하게 해 주며, 인지적 · 사회적 발달에서 놀이의 효과를 극대화시킬 수 있다. 반면, 부적절한 개입은 오히려 놀이를 방해하거나 억제하기도 하며 아동이 놀이를 통해 스스로 배울 수 있는 기회를 빼앗을 수도 있기 때문에 상황에 맞는 성인의 적절한 개입은 아동의 놀이 발달에 아주 중요한 요소다.

교사는 부모 다음으로 아동의 놀이에 영향을 미치는 대상이다. 유아교육기관에서 교사는 아동과 상호작용하며 놀이에 참여할 뿐만 아니라, 놀이환경을 구성하고 제공하는 중요한 역할을 한다. 물론 교사의 개입이 부적절한 경우도 있다. 그러나 적절한 상황에서 비지시적이고 기술적인 교사의 개입은 아동의 놀이를 더욱 풍부하게 만들어 준다. 즉, 교사가 아동의 놀이에 적절히 개입하여 상호작용할 때 그 놀이는 복잡성을 갖게 되며 아동의 발달에 긍정적으로 작용한다(Cristie, 1983).

특히 또래와의 놀이에 어려움을 경험하고 놀잇감을 가지고 놀려고도 하지 않는 소외된 아동에게 교사의 적절한 개입은 아동의 사회적 참여를 촉진한다(Mize & Ladd, 1990). 따라서 교사는 놀이가 풍부해질 수 있는 적절한 방식으로 개입해야

사진 5-5 긍정적 작용을 하는 교사의 적절한 개입

한다. 교사가 적절한 개입 시기와 상황, 개입 역할과 수준을 적용하여 놀이에 개입한다면 아동의 발달에 도움이 된다. 교사가 적절하게 놀이에 개입하면 아동은 놀이시간을 의미 있는 시간으로 여기며 즐겁게 놀이에 몰입할 수 있다. 그뿐만 아니라 교사는 놀이자료와 아이디어 및 놀이기술을 제공하여 놀이의 범위를 확장시키고, 학습의 효과를 강화할 수 있으며, 또래 간의 관계를 조정하여 잘 어울리도록 도움을 줄 수 있다(신은수 외, 2002).

교사의 다양한 언어적 상호작용은 영아의 놀이 탐색에 긍정적 효과를 불러온다(유영옥, 2012). 구체적으로 살펴보면 먼저, 교사의 행동을 수반한 운율적인 언어적 상호작용은 영아들이 활동에 대해 흥미를 갖도록 돕고, 놀이에 대한 관심과 주의를 끌며 놀이를 지속시키는 역할을 한다. 또한 교사가 구체적 언어로 놀이에 대해 묘사하고 정보를 제공하는 것은 영아가 놀이행동을 이해하고, 자신도 할 수 있다는 확신과 자신감을 갖도록 한다. 놀이 중 교사는 분명한 태도를 수반한 언어적 상호작용을 통해 영아가 잘못된 행동을 이해하고 반성하며, 자연스럽게 놀이의 규칙을 배우도록 할 수 있다. 그리고 영아가 놀이과정 중에 보이는 관심에 대해 교사가 언어적 자극을 제시하고, 적절한 질문과 발문을 사용하는 것은 영아가 놀이를 스스로 확장하는 데 도움을 준다. 칭찬, 인정, 격려를 포함하는 언어적 상호작용은 영아에게 자신감과 놀이에 대한 성취감을 주고, 놀이 중 발생하는 갈등상황은 교사가 직접 보여 주기를 수반한 언어적 행동을 통해 양보하고 공유하는 것을 모방하도록 도와줌으로써 문제를 해결하도록 해 주어 혼자놀이에서 협동놀이로 발전하도록 한다.

교사와 아동 간의 관계 또한 또래놀이에 영향을 미치는 것으로 나타난다. 교사와 아동의 관계가 친밀할수록 또래와 협력적이고 활발한 상호작용을 하며, 놀이 방해나 놀이 단절이 덜 일어난다(이순복, 2009). 교사와 친밀한 아동은 신뢰감을 가지고 안정적인 관계를 기반으로 또래와의 사이에서도 긍정적으로 행동을 하기 때문이라고 본다. 반면, 교사와 아동 관계에서의 갈등과 의존은 놀이 방해와 놀이 단절에 영향을 미치는데, 특히 아동의 교사에 대한 의존의 정도가 높을수록 놀이 방해와 놀이 단절이 일어나기 쉽다. 지나치게 의존하는 아동은 다양한 사회적 관계와 놀이환경에 대한 탐색을 주저하게 되고, 놀이에 적극적으로 참여하는 것을 어려워하기 때문에 또래놀이에서 영향을 받을 수밖에 없다.

아동의 놀이와 관련해 교사의 역할에 대해 높은 인식을 가지고 있고, 놀이와 교육과정의 통합이 필요하다고 인식하는 교사가 지도하는 아동은 놀이점수가 더 높은 것으로 나타났다(권은주, 조영자, 1997). 또한 교사가 놀이를 중요한 활동으로 인정하는 태도를 표현하기만 해도 유아들의 놀이가 증가하는 효과를 보인다(지성애, 2000). 따라서 교사의 효과적인 놀이환경 제공과 적절한 중재 및 개입은 유아교육기관에서 많은 시간을 보내는 아동에게 중요한 사회적 환경이 될 수 있음을 시사한다.

사진 5-6 놀이발달에 영향을 주는 놀이에 대한 교사의 태도

4) 또래

아동은 또래집단 안에서의 경험을 통해 발달한다. Vygotsky는 놀이를 아동이 실제적 발달 수준에서 잠재적 발달 수준으로 나아갈 수 있게 하는 자기 조력적 도구라고 하였다. 그리고 잠재적 발달 수준에 이르기 위해서는 손위 형제나 유능한 또래의 지원이 요구되기 때문에 놀이에서 또래집단의 영향은 매우 중요하다(김명순, 유정은, 이민주, 조항린, 2011).

부모가 규칙을 정하고 문제해결 양식을 전달하는 부모-아동 간 상호작용에서 나타나는 상하 수직의 관계와는 달리, 또래관계에서는 대부분 수평적 위치에서 상호 공동으로 규칙을 정하고 문제해결을 위해 협조해야 하는 관계다. 또한 놀이를 하면서 또래와의 상호작용으로 정서적 교류를 하고, 자신의 정서를 조절하고 표현하며, 상대방의 정서를 이해하고 공감하는 경험을 한다. 따라서 또래와의 놀이는 아동의 사회적 유능감, 사회적 기술 등의 사회성 발달에 중요한 역할을 한다. 연령이 증가할수록 또래와 어울리는 시간이 많아지고 다양한 놀이활동을 경험하게 되면서 또래의 영향력은 점점 더 커진다. 특히 놀이에 영향을 미치는 또래 요인으로는 또래 친숙도, 놀이 대상 또래의 성별과 연령 등을 들 수 있다(Hughes, 2009).

아동은 친숙한 또래와 놀이를 할 때 더 많은 극놀이와 더 복잡한 가상놀이를 할 뿐 아니라 그들의 놀이는 더 높은 수준의 인지적 기능을 반영한다(Doyle, Connolly, & Rivest, 1980). 또래의 성별도 놀이에 영향을 준다. 남아끼리의 또래놀이는 보다 활동성이 높고, 성인과 거리를 두고 일어나며, 여아의 놀이에 비해 더 정형화된 형태로 나타난다. 이런 현상은 특히 여러 명이 포함된 집단놀이에서 더 두드러지게 나타난다(Fabes, Martin, & Hanish, 2003). 동성의 또래놀이는 성 정형화된 놀이로 이어지는 경향이 높은 반면, 익숙한 장난감보다는 새로운 사물을 탐색하는 경우가 많이 일어나는 것으로 미루어 보아 아동에게는 동성과 이성 또래와의 놀이가 모두

사진 5-7 같은 성별의 놀이 대상

중요하다고 볼 수 있다(Hughes, 2009).

또래의 연령도 아동의 놀이에 영향을 준다. 아동은 연령이 증가할수록 점점 더 같은 연령의 친구를 선호한다. 같은 연령의 또래집단에서는 언어적 상호작용과 협동적 극놀이가 더 많이 나타난다(Roopnarine & Johnson, 1984). 혼합연령의 놀이에서는 경쟁보다는 협동놀이를 많이 하고 상대적으로 연령이 높은 아동이 어린 아동에게 도움을 주는 경우가 많다. 혼합연령반과 동일연령반 유아를 대상으로 자유선택놀이의 놀이행동을 비교해 본 연구에서 혼합연령반 유아들이 사회적 놀이에서 집단놀이를 더 많이 하고, 혼자놀이는 더 적게 하는 것으로 나타났다(김명순, 유정은, 이민주, 조항린, 2011). 인지적 놀이에서는 혼합연령반 유아들이 상징놀이를 더 많이 하고, 비참여와 방관자적 행동 및 공격적 행동과 같은 비놀이 행동은 더 적게 하는 것으로 나타났다. 일반적으로 혼합연령집단의 또래가 놀이에 더 많이 참여하고, 공격적인 행동은 더 적게 하는 등 또래 간 긍정적인 상호작용이 더 많이 일어난다. 이는 혼합연령 또래관계에서는 형제관계에서와 유사하게 어린 연령의 유아는 높은 연령의 유아를 모방할 수 있는 기회가 많고, 높은 연령의 유아는 자신보다 어린 유아를 지도하고, 보살피고, 배려함으로써 사회적 발달과 인지적 발달에 보다 효과적일 수 있다는 의미로 볼 수 있다.

사진 5-8 같은 연령의 또래놀이

3. 문화적 요인

놀이는 여러 가지 사회적 · 환경적 요인이 상호 관련되어 영향을 주고받으며 형성된다고 할 수 있다. 즉, 놀이는 문화적인 맥락과 연결된다. 문화는 아동을 포함한 그 구성원들이 공유할 수 있는 관점을 갖게끔 하고 그 안에서 어떻게 행동하고, 어떻게 행동해서는 안 되는지에 대한 지식을 제공해 준다. 이는 놀이상황에서도 적용되어 문화적인 요인들이 놀이의 주제와 성격, 놀이행동과 내용도 변화시킬 수 있다고 본다(이은화, 정진, 박현주, 김현정, 2000).

놀이는 모든 문화에서 보편적으로 나타난다. 그러나 놀이의 형태는 문화 간 차이뿐 아니라 동일 문화 내에서도 차이를 보인다. 특히 문화 간 차이는 놀이의 동기에서부터 차이가 나기 때문이라는 견해도 있다(Keller, 2003). 놀이를 통해 배우고 상호작용하는 것을 놀이의 동기로 보는 경우와 부모가 일을 할 수 있도록 아이의 관심을 돌리는 것이 놀이의 목적인 경우 놀이의 유형은 달라질 수밖에 없을 것이다. 유사하게, 부모들이 가진 놀이의 신념은 크게 놀이를 즐거움 자체로 인식하는 경우와 교육적 수단으로 보는 견해로 구분된다. 놀이를 교육의 수단으로 보는 부모나 문화에서는 책읽기, 퍼즐 맞추기, 블록 쌓기와 같은 놀이활동을, 놀이를 즐거움이라고 생각하는 경우는 신체놀이에 보다 적극적인 것으로 나타났다(Farver & Wimbarti, 1995). 인도의 부모들은 자녀와 함께하는 놀이를 자녀의 행복과 즐거움을 위한 것이라고 여긴다. 따라서 놀이를 통해 사회적 기술을 습득하게 하거나 인지적 능력을 향상시키는 데 집중하기보다는 아이의 성향을 중요시하고, 놀이 자체의 즐거움을 강조한다(Roopnarine, Hossain, Gill, & Brophy, 1994).

경쟁을 부추기는 놀이는 기술적으로 발달하고 경제적으로 풍요한 문화에서 많이 나타난다. 개인적으로나 사회적으로 불확실한 상황에 있는 문화에서는 운이나 운명에 의존하는 우연게임이 성행한다. 또한 개인이 중요시되는 문화인지, 집단이 더 중요시되는 문화인지에 따라서 경쟁놀이 또는 협동놀이를 강조하는 경향의 차이가 있다(Hughes, 2009). 집단이 중요시되는 문화란 개인을 집단의 일부로 보고 정체감을 사회적 집단 안에서 찾는 집합주의 혹은 확대가족의 문화적 특성을 말하는데, 대표적으로 우리나라가 이에 속한다. 전통적으로 우리의 문화는 집단의 조화와 협동을 강조하는 문화라고 할 수 있다. 이와 같은 특성은 미국의 한국계 이민 아동이 내면의 창조성을 드러내도록 하는 가상놀이를 적게 하는 것으로 나타난다. 이에 비해 개인주의적 문화의 특성을 가지고 개별성과 자기표현에 높은 가치를 두는 미국 아동은 창의적 표현과 관련된 가상놀이를 더 많이 한다(Farver, Kim, & Lee, 1995)고 알려져 있다. 문화의 특성과 놀이는 같은 문화권 안에서도 차이를 가져온다. 즉, 같은 문화권 내에서도 주변 환경과 생활 조건에 따라 놀이의 유형에 차이가 나타날 수 있다. 우리나라의 경우도 도시와 농어촌 유아들의 사회놀이 행동을 비교하였을 때, 도시 유아들에 비해 농어촌 유아들이 연합으로 놀이에 참여하는 경우가 더 많다(이숙재, 2004).

이처럼 문화는 놀이에 영향을 줌으로써 문화의 다양성이 놀이의 다양성으로 이어지기도 하지만, 아동의 놀이는 문화적 차이와는 상관없이 여러 측면에서 보편적인 특성을 가진다는 점도 이해할 필요가 있다.

참고문헌

고여훈, 엄정애(2010). 유아들의 거친 신체 놀이 양상과 이에 영향을 주는 요인. **아동학회지, 31**(4), 75-90.

권은주, 조영자(1997). 유아의 놀이에 영향을 미치는 요인에 관한 연구. **한국가족복지학, 2**(1), 1-18.

김난실, 조혜진(2007). 영아의 기질적 특성과 기질에 따른 놀이행동 분석. **유아교육학 논집,**

11(1), 237-256.

김명순, 유정은, 이민주, 조항린(2011). 혼합연령과 동일연령 학급 구성 및 놀이성에 따른 유아의 놀이행동. 열린유아교육연구, 16(1), 455-471.

김민정, 엄정애(2005). 유아의 혼자 놀이와 기질 및 문제행동과의 관계. 아동학회지, 26(5), 1-14.

김수영, 정정희(2002). 장애아 통합 프로그램에서 유아의 지능발달수준이 인지적 · 사회적 놀이행동에 미치는 영향. 열린유아교육연구, 7(3), 231-246.

마주리(1997). 상상놀이 훈련이 정신지체유아의 놀이행동에 미치는 영향. 특수교육논문, 14(2), 85-106.

문혜련, 엄정혜(2009). 만 5세 남녀 유아의 상호작용적 또래놀이와 부모의 언어통제유형 간 관계. 교육과학연구, 40(2), 159-181.

박정연, 이성희(2009). 부모의 양육태도와 유아의 놀이성과의 관계. Montessori 교육연구, 14(1), 40-57.

송하나, 최경숙(2010). 장난감의 성유형적 특성과 유아의 성이 놀이 행동과 정서 표현에 미치는 영향. 유아교육연구, 30(3), 335-351.

신은수(1991). 유아의 놀이형태와 수준에 따른 효과적인 교사의 놀이 개입 유형의 방향 모색. 유아교육연구, 11, 7-22.

신은수, 김명순, 신동주, 이종희, 최석란(2002). 놀이와 유아. 서울: 이화여대출판부.

우수경(2008). 유아의 성, 기질, 정서능력 및 사회적 능력이 놀이성에 미치는 영향. 미래유아교육학회지, 15(1), 259-280.

유영옥(2012). 놀이에서 나타나는 교사의 언어적 상호작용과 영아 놀이 탐색. 생태유아교육연구, 11(1), 45-65.

유영의(2006). 유아의 정서지능과 놀이성의 관계. 미래유아교육학회지, 13(3), 239-257.

이숙재(2004). 유아를 위한 놀이의 이론과 실제(제3판). 서울: 창지사.

이순복(2009). 창의적 교사 역할 및 교사-유아관계가 상호작용적 또래놀이에 미치는 영향. 아동교육, 18(2), 151-163.

이은화, 정진, 박현주, 김현정(2000). 문화와 놀이의 관계. 유아교육연구, 20(1), 43-58.

이지연(2004). 교사가 지각한 유아의 기질에 따른 실외놀이의 형태: 만 4세 유아를 대상으로. 성신여자대학교 교육대학원 석사학위논문.

이지영(2007). 남녀 유아의 거친 신체 놀이와 또래 유능성과의 관계. 덕성여자대학교 교육대학원 석사학위논문.

이채호, 채인수(2008). 유아의 놀이와 기질 및 다중지능 간의 관계. 아동학회지, 29(6), 121-133.

장영숙, 조혜정(2006). 부모의 양육태도와 유아의 놀이성과의 관계. 유아교육학논집, 10(1), 251-267.

정대현, 윤숙현, 채영란(2004). 놀이와 다중지능과의 관계 연구. 유아교육학논집, 8(4), 175-194.

지성애(2000). 유아놀이지도. 서울: 정민사.

황윤세, 최미숙(2007). 기질과 사회적 유능감이 유아 놀이성에 미치는 구조모형 분석. 열린유아교육연구, 12(2), 49-66.

Anderson, E. R., Hetherington, E. M., Reiss, D., & Howe, G. (1994). Parents' nonshared treatment of siblings and development of social competence during adolescence. *Journal of Family Psychology, 8*, 303-320.

Barnett, L. A. (1991). Characterizing playfulness: Correlates with individual attributes and personal traits. *Play and Culture, 4*, 371-393.

Baumrind, D. (1991). The influence of parenting style on adolescent competence and substance use. *Journal of Early Adolescence, 11*(1), 56-95.

Bigelow, A. E., MacLean, K., & Proctor, J. (2004). The role of joint attention in the development of infants' play with objects. *Developmental Science, 7*(5), 518-526.

Blasco, P. M., Bailey, D. B., & Burchinal, M. A. (1993). Dimensions of mastery in same-age and mixed-age intergrated classrooms. *Early Childhood Research Quarterly, 8*, 193-206.

Blatchford, P., Bains, E., & Pellegrini, A. D. (2003). The social context of school play-ground games: Sex and ethnic differences and changes over time after entry into junior school. *British Journal of Developmental Psychology, 21*, 459-471.

Clearfield, M. W., & Nelson, N. M. (2006). Sex differences in mothers' speech and play behavior with 6-, 9-, and 14-month-old infants. *Sex Roles, 54*(1/2), 127-137.

Cristie, J. F. (1983). The effects of play tutoring on young children' s cognitive performance. *Journal of Educational Research, 76*, 326-330.

Doyle, A. B., Connolly, J., & Rivest, L. P. (1980). The effect of playmate familiarity on the social interactions of young children. *Child Development, 51*, 217-223.

Dunn, J. (1983). Sibling relationships in early childhood. *Child development, 54*, 787-811.

Dunn, J. (1985). *Pretend play in the family*. In C. C. Brown & A. W. Gottfried (Eds.), *Play interactions: The role of toys and parental involvement in children's developemnt. Skillman*. NJ: Johnson & Johnson Baby Products Co.

Escalona, S. (1968). *The roots of individuality*. Chicago: Aldine.

Fabes, R. A., Martin, C. L., & Hanish, L. D. (2003). Young children's play qualities in same-, other-, and mixed-sex peer groups. *Child Development, 74*(3), 921-932.

Farver, J. A. M., & Wimbarti, S. (1995). Indonesian children' s play with their mothers and older siblings. *Child Development, 66*, 1493-1503.

Farver, J. A. M., & Wimbarti, S. (1995). Paternal participation in toddlers' pretend play. *Social Development, 4*(1), 17-31.

Farver, J. A. M., Kim, Y. K., & Lee, Y. (1995). Cultural differences in Korean-and Anglo-American preschoolers' social interaction and play behaviors. *Child Development, 66*, 1088-1099.

Fewell, R. R., Casal, S. G., Glick, M. E., Wheeden, C. A., & Spiker, D. (1996). Maternal Education and maternal responsiveness as predictors of play competence in low birth weight, premature infants: A preliminary report. *Developmental and Behavioral Pediatrics, 17*, 100-104.

Freeman, N. (2007). Preschoolers' perceptions of gender appropriate toys and their parents' beliefs about genderized behaviors: Miscommunication, mixed message, or hidden truths? *Early Childhood Education Journal, 34*(5), 357-366.

Howe, N., Petrakos, H., & Rinaldi, C. (1998). "All the sheeps are dead. He murdered them": Sibling Pretense, Negotiation, Internal State Language, and Relationship Quality. *Child Development, 69*(1), 182-191.

Hughes, F. P. (2009). *Children, play, and development* (4th ed.). Boston, MA: Allyn & Bacon.

Keller, H. (2003). Socialization for competence: Cultural models of infancy. *Human Development, 46*, 288-311.

Maynard, A. E. (2002). Cultural teaching: The development of teaching skills in Maya sibling interactions. *Child Development, 73*(3), 969-982.

Mize, J., & Ladd, G. W. (1990). A cognitive-social learning approach to social skills training with low status preschool children. *Developmental Psychology, 26*, 388-397.

Newman, J. (1994). Conflict and friendship in sibling relationships: A review. *Child Study Journal, 24*(2), 119-148.

Pellegrini, A. D., & Bjorklund, D. F. (2004). The ontogeny and phylogeny of children' s object and fantasy play. *Human Nature, 15*(1), 23-43.

Power, T. G., & Parker, R. D. (1986). Patterns of early socialization: An analysis of mother and father-infant interaction in the home. *International Journal of Behavioral Development, 9*, 331-341.

Roopnarine, J. L., Hossain, Z., Gill, P., & Brophy, H. (1994). *Play in the east Indian context.* In J. L. Roopnarine, J. E. Johnson, & F. H. Hooper (Eds.), *Children's play in diverse cultures.* Albany, NY: State University of New York Press.

Roopnarine, J. L., & Johnson, J. E. (1984). Socialization in a mixed-age experimental program.

Developmental Psychology, 20, 828-832.

Schary, D. P., Cardinal, B. J., & Loprinizi, P. D. (2012). Parental support excedds parenting style for promoting active play in preschool children. *Early Child Development and Care, 182*(8), 1057-1069.

Stevenson, M. B., Leavitt, L. A., Tompson, R. H., & Roach, M. A. (1988). A social relations model analysis of parent and child play. *Developmental Psychology, 24*, 101-108.

Tamis-LeMonda, C. S. (2004). Conceptualizing father' s roles: Playmates and more. *Human Development, 47*(4), 220-227.

Tamis-LeMonda, C. S., & Bornstein, M. H. (1991). Individual variation, correspondence, stability, and change in mother and toddler play. *Infant Behavior and Development, 14*, 143-162.

Taylor, S. I., & Rogers, C. R. (2001). The relationship between playfulness and creativity of Japanese preschool children. *International Journal of Early Childhood, 33*(1), 43-49.

Thomas, A., & Chess, S. (1977). *Temperament and Development*. New York: Brunner/Mazel.

Chapter

06

놀이환경

1. 놀이환경의 구성
2. 실내놀이환경 구성
3. 실외놀이환경 구성
4. 안전한 놀이환경

1. 놀이환경의 구성

1) 놀이환경의 중요성

유아교육에서 환경이 갖는 중요성은 지대하다. 환경은 또 다른 교사의 역할을 담당한다. 교육활동에서와 마찬가지로 놀이지도에서도 환경의 역할은 매우 중요하다. 아이들의 발달에 적합하며 아이들의 흥미를 끌 수 있는 교구가 잘 갖추어진 환경은 놀이를 촉진하지만 반대로 아이들의 발달 수준에 적합하지 않고 아이들의 흥미를 끌지 못하거나 충분한 수의 교구가 확보되지 않고 부분적으로 유실된 교구가 배치된 환경은 특정 종류의 놀이를 제한하기도 한다. 놀이 인원에 비해 상대적으로 공간이 좁거나 정적인 활동과 동적인 활동의 영역이 인접하여 배치된 경우 등 아이들이 마음껏 놀이할 수 있는 환경이 제한될 때 놀이과정 중의 다툼이 유발되기도 한다. 놀이환경은 또한 놀이의 확장에도 영향을 미친다. 여러 교구와 영역 배치, 환경 구성이 유사 주제 간에 연계성 있게 구성되었을 때 아이들의 놀이는 지속적으로 확장될 수 있다. 반면, 이러한 환경의 연계성이 부족할 때 놀이는 단편적으로 끝맺게 된다.

사진 6-1 주제와 연계된 놀이환경의 예

이처럼 놀이환경은 놀이의 시작부터 끝까지 모든 과정에 영향을 미치는 중요한 요인이다. 따라서 놀이에 적합한 환경을 제공하는 것이 성공적인 놀이지도의 첫걸음이 된다.

2) 놀이환경의 구성원리

(1) 실내놀이환경 구성원리

실내놀이환경은 아이들이 유아교육 · 보육기관에 머무는 동안 대부분의 시간을 보내는 곳이기 때문에 아이들의 놀이에 적합한 환경을 구성하는 것이 매우 중요하다. 아이들의 놀이활동에 적합한 실내환경을 구성하는 원리는 다음과 같다.

① 실내환경은 놀이의 특징에 따라 영역 구분하여 구성한다

실내환경은 제한된 공간에서 아이들이 놀이를 수행한다는 특성이 있기 때문에 구분된 공간 내에서 유사한 특성의 놀이를 행할 수 있도록 영역을 구분해 주는 것이 각각의 놀이가 원활히 진행되도록 하는 필수요건이다.

영역 구분의 원리는 주로 Frost와 Kissinger(1976)의 구분에 따라 놀이활동을 두 가지 특징을 기준으로 분류한다. 첫 번째 기준은 놀이의 활동성이다. 놀이의 활동성이 높으면 동적인 활동으로 분류하고, 놀이의 활동성이 낮으면 정적인 활동으로 분류한다. 두 번째 기준은 놀이 수행에서 물의 필요 여부다. 이에 따라 물이 필요한 활동과 물이 필요하지 않은 활동으로 구분한다. 이 두 가지 기준을 함께 적용하여 서로 유사한 특성의 활동이 인접하도록 영역을 구분하는 것이 좋다.

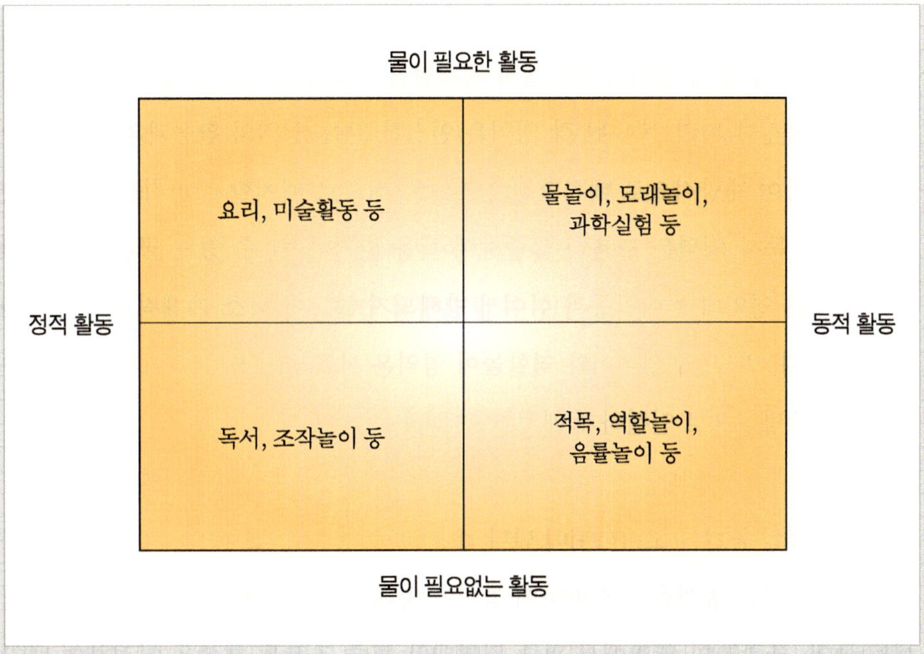

그림 6-1 놀이영역 구분

④ 날씨와 계절적인 상황을 고려한다

실외환경은 계절 및 날씨의 영향을 많이 받는다. 따라서 최초 설비 시 다양한 날씨와 계절에도 활용 가능하도록 재질 등을 고려하여 설비하여야 한다. 아이들이 오래 머무는 곳은 되도록 나무그늘이나 차양막 등 햇빛과 바람, 눈 · 비를 가려 줄 수 있는 곳이 좋다.

⑤ 바닥은 단단하고 부드러운 표면이 적당히 균형을 이루도록 한다

실외놀이환경의 바닥은 단단하고 부드러운 표면을 적당한 비율로 섞어서 배치한다. 이를 통해 아이들이 자연스럽게 다른 촉감을 느껴 볼 수 있다. 또한 되도록 자연적인 소재를 그대로 살리는 것이 좋은데, 이때 모래나 흙은 먼지가 많이 나고 거칠어서 찰과상을 입을 수 있으므로 부드러운 나무껍질 등을 활용하면 좋다.

사진 6-2 나무껍질을 활용한 실외놀이환경 구성의 예

2. 실내놀이환경 구성

1) 영아를 위한 실내놀이환경

영아기는 일생 중 발달속도가 가장 빠른 시기로, 0~2세에 해당하는 이 기간에 큰 변화와 성장이 일어난다. 따라서 발달 단계 및 개인차를 고려한 다양한 환경의 구성이 필요하다. 또한 놀이유형을 고려하여 각 유형별 놀이에 적합하도록 환경을 구성하여야 한다.

(1) 전반적인 고려사항

① 안전사고가 발생하지 않도록 주의한다

영아기는 영역별로 발달 수준이 매우 불완전한 시기로서 모든 영역에서 안전사고의 위험이 높다. 예를 들어, 모든 것을 입으로 탐색하고자 하는 영아의 특성을 고려하여 모든 교구는 영아의 입으로 들어갈 것을 예견하여 무독성에, 크기는 직경 2cm 이상의 것으로 구비하여야 하고, 걸음걸이가 불완전한 영아의 특성으로 인해 놀이 중 어느 곳에서나 넘어질 수 있음을 고려하여 바닥을 푹신하게 구성하며, 놀이영역 간 동선을 넓게 잡고 교구장, 책상 등의 모서리에 안전 쿠션을 설치하는 등 안전한 환경을 구비하여야 한다.

② 영아기 놀이는 주로 교사와의 상호작용을 통해 이루어짐을 고려한다

아직 사회성 발달이 미비한 영아기에는 또래 간의 교류를 통한 놀이보다는 교사와의 상호작용이 주를 이루며, 만 2세 전후가 되어 또래 간의 놀이를 많이 한다고 해도 교사가 개입하여 이를 확장해 주는 과정이 필요하다. 따라서 놀이를 위한 교구를 준비할 때나 영역을 구분할 때에 교사의 개입이 용이하도록 교사가 함께할 수 있는 교구를 배치하고, 각 영역별로 충분한 공간을 확보하는 것이 좋다.

③ 영아기에는 개별적 스케줄에 따른 놀이가 이루어짐을 고려한다

표준보육과정에 따르면 영아기는 개별적으로 자기나름의 수면 및 식사, 놀이 시간을 가질 수 있어야 한다. 영아기 후반인 만 2세 후반에야 집단 전체의 일과에 따르는 것이 권장된다. 이에 따라 영아를 대상으로 하는 놀이환경은 여러 명이 동시에 휴식과 놀이와 식사 및 배변이 가능하도록 구성하여야 한다. 수면을 취하는 아이가 놀이 때문에 방해받지 않고, 식사나 배변을 하는 아이 때문에 놀이가 방해받지 않는 등 서로의 영향을 최소화할 수 있도록 환경을 구성한다.

④ 영아기 발달이 감각경험을 통해 이루어짐을 고려하여야 한다

영아기는 직접적인 오감의 자극을 통해 사물을 인식하는 시기임을 고려하여 놀

사진 6-3 영아를 위한 실내놀이환경 구성의 예

이에 필요한 교재 및 교구를 감각경험이 가능한 것으로 구비한다. 특히 아직 걷지 못하고 기어 다니는 영아들을 위해 바닥의 재질을 다양한 감각경험이 가능하도록 꾸미는 것도 자연스럽게 감각놀이를 촉진하는 방법이 된다.

(2) 놀이유형별 고려사항

① 구성놀이를 위한 환경

영아는 발달 단계상 정해진 규칙이 적용되는 놀이에 익숙하지 못하기 때문에 규칙의 적용이 필요 없는 창의적인 구성놀이가 더욱 중요하다. 따라서 다양한 재질과 모양의 블록 등 교구를 충분히 배치한다. 또한 영아들은 형태를 구성하는 것만큼 쌓아놓은 적목을 허물거나 만들어진 구성물을 해체하는 과정도 즐기기 때문에 이때 너무 시끄럽지 않도록 바닥에 푹신한 매트 등을 설치하는 것이 좋다.

사진 6-4 영아의 구성놀이를 위한 실내놀이환경 구성의 예

② 조작놀이를 위한 환경

영아를 위한 퍼즐은 소근육 발달을 돕는 꼭지 퍼즐, 청각을 자극하는 소리 퍼즐, 후각을 자극하는 향기 퍼즐, 공간지각능력의 발달을 돕는 입체형 퍼즐 등 영아의 발달을 촉진할 수 있는 것으로 구비한다. 또한 조작놀이의 성격상 집중하여 한가지 과제를 끝마칠 때까지 방해 받지 않도록 독립된 환경을 조성하고, 개별 유아의 발달 단계를 고려하여 다양한 수준의 교구를 배치한다.

사진 6-5 영아의 조작놀이를 위한 실내놀이환경 구성의 예

③ 신체놀이를 위한 환경

실내에서의 신체놀이를 위한 환경은 잘 넘어지고 부딪치는 영아의 특성을 감안하여 충분한 공간을 확보한다. 바닥재 역시 넘어져도 다치지 않도록 부드러운 재질로 구성한다. 또한 미끄럼틀 등 실내 놀이기구는 설비기준에 따라 영아에게 적합하게 설치한다.

사진 6-6 영아의 신체놀이를 위한 실내놀이환경 구성의 예

④ 극놀이를 위한 환경

가상놀이가 아직 어려운 어린 영아들에게는 교사가 개입하여 극놀이가 진행될 수 있도록 교사가 함께 사용할 수 있는 교구를 배치한다. 반면, 가상놀이가 가능한 영아들은 스스로 극놀이를 구성할 수 있도록 극놀이 교구를 충분히 배치한다. 집 모형 등을 함께 배치해 주면 아이들이 극놀이 과정에서 더욱 정서적 안정감을 느낄 수 있다. 또한 극놀이의 확장을 위해 구성놀이에 인접하게 배치하면 좋다.

사진 6-7 영아의 극놀이를 위한 실내놀이환경 구성의 예

⑤ 언어놀이를 위한 환경

영아기는 언어발달에 급격한 변화와 성장이 일어나는 시기다. 따라서 영아기 언어놀이는 각 영아의 발달 수준에 따라 이에 적합하게 구성하여야 한다. 언어발달은 듣기 → 말하기 → 읽기 → 쓰기의 순으로 진행되며 대부분의 영아는 이 중 음성언어의 습득 단계까지 발달한다. 따라서 영아의 언어놀이를 위한 환경은 듣기와 말하기를 위주로 구성한다. 도서영역에서는 아직 문자언어를 습득하지 못한 영아들을 대상으로 교사가 읽어 주고 상호작용할 수 있는 동화, 글이 없는 그림동화, 들을 수 있는 CD 동화 등을 구비한다.

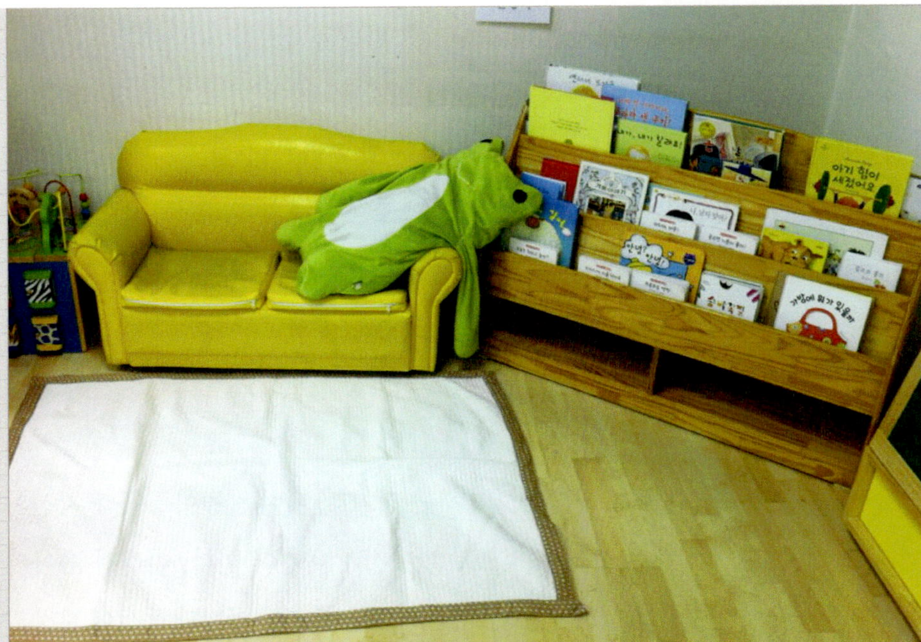

사진 6-8 영아의 언어놀이를 위한 실내놀이환경 구성의 예

2) 유아를 위한 실내놀이환경

영아기가 끝나고 유아기에 들어가면서 아이들이 보이는 가장 큰 변화는 사회성이 발달하면서 또래관계가 중요시된다는 것과 자아 개념의 발달로 스스로 하고자 하는 자주성이 커진다는 것이다. 따라서 유아를 위한 실내놀이환경은 또래와의 상호작용을 촉진할 수 있고, 스스로 하고 싶은 활동을 선택하여 스스로 탐구하고 실행할 수 있는 환경으로 구성한다.

(1) 전반적인 고려사항

① 유아가 자유롭게 탐색할 수 있도록 안전한 환경을 제공하여야 한다

유아기는 신체가 발달함에 따라 이동성이 커지는 시기이며 스스로 탐색하고자 하는 의지가 강해지고 발달상 스스로 탐색해야 할 필요성이 높은 시기다. 따라서 유아의 자유로운 탐색을 방해하지 않도록 스스로 탐색하기에 위험하지 않게 예상 가능한 모든 위험물을 배제한 안전한 환경을 구성한다.

② 활동량이 많은 유아기 특성을 고려하여 이동성이 보장되는 넓고 안전한 환경을 제공하여야 한다

유아기는 신체 조절능력이 왕성히 발달하는 시기로, 유아는 놀이를 통해 자신의 신체 조절능력을 시험해 보고 지속적으로 발달시켜 나가야 한다. 따라서 유아의 놀이환경은 유아가 자유롭게 신체활동을 할 수 있는 충분한 공간과 동선이 보장되어야 한다.

③ 또래와의 상호작용이 원활히 진행될 수 있도록 충분한 수량의 교재교구가 갖추어진 환경을 제공하여야 한다

유아기가 되면서 비로소 '나'와 '다른 사람'을 구별하고 또래 간 상호작용이 시

작되기 때문에 유아는 놀이를 통해 또래와의 상호작용을 연습하고 이를 정교화하며 또래관계를 확장해 나가야 한다. 따라서 유아를 위한 놀이환경은 또래 간 상호작용이 긍정적으로 이루어질 수 있도록 각 영역별로 교재교구를 충분히 갖추고 있어야 한다. 또래동조성이 강한 유아의 특성을 감안할 때, 교재교구의 종류가 다양하기보다는 한 종류의 교구가 충분한 수량으로 갖추어져야 또래 간 갈등 없이 활발한 교류가 가능하다.

④ 정기적으로 변화를 줄 수 있는 융통성 있는 공간으로 구성하여야 한다

금방 싫증을 내며 끊임없이 새로운 자극을 추구하는 호기심이 왕성한 유아기의 특성에 맞추어 놀이환경은 정기적으로 변화를 줄 수 있는 공간이어야 한다. 교육활동의 주제에 따라 전체적인 분위기를 바꾸어 주거나, 교육주제에 맞추어 필요한 공간을 따로 구획지어 주는 등 다양한 방법으로 놀이환경에 변화를 줄 수 있다. 전

사진 6-9 유아를 위한 실내놀이환경 구성의 예

체적인 환경뿐만 아니라 구비된 도서 및 퍼즐 등 교재교구도 정기적으로 교체해 주어 유아의 호기심을 지속시켜야 한다. 단, 교재교구의 교체 시에는 한 번에 전체를 바꾸면 유아의 교육 및 놀이활동에서의 연속성이 보장될 수 없으므로 한 번에 전체 교구의 1/3~1/2 정도의 양을 교체한다.

(2) 놀이유형별 고려사항

① 구성놀이를 위한 환경

유아들은 구성놀이를 통해 자신의 생각을 자유롭게 각자의 창의적인 방식으로 표현하는 것을 즐긴다. 따라서 유아를 위한 구성놀이환경은 여러 명의 유아가 동시에 각자 원하는 모양과 색깔의 블록 및 클레이 등 교구를 사용하여 자신의 생각을 표현할 수 있도록 다양한 모양과 색의 교구를 충분히 제공한다. 유아가 한꺼번에 몰려서 교구가 부족한 상황이 발생하지 않도록 인원의 제한을 두어, 차례대로

사진 6-10 유아의 구성놀이를 위한 실내놀이환경 구성의 예

돌아가며 놀이할 수 있도록 하는 것도 좋은 방법이다.

유아들은 구성놀이를 통해 만들어진 작품을 이용하여 또래와 함께 놀이에 활용함으로써 활동을 확장해 나간다. 좀 더 다양한 주제로 확장할 수 있도록 관련 도서나 함께 구성할 수 있는 작은 소품을 제공하고 인접 영역에 역할놀이 영역을 배치하면 구성놀이의 확장을 도울 수 있다.

② 조작놀이를 위한 환경

유아기는 영아기에 비해 소근육 발달이 정교해지면서 보다 섬세한 조작놀이를 즐길 수 있다. 발달 단계에 적합하게 퍼즐의 수 및 형태의 난이도를 높여 가며 제공하여야 유아의 흥미를 유지시키고 성취감을 줄 수 있다. 또한 퍼즐조각의 유실 여부를 수시로 확인하여 유실된 조각이 있으면 찾아서 보충해 주어야 아이들이 오랜 작업 후 실망하는 일을 방지할 수 있다.

사진 6-11 유아의 조작놀이를 위한 실내놀이환경 구성의 예

조작놀이는 집중해서 개별 활동으로 이루어지는 놀이이므로 개인책상을 배치하는 등 독립적이고 조용한 공간을 제공한다. 그러나 만 5세아는 놀이에 규칙을 적용할 수 있는 연령이므로 조작놀이 영역에 규칙을 적용하는 여러 게임판을 제공하여 또래와 함께하는 조작놀이를 소개하는 것이 좋다.

③ 신체놀이를 위한 환경

실내에서의 신체놀이환경은 실내놀이터와 교실 내에서의 신체놀이 교구의 제공으로 나누어 생각해 볼 수 있다. 실내놀이환경은 안전을 최우선으로 하고 각 기관별 안전지침을 준수하여 설비한다(유치원 및 보육시설 설비기준 참고). 특히 미끄럼틀의 경사도는 안전기준 외에도 이용 대상 유아의 발달 수준에 적합하여야 하고, 흔들 매트의 경우는 반동으로 유아가 튕겨 나갈 수 있기 때문에 사용에 주의해야 한다. 활동성이 높은 놀이활동이 이루어지는 공간이기 때문에 늘 안전사고의 위험

사진 6-12 유아의 신체놀이를 위한 실내놀이환경 구성의 예

이 있다. 따라서 모든 공간이 교사의 시야에 쉽게 들어올 수 있도록 구성하여야 한다.

교실 내에 간단히 즐길 수 있는 신체놀이 교구를 제공하는 경우에는 투호놀이나 고무 다트 등 비교적 좁은 공간에서 뛰지 않고 즐길 수 있는 교구가 적합하다.

④ 극놀이를 위한 환경

미지의 세계에 대한 조작적 사고가 가능해지는 유아기에는 상상을 통해 이루어지는 가상(극)놀이가 매우 발달한다. 가상놀이를 통해 아이들의 정서가 자유롭게 표출되고, 가상의 경험이 가능할 수 있도록 다양한 역할놀이 교구를 제공한다. 유아기 역할놀이는 소꿉놀이에 한정되지 않고 다양한 직업 역할이나, 경제교육과 관련된 역할놀이 등이 가능하도록 관련 교구를 제공하는 것이 좋다. 또한 조작적 사고가 발달함에 따라 역할놀이 교구가 아닌 일반 사물들을 상상을 통해 다양하게 역할놀이에 응용하는 것이 가능하므로 구성놀이 교구를 인접 영역에 배치하면 극놀이를 확장시킬 수 있다. 글을 읽고 쓰게 되면서부터는 이를 역할놀이에 이용하기도 한다. 역할놀이에서 메뉴판이나 간판, 이름표 등 여러 가지 활용이 가능하므로 쓰기 도구도 함께 배치하여 역할놀이를 활성화할 수 있다.

사진 6-13 유아의 극놀이를 위한 실내놀이환경 구성의 예

⑤ 언어놀이를 위한 환경

유아기는 언어발달에서 음성언어의 활용이 정교화되고 문자언어의 습득이 이루어지는 시기다. 음성언어의 흥미가 고취되도록 재미있는 음운이 반복되는 동시나 동요 등의 자료를 제공한다.

읽기에 관심을 보이는 유아를 위해 연령별 발달 단계에 맞추어 그림과 글자의 비율을 고려하여 적절한 수준의 도서를 배치한다. 글자를 읽기 시작하는 단계의 유아들에게는 영아를 대상으로 하는 글자가 몇 개 없는 책이나 단어 카드 등을 다시 배치해 주어 흥미를 유발하고 성취감을 줄 수도 있다. 읽기나 쓰기의 발달은 개인적인 선행 학습 등으로 개인차가 큰 영역이므로 개별 유아의 발달 단계를 각각 충족할 수 있도록 다양한 난이도의 도서를 함께 배치한다. 도서는 2주에 1회씩 배치된 도서의 1/2씩 교체하여 매달 다른 도서를 볼 수 있도록 한다. 시력을 보호하기 위해 보조 조명을 활용하고, 밝고 조용한 환경을 제공하며, 소파나 쿠션 등을 배치하여 편안하게 책을 접할 수 있도록 한다.

사진 6-14 유아의 언어놀이를 위한 실내놀이환경 구성의 예

쓰기에 관심을 보이는 유아들을 위해 다양한 색과 다양한 질감의 쓰기도구를 배치한다.

3. 실외놀이환경 구성

1) 영아를 위한 실외놀이환경

영아기는 대근육이 발달하며 신체 조절능력을 획득하고 정교화하는 시기다. 그러므로 영아를 대상으로 하는 실외놀이환경은 아직 제대로 획득하지 못한 여러 가지 신체활동을 안전하게 시도해 볼 수 있는 안전하되 여러 가지 시도와 연습이 가능한 환경으로 구성하여야 한다. 앉기, 서기, 걷기, 뛰기, 당기기, 밀기, 깡충뛰기, 기어오르기 등 다양한 기본 신체활동을 시도해 볼 수 있도록 넘어져도 다치지 않

사진 6-15 영아를 위한 실외놀이환경 구성의 예

는 부드럽고 푹신한 소재의 바닥과 벽면, 밀고 당길 수 있는 바퀴가 달린 걸음마 보조기구나 놀이용 유모차, 여러 가지 모양과 색의 탑승용 자동차 장남감 등을 구비한다.

영아기는 감각을 통해 사물을 탐색하고 인지하는 시기이므로 감각경험 또한 중시된다. 따라서 흙, 모래 등 촉감이 다른 여러 자연물을 만져 보면서 여러 가지 형태로 조형하는 경험을 제공하고, 여러 가지 색으로 구성된 미끄럼틀이나 놀이기구 등을 제공한다. 바닥은 편평하게 구성하여 아직 걷는 기술이 미흡한 영아들이 넘어지는 것을 방지하되 질감이나 색의 변화를 주어 단조로움을 피하고, 영아에게 안전한 수준에서 바닥 면에 낮게 몇 단으로 높이의 차이를 두어 기어오르고 내리는 경험을 하게 하는 등 다양한 자극을 제공한다.

실외환경인 만큼 나무나 꽃, 바람 등 인공물이 아닌 자연물을 접하고 계절에 따른 자연의 변화를 느낄 수 있도록 한다. 또한 아직 개별적인 컨디션과 일과에 따라야 하는 영아기 특성상 실외에서도 쉬고 싶은 영아들은 충분히 쉴 수 있는 공간이 마련되어야 한다. 나무그늘 등 햇볕이 직접적으로 내리쬐지 않는 곳에 영아들이 편히 쉴 수 있는 공간을 마련하고 앉아서 쉴 수 있도록 설비한다.

물과 모래놀이 영역은 실내 · 외 어느 곳에나 설치가 가능한 영역이지만 주로 실외놀이 영역에 설치한다. 실내보다는 실외 공간이 넓은 공간에서 물과 모래를 마음껏 사용하기에 적합하기 때문이다. 이때 모래놀이를 위해 모래가 유실되지 않도록 수시로 양을 보충해 주고, 정기적으로 모래를 소독하며, 이물질이 들어가지 않도록 관리하여 위생적인 모래를 제공한다.

모래놀이는 물을 사용하는 경우와 사용하지 않는 경우의 차이가 크다. 물을 사용했을 때 모래의 형태가 생기는 놀이와 물을 사용하지 않고 모래가 형태 없이 무너져 내리는 두 가지 경험을 통해 서로 다른 느낌과 다른 결과를 접할 수 있다. 또한 놀이방법을 모르거나 아직 응용력이 부족한 영아의 놀이를 돕기 위해 물과 모래를 이용하여 돌아가는 물레방아 모형이나 바구니와 삽, 모양 찍기 틀 등 간단한 도구를 준비하여 둔다. 모래놀이 안전수칙에 익숙하지 않은 영아가 실수로 친구를 다치게 하지 않도록 가능한 한 충분한 거리를 두고 개별적으로 놀 수 있도록 한다.

2) 유아를 위한 실외놀이환경

실외놀이환경은 유아들이 가장 선호하는 놀이환경 중 하나다. 유아들의 실외놀이환경은 신체활동 영역, 역할놀이 영역, 탐구 영역, 작업 영역, 물 · 모래놀이 영역, 이동 영역, 편평하고 개방된 공간, 조용한 공간으로 영역이 구분된다(교육부, 2000). 이는 실내놀이환경에서와 같이 영역을 분리한다는 개념보다는 이 모든 활동이 가능하도록 환경을 조성해야 한다는 의미다.

실외놀이환경에서 가장 많이 행해지는 것은 신체활동이다. 유아기는 일정 수준 이상의 신체 조절능력을 갖추고 신체의 여러 부분을 이용한 보다 복잡한 단계의 협응과 균형을 잘 잡을 수 있는 능력, 민첩성, 지구력 등 세분화된 신체 조절능력을 개발하는 단계다. 따라서 이를 실행할 수 있는 여러 신체활동 기구로서 미끄럼틀이나 그네, 시소, 정글짐, 암벽 등반 모형 등 다양한 놀이기구를 설비한다. 이와 함께 유동적 놀이기구로서 자전거나 보드를 구비하기도 한다.

나무와 꽃, 풀잎, 돌멩이 등 자연을 느낄 수 있도록 구성한다. 실외놀이환경에서 접할 수 있는 다양한 자연물은 역할놀이의 재료가 되기도 한다. 흙, 모래, 돌멩이, 나뭇잎, 꽃잎, 풀 등 주변의 다양한 자연물을 이용하여 역할놀이가 원활히 진행될 수 있도록 실외환경에 놀이집을 마련하거나 간단한 소꿉놀이용 용기 등을 마련해 줄 수 있다.

실외환경에는 목공 및 작업놀이도 이루어질 수 있다. 목공놀이는 미국 등 서구 사회에서 더 많이 활용하는 놀이도구로서, 상시 목공작업이 가능하도록 안전과 지도를 위해 별도로 교사가 배치되기도 한다. 목공놀이의 수준이 높아질수록 교사의 지도와 감독이 더욱 필요하다. 간단한 목공작업을 할 수 있는 안전한 유아용 놀이

도구를 구비함으로써 간단하게나마 목공놀이 경험을 할 수 있다.

물 · 모래놀이 영역의 구성은 영아의 실외놀이환경과 유사하다. 다만, 영아에 비해 유아들은 여러 명이 힘을 합쳐 공동의 작품을 만들거나 더 큰 구조물을 만드는 경향이 있기 때문에 또래와 함께 놀이할 수 있는 물과 모래의 양이 충분히 제공될 수 있도록 한다.

놀이기구 배치 및 영역별 구성 시에는 이동성이 큰 유아의 특성을 고려하여 이동 과정에서 다른 친구의 작업을 방해하거나 서로 부딪쳐서 다치는 일이 발생하지 않도록 충분히 동선을 고려하여 환경을 구성하고, 안전사고를 방지하기 위해 교사의 시야에 들어오지 않는 곳이 없도록 해야 한다. 또한 그늘에 쉴 수 있는 공간을 마련하여 실외놀이 중간에 휴식을 취하거나 정적인 활동을 할 수 있도록 배려한다.

사진 6-16 유아를 위한 실외놀이환경 구성의 예

4. 안전한 놀이환경

놀이환경 구성에서 기본적이면서도 가장 중요한 것이 안전이다. 놀이 중 안전사고를 예방하기 위해서는 크게 두 가지 방향에서 안전이 확보되어야 한다. 먼저, 환경설비 자체가 안전하여 위험요소가 없어야 하고, 이러한 환경 안에서의 상호작용 역시 안전한 방식으로 행해질 수 있어야 한다.

1) 시설 · 설비 안전

- 시설 및 설비의 규격과 재질 등이 유아가 사용하기에 적절하도록 정해진 규정대로 설비되고 지속적으로 관리되어야 한다(표 6-1 참조).
- 고정식 놀이기구와 유동성 놀이기구의 영역을 분리하여 충돌로 인한 안전사고를 방지한다.
- 놀이기구가 파손된 곳이 없는지 수시로 점검하고 신속히 보수하여야 한다.
- 교사가 놀이활동 전체를 관찰할 수 있도록 사각지대가 없이 전체적인 시야가 확보되는 공간을 구성하여야 한다.

표 6-1 실외놀이터 안전점검표(중앙보육정보센터, 2013)

어린이집 안전점검 체크리스트(일별)

결재	담당	원장

20 년 월 주, 점검자: ________ ________반 (점검상태: 양호○, 보통△, 불량×)

구분	점검항목	점검결과 / 월	/ 화	/ 수	/ 목	/ 금	/ 토	조치사항
실외환경	- 어린이집 보호벽 및 주변의 관리상태는 양호한가?							
	- 실외놀이 공간 주변의 돌, 유리조각, 요철, 녹이 슨 부분, 벗겨진 페인트, 돌출된 모서리가 방치되어 있지는 않은가?							
	- 확인되지 않는 식물이나 잡초는 모두 제거하였는가?							
	- 놀이터 바닥에 오물, 방치된 물 웅덩이가 없는가?							
실내환경	- 문과 창문 등의 추락 위험은 없는가?							
	- 바닥에는 다칠 수 있거나 미끄러운 곳이 없는가?							
	- 복도, 계단, 비상계단, 미끄럼대 등에 방치된 물건이 없어 피난계단, 미끄럼대 등을 사용하기에 양호한가?							
	- 모든 보육용품과 비품이 제자리에 있는가?							
	- 보육용품이나 비품 유리창 등에 날카로운 모서리 등이 없는가?							
놀잇감 및 놀이기구	- 망가져 날카롭고 위험한 것은 없는가?							
	- 유해 색소가 칠해진 놀잇감은 없는가?							
	- 영유아가 삼킬 만한 작은 놀잇감이나 부품은 없는가?							
	- 부품이 빠지거나 작은 볼트 등이 빠진 것은 없는가?							
	- 놀잇감 및 놀이기구의 수납상태가 양호한가?							
화장실·세면대	- 화장실 내 세제나 락스 등 위험한 물건이 영유아들의 손이 닿는 곳에 방치되어 있지 않는가?							
전기·화기·위험물	- 콘센트는 안전덮개로 보호되어 있는가?							
	- 전선이 늘어져 있지 않은가?							
	- 화기에 의한 안전사고 위험은 없는가?							
	- 위험물에 의한 안전사고 위험은 없는가?							
	- 가스밸브와 가스중간밸브 잠금상태는 양호한가?							
차량안전	- 차량 내 소화기·비상약품 비치여부 및 비치상태가 양호한가?							
	- 차량 내 안전벨트 등 안정장비의 상태는 양호하며, 영유아와 보호자는 차량 내 안전벨트를 착용하는가?							
	- 차량에 영유아를 보호할 수 있는 사람(보육교사 등)이 탑승하는가?							
기타	- 응급전화번호 및 비상연락망 등이 잘 관리되고 있는가?							

| 작성 Tip |

- 점검결과란 아래에 점검한 날짜를 기록하고 일별로 체크한다.
- 영유아가 있는 모든 보육실은 각 반별로 안전점검표가 마련되어 매일 점검한다.
- 점검결과 관리상태가 양호하면 ○표, 보통은 △표, 불량은 ×표시한 후 조치사항에 기록하고 불량한 부분은 즉시 보수하도록 한다.
- 1주일 간의 일일점검표를 비교, 확인하고 불량한 부분이 계속 누적되지 않도록 해야 한다.

어린이집 안전점검 체크리스트(월별)

결재	담당	시설장

20 년 월 주, 점검자: ________ (점검상태: 양호○, 보통△, 불량×)

구분	점검항목	점검결과 월	조치사항
실외놀이 기구 및 공간	– 모든 놀이기구가 바닥에 안전하게 고정되어 있는가?		
	– 놀이 시설물의 상태(틈새나 간격)가 영유아의 몸에 끼이지 않는 넓이인가?		
	– 기초대, 지지대 등 매설부분이 노출되지 않았는가?		
	– 모든 놀이기구 아래와 주위(안전지대)의 충격흡수재 성능은 양호한가?		
	– 보수가 필요한 놀잇감 및 놀이기구가 방치되어 있는가?		
	– 놀이기구의 높이가 영유아에게 적합한가?		
	– 품질경영 및 공산품 안전관리법에 의한 안전검사를 필한 제품인가?		

2) 놀이 안전

- 모든 놀이활동 시 교구 조작이나 또래 간 상호작용, 이동 시 생길 수 있는 다양한 안전사고에 대비하여 교사가 늘 곁에서 감독하여야 한다.
- 놀이 안전에 관한 교육을 계획하여 실행함으로써 영유아가 스스로 안전하게 놀이하는 방법을 익히고 실행할 수 있게 한다.
- 새로운 놀잇감을 제시할 때에는 놀잇감의 바른 사용법과 주의할 점 등을 교육하고 함께 놀이규칙을 정하여 지키도록 한다.
- 영유아의 연령 및 발달 단계에 적합한 놀이환경을 제공함으로써 안전을 도모하고 발달을 돕는다.

표 6-2 놀이 안전교육 계획안

안전교육주제	놀이안전	활동명	장난감을 바르게 사용해요
활동목표	놀이 시 장난감을 안전하게 사용하고, 다른 용도로 사용하지 않는다.		
활동재료	○○반 교실에 있는 장난감		
활동내용	〈도입〉 '장난감 기차' 노래를 함께 불러본다. ○○반 유아들이 좋아하는 장난감에 대해 이야기를 나눈다. 〈전개〉 1. 아이들이 좋아하는 장난감을 하나씩 선택한다. – 이 장난감은 어떻게 갖고 노는 걸까요? – 이 장난감으로 어떻게 놀이할 때 재미있나요? 2. 장난감을 위험하게 갖고 놀 경우 생길 수 있는 위험한 상황에 대해 이야기를 나눈다. – 블록을 스키처럼 발로 타고 가면 넘어질 수 있어요. – 놀이집에 매달려 놀면 떨어질 수 있어요. – 식당차와 화이트보드는 장난감이 아니에요. – 장난감을 던지면 친구가 다칠 수 있어요. 3. 자유선택활동 시간에 친구들과 안전하게 놀이하기 위한 규칙을 만든다. – 친구의 장난감을 빼앗지 않아요. (다 쓰고 빌려달라고 이야기해요.) – 장난감으로 친구를 때리지 않아요. – 놀이시간이 끝나면 장난감을 잘 정리해요. – ○○반 교실의 장난감을 소중하게 다뤄요. 〈마무리〉 놀이하기 전 규칙을 떠올려 보도록 한다. '장난감 기차' 노래를 한 번 더 불러본다.		
유의사항	안전하게 놀이하기 위해 장난감을 바르게 사용해야 함을 이해시킨다.		

참고문헌

유안진(1990). 한국 전통사회의 유아교육. 서울: 서울대학교출판부.

중앙보육정보센터(2013). 2013년 어린이집 운영 서식 및 문서자료집. 서울: 경성문화사.

Frost, J. L., & Kissinger, J. B. (1976). *The young child and the educative process*. Holt, Rinehart and Winston: New York.

Chapter

07

놀잇감

1. 아동과 놀잇감
2. 놀잇감의 분류
3. 놀이의 유형에 따른 놀잇감
4. 놀잇감의 조건
5. 놀잇감의 활용과 지도

1. 아동과 놀잇감

1) 개념 및 역사

놀잇감은 아동이 놀이를 시작하고 진행하면서 사용하는 모든 사물과 개체를 의미한다. 놀잇감(play materials, play tools)과 유사하게 사용되는 몇 가지 용어들이 있다. 대중적으로는 장난감, 완구(toys)로 불리기도 하며, 교육적인 목적을 강조하여 교구로 불리기도 한다. 일반적으로 보육 및 교육계에서는 아동이 놀이와 관련하여 사용하는 모든 물건을 '놀잇감'으로 지칭한다.

아동은 자신의 놀이를 위해 놀잇감을 직접 선택한다. 하지만 기본적으로 놀잇감은 성인이 아동에게 제공할 수 있는 물리적인 놀이환경 중 한 부분이다. 따라서 아동의 흥미를 끌며, 발달적 · 교육적 · 안전성 등의 측면에서 적절한 놀잇감을 선택하는 성인의 안목과 역할이 중요하다.

놀잇감의 역사는 인류의 문명 역사처럼 오래되었다. 산업화가 되기 전까지 인류는 놀잇감이 없이도 할 수 있는 놀이를 하거나 자연에서 얻을 수 있는 사물들을 놀잇감으로 활용하였다. 예를 들어, 숨바꼭질, 씨름, 닭싸움, '무궁화꽃이 피었습니다' 등은 놀잇감이 필요하지 않으며, 인간의 기본적인 신체 움직임을 사용하는 대표적인 우리나라의 전통놀이다. 자연물을 놀잇감으로 사용한 우리나라의 전통놀이의 예로는 사방치기, 소꿉놀이, 고무줄놀이, 공기놀이, 비석치기, 줄다리기, 풀각시 등이 있다. 이러한 놀이에 필요한 놀잇감은 돌멩이, 흙, 나무, 땅, 볏짚 등으로 자연에서 쉽게 얻을 수 있는 재료였다.

산업화 이후 서구사회와 우리 사회에는 공장에서 대량 생산하여 판매하는 봉제인형, 플라스틱 완구와 같은 놀잇감들이 급증하였고, 전통 놀잇감의 사용비율은 급감했다(정금자, 2003). 초기에 공산품으로 생산된 놀잇감들은 팽이, 구슬, 고무줄 등이었으나, 1970년대에는 상업적으로 생산된 놀잇감 중 봉제인형과 같은 놀잇감이 가장 많았으며(김진도, 1994), 기술이 발전하면서 플라스틱을 사용한 놀잇감과 전자 놀잇감이 유행하게 되었다.

이러한 놀잇감 시장의 변화를 통해 부모가 자녀에게 놀잇감을 구입하여 제공하는 경우가 많아졌음을 짐작할 수 있다. 실제로, 출생률이 감소하면서 아동의 수는 줄었지만 놀잇감을 포함한 아동 관련 사업은 증가하고 있다(배순영, 김현주, 2007). 이는 성인들이 아동에게 놀잇감을 구입하여 제공하는 경우가 많아졌다는 의미와 함께 한 아동에게 이전보다 많은 놀잇감을 제공하고 있다는 의미다.

아동의 놀이와 발달에서 놀잇감은 중요한 역할을 하는 것으로 보인다. 따라서 현대사회의 수많은 놀잇감 중에서 아동에게 적절한 놀잇감이 무엇인지, 그리고 놀잇감은 아동의 놀이에 어떤 영향을 주는지에 대해 충분히 고려한 후 놀잇감을 선택할 필요가 있다.

2) 놀잇감의 중요성

아동의 건강한 발달과정에서 놀이는 빠질 수 없는 중요한 활동이다. 아동은 놀이를 하면서 다양한 신체감각을 경험하면서 움직이는 연습을 할 수 있고, 정서적으로 즐거움과 성취감을 경험하며, 사회적으로 다른 사람들과 함께 지내는 연습을 할 수 있다. 또한 아동은 놀이를 통해 인지적으로 언어 · 수 · 과학적인 개념과 지식을 습득할 수 있다.

이때 놀잇감은 아동의 놀이를 시작하게 하고, 진행 및 확장하도록 돕는 매개체 역할을 한다. 아동은 놀잇감을 탐색하고 조작하면서 신체감각을 사용하고, 호기심을 충족하며, 즐거움을 느낀다. 놀잇감의 탐색과 조작경험을 통해 아동은 놀잇감의 형태, 색채, 크기, 소리, 재질 등의 특징을 인식하고, 사물 간의 유사성과 차이를 알아감으로써 사물에 대한 개념, 수, 문자 등에 대해 인지적인 발달을 성취해 가는 것이다. 또한 아동은 놀잇감을 통해 자신의 감정과 흥미를 표현하면서 타인과 사회적인 상호관계를 연결시킬 수 있다(Garvey, 1977). 구체적으로 또래관계에서 아동은 또래와 함께 놀잇감을 가지고 놀이하면서 또래 간 동질성을 확인하고, 우정을 형성해 나간다(오채선, 2005).

아동이 선택한 놀잇감의 특징은 놀이의 유형과 놀이의 내용에 영향을 주어 아동의 발달에 간접적으로 영향을 미친다(Johnson, Christie, & Yawkey, 1999). 예를 들어, 블록과 같은 놀잇감은 아동의 구성놀이를 이끌고, 인형과 음식 모형, 그릇과 컵 놀잇감 등은 소꿉놀이와 같은 가상놀이를 가능하게 한다.

또한 놀잇감은 치료적 기능도 있다. 놀이치료나 모래놀이치료 등은 아동을 대상으로 한 다양한 정서 · 행동치료 장면에 다양한 놀잇감을 활용한다는 점이 특징이다. 놀이치료 장면이 아닌 장애아동 교육현장에서도 놀잇감은 기능적으로 활용될 수 있다. 예를 들어, 특정한 행동을 기능적인 목적 없이 지속적으로 반복하는 상동행동의 특징을 가진 자폐아동의 상동행동 발생을 감소시키기 위해 놀잇감을 사용하여 중재하는 것이 효과적일 수 있다(조용태, 장진국, 2000). 사회적인 상황에서 놀잇감을 사용한 놀이 여부가 미취학 아동을 대상으로 한 장애아 통합교육의 성공요인으로 여겨지기도 한다.

이처럼 아동의 놀이와 이를 통한 건강한 발달과정에서 놀잇감은 특별하고 중요한 역할을 한다.

한편, 놀잇감이 아동의 인지발달에 긍정적인 역할을 할 수 있다는 점은 우리나라 교육환경에서 놀잇감 자체의 가치를 매우 높게 평가하는 데 영향을 줄 수 있다. 놀잇감의 인지적인 영향에 대해, 영아기 환경변인 중 가장 중요한 '부모'와 더불어 영아기와 초기 아동기에 '풍부하게 놀잇감을 이용할 수 있는 가능성(availability of play materials)'이 손꼽히며, 그렇기에 이 시기의 놀잇감 사용 가능성을 아동의 이후 지적 발달에 관한 예측지표로 사용할 수 있다는 주장도 있다(Hughes, 1999). 현재 국내에서는 아동의 인지발달을 도모한다고 주장하는 지능 발달 놀잇감 혹은 교육용 놀잇감들이 시중에 많이 판매되고 있다. 하지만 아동에게 놀잇감은 일단 즐거운 놀이를 위한 도구다. 놀잇감으로 이름 붙였더라도 인지발달을 위한 놀잇감이 실제로는 아동에게 즐거운 놀잇감으로 기능하지 못할 수 있으며, 인지발달을 위한 놀잇감의 비율이 지나치게 높을 때 아동의 균형 있는 발달을 저해할 수 있음을 염두에 둘 필요가 있다. 놀잇감이 아동의 전인적인 발달에 골고루 긍정적인 영향을 줄 수 있도록 균형적인 시각을 가지고 다양한 놀잇감을 선택하고 제공해야 할 것이다.

또한 놀잇감의 가치를 아동의 놀이나 발달과 동일시하는 관점도 경계할 필요가 있다. 자칫 아동에게 지나치게 많은 양의 놀잇감을 제공할 수 있기 때문이다. 물론 놀잇감의 수가 적으면 놀이에 대한 아동의 흥미와 집중이 감소할 수 있으며, 아동 간의 갈등이나 공격적인 행동이 증가하는 데 영향을 미칠 수 있다. 하지만 아동에게 양적으로 과하게 제공된 놀잇감은 오히려 아동의 건강한 놀이와 발달에 방해가 될 수 있다. 지나치게 놀잇감이 많은 환경에서 놀이하는 데 익숙해진 아동은 놀잇감이 없으면 놀이를 하지 못하고, 사회성 부족, 고립, 폭력성 등의 정서 · 행동적인 문제를 나타내는 '장난감 중독'에 이를 수 있다는 주장(이병용, 2005)도 있다. 이러한 문제의식에서 장난감 없는 유아 프로그램, 유치원 혹은 숲유치원 등이 등장하게 되었다. 장난감 없는 유치원 혹은 숲유치원과 같은 대안적인 프로그램 환경에서 아동들은 정말 장난감 없이 생활하는 것이 아니라, 장난감 없이도 '놀이'를 할 수 있게 되고, 주변의 또래와 성인을 놀이에 받아들일 수 있게 되며, 또한 어떤 물건이라도 놀이에 놀잇감으로 활용할 수 있게 되는 바람직하고 긍정적인 놀이를 하는 변화를 보인다.

요약하면, 아동의 놀이에서 놀잇감은 필요하다. 주의할 점은 놀잇감의 한 가지 기능에 지나치게 치우친 선택을 하거나 놀잇감 자체의 가치를 높게 평가하고, 놀잇감의 양으로 아동의 놀이와 발달이 이루어질 것이라 기대하는 것은 무리라는 것이다. 놀잇감의 유형과 특징에 대해 이해하여, 아동에게 적절하고 유익하며 안전한 놀잇감을 알맞은 양으로 제공할 필요가 있다. 또한 아동에게 놀잇감과 같은 놀이환경을 제공한 후 아동의 놀이장면에도 관심을 가지고, 제공된 놀잇감을 활용하여 아동이 누구와 어떻게 놀이활동을 하는지 지켜보면서 교사 혹은 부모가 적절하게 상호작용하여 아동의 놀이를 더욱 풍부하게 하는 것도 권장된다.

2. 놀잇감의 분류

1) 놀잇감의 특징에 따른 분류

아동의 놀이와 놀잇감을 관찰하면서 연구자들이 놀잇감을 분류하기 위해 사용한 기준은 다양하다. 그중의 한 가지는 놀잇감의 특징에 따라 분류하는 것이다. 간단한 예로, 놀잇감은 크기에 따라 아동이 한 손으로 쥐고 사용할 수 있는 작은 놀잇감과 보다 많은 신체부위를 사용해서 조작해야 하는 큰 놀잇감으로 구분할 수 있다. 또는 놀잇감을 만든 재료의 특성에 따라 단단한 놀잇감과 부드러운 놀잇감으로 분류할 수도 있다.

한편, 놀잇감의 크기, 재료와 같은 기본적인 물리적인 특징뿐 아니라 놀잇감의 구조성이나 복합성도 놀잇감을 분류하는 데 고려해야 할 중요한 특징으로 여겨진다.

(1) 구조성

놀잇감의 구조성(structure)은 놀잇감이 실물과 물리적으로 유사한 정도 혹은 기능적으로 특수한 용도로 사용되는 정도를 의미한다. 학자에 따라 사실성(realism), 실물성이란 용어를 사용하기도 한다. 이 기준에 따르면, 실제 사물의 외형 및 물리적 특성과 비슷하게 만들어진 놀잇감은 구조성이 높은 놀잇감으로 분류하고 그렇지 않은 놀잇감은 구조성이 낮은 놀잇감으로 분류할 수 있다. 예를 들어, 퍼즐이나 사실적으로 표현된 인형, 병원놀이 세트 등은 구조성이 높은 놀잇감이다. 반면, 블록이나 상자처럼 정해진 규격이나 모양은 있으나 실물을 표현한 것이 아니며 다양하게 활용할 수 있는 놀잇감은 상대적으로 구조성이 낮은 놀잇감이다. 또한 찰흙은 모양을 자유롭게 변형할 수 있어 다양한 용도로 사용이 가능하다는 점에서 구조성이 매우 낮은 놀잇감으로 볼 수 있다.

동일한 종류의 놀잇감도 구조성의 기준으로 분류할 수 있다. 인형의 예를 들면,

구조성이 높은 자동차

구조성이 낮은 자동차

사진 7-1 자동차 모형 놀잇감의 구조성 비교

다소 과장된 면이 있으나 인체를 사실적으로 표현한 바비인형은 구조성이 높고, 이에 비해 매우 간단하게 평면적으로 얼굴을 표현하고, 손과 발도 뭉툭하게 만든 봉제인형은 구조성이 낮다고 평가할 수 있다. 비슷한 예로, 실제와 유사하게 표현한 경찰차 피겨는 구조성이 높은 반면에 자동차 형태는 갖추었으나 창문이나 문, 사이렌, 색깔과 같은 세부 표현이 거의 없는 나무 자동차는 구조성이 낮다. 놀잇감의 구조성은 놀이를 하는 아동의 창의성이나 연령 등과 관련이 있다고 한다.

① 창의성과 구조성

놀잇감의 구조성은 특히 아동의 창의성, 상상력과 관련지어 연구되어 왔다. 구조성이 낮은 놀잇감은 모양과 활용이 정해지지 않고 융통적이라는 특징이 있기 때문에 아동이 창의성과 상상력을 발휘할 여지를 많이 줄 것이며, 좀 더 구조성이 높은 놀잇감은 실제와 유사하기 때문에 원래 의도되었던 용도로만 사용될 가능성이 높아서 아동이 창의적이고 융통성을 발휘할 수 있는 놀이를 하는 데 방해가 될 것이라는 인식이 있다. 연구자들은 구조성이 높거나 낮은 놀잇감을 아동에게 제공한 후 가상놀이를 관찰하고 비교분석하는 방법을 사용하는데, 대체로 어느 정도 구조성이 높은 놀잇감을 제공했을 때 아동의 가상놀이가 촉진되는 것으로 보인다(MacLoyd, 1983). 하지만 놀잇감을 보다 '창의적으로' 사용하여 가상놀이를 할 수 있는 때는 구조성이 낮은 놀잇감을 활용한 놀이장면에서였다(Pulaski, 1973; Trawick-Smith, 1990). 놀잇감이 지나치게 구조적일 경우에 아동의 창의적 사고에는 많은 도움이 되지 못할 것이다.

② 연령과 구조성

구조성이 높거나 낮은 놀잇감의 특징에 따라 창의성을 발휘할 가능성이 결정된다고 주장하는 것은 어렵다. 상상놀이를 하는 데 연령과 놀잇감에 대한 친숙함 등이 영향을 미치기 때문이다.

가상놀이를 시작하는 시기인 만 2세의 영아의 경우에는 표상하는 능력이 부족하기 때문에 동일한 놀잇감으로 좀 더 기대되는 방식으로 일관되게 활용할 가능성이 높으며(Hughes, 1999), 사실적인 놀잇감, 즉 구조성이 높은 놀잇감이 있는 놀이 환경을 제공하면 아동이 가상놀이를 시작하는 데 도움이 되는 것으로 보인다. 하지만 연령이 증가하면서 가상놀이를 시작하고 진행하기 위해 놀잇감의 사실성, 구조성에 대한 요구는 조금씩 감소하는 것으로 보이며, 구조성이 낮은 놀잇감으로도 가상놀이를 하는 데 큰 어려움은 없어 보인다(조은진, 2000). 다만 만 4세 이상 유아와 아동에게 구조성이 낮은 장난감은 좀 더 상상력을 발휘하여 창의적으로 가상놀이를 하는 데 영향을 준다(Trawick-Smith, 1990).

요약하면, 아동의 창의성과 관련하여 구조성이 낮은 놀잇감이 권장되는 것이 사실이다. 하지만 가상놀이 발달의 초기 단계에 놀이의 시작과 지속을 위해서는 실제적이고 구조성이 높은 놀잇감이 필요한 듯하다. 이후 상상하고 가장하는 놀이에 익숙해지면 구조성이 낮은 놀잇감이 아동의 창의력을 자극하고 만족시킨다(Mann, 1984). 만 4세 이상 유아와 아동이 가상놀이를 하는 데 놀잇감의 높은 구조성이 반드시 필요하지는 않지만, 구체적으로 세밀하게 현실을 반영한 놀잇감은 아동에게 여전히 매력적이고 즐거운 가상놀이를 가능하게 하는 등 구조성이 높고, 낮은 놀잇감들 모두 아동의 놀이과정 전체의 관점에서 나름의 역할을 하기 때문에 다양한 수준의 구조성을 가진 놀잇감을 제공할 필요가 있다.

(2) 복합성

놀잇감은 복합성이라는 특징에 따라 단순한 놀잇감과 복잡한 놀잇감으로 구분할 수 있다. 놀잇감의 복합성(complexity)은 '아동에 의해 활동적인 조작과 변경이 가능한 잠재성의 정도' 를 의미한다. 한 가지 조작적 요소만 가지고 있는 놀잇감의 경우 복합성이 낮은 단순한 놀잇감이며, 여러 가지 조각으로 분류되고 다양한 조작이 가능한 놀잇감이라면 보다 복잡한 놀잇감으로 분류할 수 있다. 예를 들어, 잡고 흔드는 것이 주된 조작방법이며 변경할 수 있는 여지가 적은 영아의 딸랑이는 단순한 놀잇감이다. 하지만 여러 조각으로 나뉘고 다양한 모양을 만들 수 있는 칠교와 같은 놀잇감은 복합성이 높은 놀잇감이다.

놀잇감의 복합성은 처음에는 놀잇감을 제공하는 놀이환경을 평가하는 데 적용하기 위해 제안된 것으로 보인다(Kritchevsky, Prescott, & Walling, 1977). 놀이환경은 복합성 정도에 따라 단순단위(simple unit), 복합단위(complex unit), 종합단위(super complex unit)의 세 가지로 구분된다. 이 기준에 따르면 복합성 정도에 따라 놀이환경은 아동의 흥미를 지속시키는 정도와 한 번에 수용할 수 있는 아동수가 달라진다. 복합성 수준이 높은 놀이환경에서 아동은 놀잇감을 좀 더 선택할 수 있으므로 놀이를 보다 오래 지속할 수 있다.

단순단위는 조작이나 변경을 할 수 있는 가능성이 적은 경우를 가리키며, 그네, 미끄럼틀, 철봉, 정글짐, 세발자전거 등 실외 놀잇감이나 모래놀이 시 모래 중 한 가지만 제공한 환경 등이 해당된다. 복합단위는 서로 다른 두 가지 놀잇감이 함께 제공되는 놀이환경을 의미하며, 예를 들어 물놀이를 할 수 있는 테이블에 장난감을 제공하거나, 모래놀이 시 모래와 함께 팔 수 있는 도구나 물을 제공하는 경우가 해당된다. 그리고 밀가루 반죽, 그리기 재료와 같은 미술활동 재료 등의 놀잇감은 그 자체로 융통성이 있고 조작과 변경이 가능하므로 복합단위로 본다. 마지막으로 종합단위는 복합단위에 놀잇감 종류가 한 가지 이상 더 추가된 경우이며, 밀가루에 밀대, 무딘 칼 등의 도구를 추가하여 제공하거나 모래놀이에 물과 모래를 모두 제공한 경우, 또는 오르기 놀잇감에 상자와 사다리를 제공한 경우 등이 해당된다.

연구자들에 따르면 놀이영역의 복합성 수준에 따라 아동의 놀이행동이 달라질 수 있다. 일단 복합성이 높은 놀이환경일 경우 아동에게 놀이선택의 기회가 좀 더 많아지며, 사회적인 상호작용이 증가하면서 집단놀이 가능성도 증가한다(Kritchevsky, Prescott, & Walling, 1977). 모래놀이 영역에 모래와 함께 물이나 팔 수 있는 도구, 구성 놀잇감 등이 함께 제공되어 복합성 수준이 높아질 때, 그렇지 않은 경우보다 아동들의 집단놀이가 증가하고, 단순한 기능놀이와 극놀이에서 좀 더 인지적인 수준이 높아진 형태의 집단놀이, 구성놀이 등으로 놀이유형이 변화되는 것을 볼 수 있다(김경연, 1998; 인나영, 유안진, 1998).

2) 놀잇감의 유형에 따른 분류

놀잇감은 놀잇감의 유형에 따라 구성 놀잇감, 조작 놀잇감, 모형 놀잇감, 신체 놀잇감, 실물 놀잇감, 자연물 놀잇감, 게임 놀잇감, 전자 놀잇감으로 구분할 수 있다.

(1) 구성 놀잇감

구성 놀잇감은 다양한 방법으로 구성놀이를 할 수 있는 놀잇감을 의미하며, 여러 가지 블록이 포함된다. 구성놀이 놀잇감은 구조성이 낮으며 기본적으로 쌓기와 같은 구성놀이에 유용한데, 이를 활용할 수 있는 놀이방법은 정형화되기보다는 다양하다.

블록은 나무, 플라스틱, 우레탄, 종이, 천과 솜 등의 여러 소재를 활용하여 다양한 크기로 만들어졌다. 또한 블록은 대체로 안전하고 튼튼하며, 연령에 따른 적합성의 관점에서 볼 때 용도가 넓다는 특징이 있다(Hughes, 1999).

블록을 구분하는 또 다른 기준은 블록의 크기다. 크기가 큰 블록은 아동이 두 손으로 옮겨야 하고, 아동의 신체가 들어갈 만큼 큰 공간까지 만들 수 있을 정도로 다양한 구성놀이가 가능하다. 부피는 크지만 큰 블록들은 대체적으로 속이 비어 있으며, 플라스틱이나 하드보드지 등으로 제작된다. 반면, 크기가 작은 블록에 해당하는 것으로는 듀플로와 같은 레고와 영아보다는 유아에게 제공되고 조각의 크기가 대체로 규격화되어 있으며 나무로 제작된 단위 블록(unit blocks)이 있다. 크기가 작은 블록들은 기본적으로 각 블록 조각들을 앉아서 한 손에 하나씩 들고 조작할 수 있게 되어 있으며, 크기가 큰 블록에 비해 좀 더 정교한 표현이 가능하다.

대체로 영아기에는 천, 플라스틱 등으로 만들어져 가벼우면서도 기본 입체도형으로 이루어진 큰 블록을 사용할 수 있다. 아동의 연령이 증가할수록 크기가 작고, 모양이 다양한 블록으로 여러 가지 구성놀이를 할 수 있다.

사진 7-2 단위 블록

영아를 위해 천으로 만들어진 블록

크기가 큰 종이 블록

레고

사진 7-3 구성 놀잇감인 다양한 블록

(2) 조작 놀잇감

대표적인 조작 놀잇감은 퍼즐이다. 다양한 모양과 크기의 퍼즐을 맞추면서 아동은 일대일 대응, 부분과 전체의 관계 개념이 발달하는 데 도움을 얻는다(Johnson, Christie, & Yawkey, 1999). 퍼즐을 처음 시작하는 어린 아동에게는 보통 손잡이가 달린 퍼즐을 제공한다. 이때 퍼즐의 각 조각은 전체 그림의 일부가 아니라 개별적인 그림 전체다. 아동의 연령이 증가할수록 손잡이가 있으나 조각이 더 많은 퍼즐을 제공하다가 점차 손잡이가 없고 조각그림이 있는 퍼즐에 도전해 보도록 한다.

한편, 분류하기 놀잇감, 짝 맞추기 놀잇감, 포개어 쌓는 놀잇감, 끈 끼우기 놀잇감, 나무못 판 등의 놀잇감들은 아동이 놀이를 하면서 자연스럽게 색깔, 모양, 크기, 수, 글자, 개념 등을 학습하는 데 도움이 된다고 기대되는 교육용 놀잇감으로서 조작 놀잇감에 포함된다.

(3) 모형 놀잇감

모형 놀잇감은 사람이나 동물, 사물 혹은 그림동화책, 방송 프로그램 등의 등장인물 등을 모방하여 만든 놀잇감이다. 구체적으로 모형 놀잇감에는 동물 모형, 소

사진 7-4 모형 놀잇감의 예: 부엌가구 모형

꿉놀이용 부엌가구 및 도구, 인형 및 피겨 등이 속한다. 아동들은 모형 놀잇감을 주로 극놀이에 많이 사용하며, 극놀이를 확장하면서 블록, 모래와 같은 다른 놀잇감과 동시에 사용하기도 한다.

(4) 신체 놀잇감

신체 놀잇감에는 아동의 대근육활동과 대근육을 사용한 놀이를 촉진하는 놀잇감이 포함된다. 예를 들어, 다양한 크기와 재질의 공, 장난감 자동차, 그네, 미끄럼틀, 평균대, 평행봉, 기어 들어가거나 나올 수 있는 공간, 잡아당기고 밀 수 있는 수레, 간이 축구/농구 골대, 줄, 자전거, 매트, 고리 던지기, 기어오를 수 있는 사다리 등이 있다.

(5) 실물 놀잇감

실물 놀잇감은 아동이 놀이에서 활용하는 실제 사물을 가리킨다. 아동은 일상생활에서 사용하는 실제 사물을 놀이에서 원래의 사물용도로 활용할 수도 있다. 하지만 가장능력과 상상력이 발달하면서 아동은 실물 놀잇감의 원래 용도에서 벗어나 다양한 가상적인 상황과 용도를 설정하여 극놀이를 진행할 수 있다. 아동들은 자신의 물건을 활용하여 놀이하기도 하지만, 부모의 옷이나 신발, 화장품 등 성인의 물건을 활용하여 놀이하는 것을 무척 좋아한다. 구체적으로 실물 놀잇감에는 가방, 빗, 신발, 모자, 병, 페트병, 상자, 천, 신문, 잡지, 음식, 사진기, 전화기 등이 포함된다.

(6) 자연물 놀잇감

최근 생태교육과 숲유치원이 각광을 받으면서 자연물 놀잇감의 가치에 대한 관심이 증가하고 있다. 자연에서 바로 얻을 수 있는 물, 돌, 모래, 흙, 진흙, 땅, 나무, 나뭇가지, 나뭇잎, 꽃, 솔방울, 열매 등이 자연물 놀잇감에 해당한다. 아동은 자연물 놀잇감을 접하는 자체로 긍정적인 정서를 경험할 수 있다. 또한 자연물 놀잇감은 구조성이 매우 낮아서 아동들이 창의적인 내용으로 놀이를 시작하고 확장하는 데 유익하다고 여겨진다.

특히 모래는 아동의 정서적인 표현과 놀이를 보다 자유롭고 풍요롭게 한다는 점에서 주목받는 놀잇감이다. 일반적인 아동의 놀이장면에서 기존의 놀잇감에 모래(혹은 모래와 물)를 더하면 보다 다양하고 창의적인 놀이가 가능하다. 또한 모래는 아동이 정서적으로 긴장을 풀고, 편안해하고, 비언어적으로 자연스럽게 자신을 표현할 수 있게 하는 데 적절하다고 여겨져, 놀이치료 등의 장면에서 가치 있는 도구로 인식되어 환영을 받는 도구이기도 하다.

자연물 놀잇감의 특징과 가치를 이해하는 것은 자연물 놀잇감을 십분 활용했던 우리나라 전통놀이의 가치를 다시 한 번 생각해 보게 한다. 우리나라 전통 유아놀이 놀잇감은 대체로 자연물을 이용한 경우가 많다는 특징이 있다(유안진, 1990). 예를 들어, 풀싸움, 눈싸움, 그림자놀이 등은 자연물을 그대로 사용하는 놀잇감이었고, 공기놀이, 비석치기, 땅재먹기, 줄다리기, 줄넘기, 제기차기 등은 작은 돌과 볏짚으로 꼰 줄 등을 활용하여 어렵지 않게 만들 수 있는 놀잇감이었다. 물론 그네와 널뛰기 등과 같이 성인이 제작해 주어야 하는 놀잇감도 있었지만, 우리의 전통 유아놀이는 아동이 놀이유형뿐 아니라 놀잇감의 선택 및 제작에 이르기까지 스스로의 놀이를 주도하고 선택하고 진행할 수 있었다는 점에서 주목할 만하다.

(7) 게임 놀잇감

아동들의 게임놀이에 활용되는 게임 놀잇감으로는 윷, 주사위, 도미노, 단순한 카드 게임, 단순한 판 게임, 빙고 게임, 바둑알, 젠가 등이 있다. 게임 놀잇감은 아동이 차례 지키기 등의 간단한 규칙을 기억하고 사용할 수 있을 정도로 인지발달이 이루어졌을 때 적절하게 활용할 수 있다. 간단한 게임에서 시작하여 아동의 집중시간이 길어지고 인지적 수준이 높아지면서 점차 전략을 사용하는 게임에도 도전할 수 있다. 보드 게임 등은 기본적으로 여러 명이 같이 참여하기 때문에 사회성을 기를 수 있는 놀이로 여겨져 교육현장에서 권장되기도 한다.

(8) 전자 놀잇감

전자 놀잇감으로는 건전지로 작동되는 놀잇감과 컴퓨터 게임, 텔레비전과 소프트웨어 프로그램을 사용한 게임 등이 있으며, 최근 사용자가 급증한 스마트폰과 태블릿PC를 활용한 어플리케이션 프로그램도 전자 놀잇감에 포함된다. 아동은 작은 신체 움직임만으로 전자 놀잇감을 쉽게 조작할 수 있으며, 시각 · 청각적으로 화려하고 매력 있는 내용을 경험하거나, 게임할 수 있다. 또한 아동이 전자 놀잇감을 활용하여 놀이하면서 전자책, 글자, 수, 상식, 노래 등을 학습할 수 있다는 점에서 유

아동의 스마트폰 이용의 득과 실

최근 스마트폰의 사용률이 급속하게 증가하면서 아동을 대상으로 한 어플리케이션이 많아졌다. 스마트폰의 경우 부모가 소지하고 있기 때문에 어느 곳에서나 사용이 가능하고, 눈에 띄는 영상과 음향 등이 자극적이어서 아동들이 주의를 집중하게 만든다. 물론 교육용 어플리케이션 중에서 내용의 측면에서 보았을 때, 아동의 언어, 음악, 미술, 상식 등 다양한 능력의 발달을 자극하는 데 도움이 될 수 있다. 하지만 아동들의 스마트폰 같은 전자 놀잇감 사용에 대한 부정적인 의견에도 귀를 기울일 필요가 있다.

이미 우리나라 아동의 스마트폰 이용빈도가 높다고 보고되었으며(육아정책연구소, 2012), 이는 우리나라 아동들이 오랜 시간 전자파에 노출되거나 스마트폰 사용에 중독될 가능성이 있음을 의미한다. 전자파의 경우 아동이 성인보다 휴대전화의 전자파를 잘 흡수하기에(한국전자통신연구원, 2012) 전자파의 유해한 영향을 더 많이 받을 수 있다. 또한 스마트폰 사용에 중독되어 스마트폰을 많이 사용하면 뇌 발달이 균형 있게 이루어지지 못하고 좌뇌가 과도하게 발달하거나 전두엽 발달이 저해되어 충동을 억제하는 능력이 떨어질 가능성이 있으며, 스마트폰 화면처럼 빠르고 강한 감각적인 자극에만 반응하는 '팝콘브레인'으로 뇌 구조가 바뀔 수 있다는 점을 경계해야 한다. 아동이 최신 과학기술이 담긴 도구를 활용하는 방법을 습득하고 즐겁게 놀이처럼 사용할 수 있는 능력을 기르는 것도 중요하지만, 아동의 적절한 스마트폰 이용에 대한 성인의 인식과 부모교육이 필요하다. 만 3~5세 누리과정에서 인터넷과 스마트 미디어 중독을 예방하는 교육과정을 필수로 포함하려는 것도 이러한 노력 중 하나다.

아 및 초등교육 현장에서 차세대 교육도구로 주목받기도 한다. 하지만 전자 놀잇감이 편리한 점이 있기는 해도 아동의 발달에 저해하는 점이 있을 수 있다는 것에 주목할 필요가 있다. 특히 최근에 일상이 될 정도로 보편화된 아동의 스마트폰 사용에 대한 득과 실에 대해 논란이 있다.

3. 놀이의 유형에 따른 놀잇감

놀잇감은 아동의 놀이유형에 따라 구성놀이, 조작놀이, 신체놀이, 극놀이, 언어놀이 놀잇감으로 분류해 볼 수 있다.

1) 구성놀이 놀잇감

구성놀이 장면에서 아동들은 다양한 재료를 쌓아 본다. 가장 대표적인 구성놀이 놀잇감은 블록이다. 블록은 나무, 플라스틱, 종이, 우레탄 등 여러 가지 소재로 제작되고, 크기와 모양도 다양하다. 아동의 발달 수준에 따라 흥미를 유발할 수 있고, 쉽게 집을 수 있다는 특징이 있다. 아동에게 안전한 블록을 선택하여 제공해야 한다.

한편, 구성단위의 모양이 정형화되어 있는 기존의 블록뿐 아니라 자연물 놀잇감인 모래에 물을 더했을 때도 특정한 모양을 만드는 구성놀이가 가능하다.

2) 조작놀이 놀잇감

아동은 조작놀이 놀잇감을 다루면서 소근육을 활발하게 활용할 수 있고, 눈과 손의 협응력과 사고력을 기를 수 있다. 아동은 퍼즐, 가베, 분류하기 놀잇감, 짝 맞추기 놀잇감, 포개어 쌓는 놀잇감, 끈 끼우기 놀잇감, 나무못 판 등의 조작 놀잇감을 활용하여 조작놀이를 할 수 있다.

3) 신체놀이 놀잇감

대근육을 사용하여 신체놀이를 하는 데 사용되는 놀잇감이다. 공, 그네, 미끄럼틀, 정글짐, 평균대, 기어오를 수 있는 사다리, 매달리는 평행봉, 기어 들어가거나 나올 수 있는 공간, 잡아당기고 밀 수 있는 수레, 축구/농구 골대, 줄, 장난감 자동차, 자전거 등이 신체 놀잇감이 해당된다. 신체놀이 놀잇감들은 주로 바깥놀이에서 활용되는 경우가 많지만, 이동반경이 크지 않은 경우 실내놀이터에서도 이용할 수 있다.

4) 극놀이 놀잇감

만 2세 이후 상상능력이 발달하면서 아동은 가정, 병원, 어린이집, 유치원 등에서 직접 경험했거나 상상한 내용을 바탕으로 활발하게 극놀이를 진행한다. 극놀이에 사용할 수 있는 놀잇감으로는 모형 놀잇감, 실물 놀잇감과 자연물 놀잇감, 시판되는 놀잇감 세트 등 다양하다. 극놀이에 사용되는 실물 놀잇감의 예로는 입지 않는 성인의 옷, 안경, 전화기, 보자기, 화장품, 구두 등 가정에서 아동과 성인이 일상적으로 사용하는 물건들이 대표적이다. 요즘에는 병원놀이와 소꿉놀이를 위한 놀잇감을 세트로 제작하여 판매하는 경우가 많으며, 가정과 어린이집, 유치원에도 소꿉놀이 놀잇감 세트를 갖추고 있는 곳이 많다.

가정과 주변에서 구할 수 있는 실물 놀잇감과 자연물 놀잇감으로도 충분히 몰입도가 높은 극놀이를 할 수 있다. 또한 주로 구성놀이에 활용되는 블록과 모래에도 모형 놀잇감이 추가된다면 아동은 얼마든지 훌륭한 극놀이를 할 수 있다.

이처럼 실물 놀잇감과 같이 구조성이 높은 실제적인 놀잇감으로 극놀이가 시작되는 경우가 많지만 블록, 모래와 같이 구조성이 낮은 놀잇감들도 극놀이에 활용된다. 우리나라의 동요가사처럼 아동들은 놀이하면서 모래알로 떡을 하고, 조약돌로 밥을 만들 수 있다.

아동의 발달 수준이 극놀이를 시작하는 시기라면 분명한 목적이 있는 놀잇감을 충분히 제공하는 것이 권장된다. 예를 들어, 만 1세 영아들은 성장하면서 사물의 기능을 점차 알게 되기 때문에 이전에 사물을 단순히 감각운동적인 탐색을 하는 대상으로 다루던 행위에서 발전하여 사물에 기대되는 기능을 따라 적절하게 다루는 빈도가 점차 늘어난다. 이 시기 영아에게 전화기나 깨지지 않는 컵 등의 놀잇감을 제공해 준다면, 처음에는 입에 물거나 던지는 등의 행동을 할 수도 있지만, 성인들이 전화나 컵을 사용하는 행동을 관찰한 후 모방하는 놀이도 점차 시도하게 된다. 이러한 놀이의 반복을 통해 아동은 놀잇감에 대한 친근함과 놀이에 대한 자신감을 높이는 데 도움이 되고, 아동의 가장능력의 발달에 따라 실물과 닮지 않은 놀잇감, 낮은 구조성을 가진 놀잇감으로도 소꿉놀이나 전화통화를 하는 극놀이로 자연스럽게 이어지는 데 도움이 된다. 이러한 점에서 보육현장에서 만 1~2세 영아반의 역할놀이 영역에 다양한 실물 놀잇감과 모형 놀잇감, 인형 등을 풍부하게 제시하는 것은 극놀이를 시작하고 확장하는 데 도움이 될 것으로 보인다.

5) 언어놀이 놀잇감

아동의 언어놀이를 위한 놀잇감에는 영아를 위한 촉감책, 소리가 나는 책, 그림책, 그림과 해당되는 이름이 적힌 카드 및 책, 요리책, 전화번호부, 표시판, 수 어휘 관련 그림책 등과 같이 아동이 눈으로 귀로 언어자극을 경험할 수 있는 매체로서의 언어놀이 놀잇감과 연필, 종이, 지우개, 자석글자판 등 아동이 언어놀이와 관련하여 표현하는 데 사용할 수 있는 언어놀이 놀잇감이 있다.

그 밖에 동화구연에 사용할 수 있는 손인형이나 융판, 동화삽화, 동화구연 내용이 담긴 음성 파일, 애니메이션 등도 아동이 놀이에 활용한다면 언어놀이 놀잇감으로 볼 수 있다.

4. 놀잇감의 조건

아동에게 적절하고 좋은 놀잇감은 발달적, 교육적으로 아동에게 적합하고, 안전성을 신뢰할 수 있는 것이어야 한다.

1) 적합성

(1) 발달적 적합성

놀잇감은 놀잇감을 사용하는 아동의 연령이나 발달 수준에 적합해야 한다. 또한 아동의 발달적 욕구를 채워 줄 수 있고, 아동이 발달하는 데 적절한 자극을 줄 수 있어야 한다.

아동의 발달 수준에 따라 놀잇감을 구분하여 전시하거나 판매할 때, 주로 연령을 기준으로 삼는 경우가 많다. 성인의 입장에서 아동의 연령을 기준으로 놀잇감을 선택하는 것은 가장 쉬운 방법이고, 이는 어느 정도 타당한 방법이다. 하지만 아동발달의 개인차를 고려해 볼 때, 연령을 기본적인 기준으로 하되 아동 개개인의 발달 수준에 따라 놀잇감의 선택을 달리할 필요가 있다. 또한 아동이 성장함에 따라 제공하는 놀잇감의 종류가 달라지기도 하지만, 종류가 같은 놀잇감일 경우에도 아동의 연령과 수준에 따라 놀잇감의 크기와 구조성, 복합성 등의 조건을 달리하여 아동에게 제공할 수도 있다. 예를 들어, 처음 블록놀이를 시작하는 2세 아동에게는 정사각형, 직사각형, 삼각형 등 기본 모양의 큼직한 블록을 제공하는 것이 적절하다. 그리고 아동의 연령이 증가할수록 크기가 작고 섬세한 표현이 가능한 조각의 레고를 가지고 도전해 보도록 한다면 아동의 흥미도 만족시킬 수 있고, 발달 수준에도 적절할 것이다.

연령대에 따라 대표적으로 권장되는 놀잇감의 종류는 다음과 같다(김정준, 김정화, 신유림, 1999; Hughes, 1999). 만 1세까지는 신체감각을 자극하거나 잡고, 누르고, 흔들고, 입에 넣을 수 있는 놀잇감이 필요하다. 예를 들어, 모빌, 딸랑이, 부드러운 블록, 다양한 감촉과 재질의 공, 다양한 인형, 오뚝이, 잇몸이나 이로 씹을 수 있는 놀잇감, 물에 뜨는 물놀이 용품 등이 권장된다. 만 2세는 대근육활동을 특히 좋아하므로 밀거나 끌 수 있는 놀잇감, 영아가 직접 탈 수 있는 수레 같은 작은 탈 것, 낮은 미끄럼틀, 앞뒤로 흔들면 안전하게 탈 수 있는 작은 말 모형 등이 매력적인 놀잇감이 되며, 종이벽돌과 같이 가벼운 구성 놀잇감, 모양 맞추기나 쌓고 포개기가 가능한 조작 놀잇감, 크기가 크고 조각이 적으며 쉽게 맞출 수 있는 퍼즐, 봉제인형, 다양한 역할 놀잇감 등도 적절하다. 또한 이 시기에는 감촉을 느끼며 감각적인 탐색을 할 수 있는 놀잇감으로서 점토, 모래, 물감 등을 제공하는 것도 좋다.

만 3세 아동들에게도 대근육을 활용한 활동적인 놀이가 가능한 놀잇감이 유용하다. 예를 들어, 밀고 당기는 놀잇감은 유아들에게 여전히 매력적이고, 페달을 다룰 수 있는 능력이 이전보다 향상되기에 세발자전거나 네발자전거도 도전할 만한 즐거운 놀잇감이 된다. 이제는 좀 더 정교해진 소근육 조절능력을 반영하여 이전에 사용하던 크기가 큰 블록과 더불어 크기가 작은 블록들도 제공할 수 있다. 소근육 조절능력을 자극하는 구슬에 줄을 꿰는 놀잇감도 적절하다. 특히 이 시기 유아의 주된 특징은 풍부해진 상상력이다. 그렇기에 유아들이 마음껏 극놀이를 할 수 있도록 다양한 극놀이 놀잇감과 손인형 등을 제공하는 것도 유용하다. 또한 물과 모래를 포함한 다양한 자연물 놀잇감도 이 시기에 적합한 놀잇감이다.

만 4~5세에는 대근육 운동이 안정적이며, 미세한 소근육 조절능력이 갖추어지기에 다양한 놀잇감들을 제공할 수 있다. 예를 들어, 자전거와 같은 여러 가지 탈 것과 자르고, 칠하고, 붙이고, 꿰매어 결과물을 만들 수 있는 놀잇감들이 적절하다. 그리고 다양한 크기와 종류의 블록, 유아의 의도를 표현할 만한 구체적인 극놀이가 가능하도록 도울 정교한 실물 놀잇감과 모형 놀잇감, 물과 모래를 포함한 다양한 자연물 놀잇감, 퍼즐 등도 적절한 놀잇감이 된다. 또한 몇 가지 규칙은 있지만 비교적 쉽게 승부가 나는 간단한 게임 놀잇감도 이 시기 유아의 흥미를 끄는 도전적인 놀잇감이 된다.

(2) 교육적 적합성

아동이 놀잇감을 가지고 즐겁게 놀이하는 것이 놀잇감 존재의 일차적인 목표다. 하지만 놀이를 통해 교육적인 효과를 얻는 것도 놀잇감 활용의 중요한 조건이 될 수 있다. 놀이에 몰입한 상태에서 아동은 자연스럽게 자연과 수학, 언어, 사회에 대한 중요한 원리들을 배울 수 있다. 이와 같은 배움은 성인이 교육의 효과를 의도한 놀잇감을 제시했을 때도 발생하지만, 의도하지 않았을 때도 배움은 일어날 수 있다. 예를 들어, 아동은 블록을 쌓고 분해하면서 자연스럽게 다양한 정량적 개념과 공간 개념을 배울 수 있다. 한편, 단위 반복(unit iteration)과 분할(subdivision)의 개념도 이해할 수 있게 된다. 수 세기, 수 어휘 관련 책, 구슬과 같은 수학 관련 놀잇감의 경우 성인이 의도를 가지고 지도했을 때 수감각, 연산, 공간감각, 방향, 도형, 무게 측정, 규칙성, 범주화 등의 교육이 가능하다(이현경, 2011).

그러나 학습의 목적에 너무 치중하면 아동이 놀이의 즐거움을 느끼지 못할 수 있다는 점에 유의할 필요가 있다. 최근에 놀이를 통한 학습을 강조하는 놀잇감이 시중에 많이 나와 있는데, 놀잇감의 일차적인 존재 이유는 아동이 즐거움과 몰입을 경험할 수 있는 놀이를 위함이다.

2) 안전성

놀잇감의 안전성은 가장 기본적인 조건이며, 특히 아동에게 놀잇감을 제시하기 전에 반드시 놀잇감의 안전성을 확인해야 한다. 이미 EU, 미국 등 주요 선진국에서는 놀잇감의 안전을 확보하기 위한 노력을 적극적으로 전개하고 있다. EU(2009)는 유럽에서 판매되는 완구가 세계적으로 가장 높은 수준의 안전 요구사항을 이행함을 보이기 위해 'Toy Safety Directive'를 개정했고, 같은 해 미국도 CPSIA(Consumer Product Safety Improvement Act)의 시행을 시작했다.

놀잇감의 안전성과 관련된 요인으로는 놀잇감의 크기, 재질, 견고성 등이 있다. 놀잇감의 크기와 관련하여 아동이 삼킬 수 있는 크기의 부품이 놀잇감에 포함되어 있는지 확인해 볼 필요가 있다. 또한 놀잇감과 사용된 작은 부품들이 정교하게 연결되어 잘 풀리지 않는지도 확인해야 한다. 손톱만큼 작은 크기의 블록이 포함된 플라스틱 블록의 경우, 후기 아동기에 적절한 구성 놀잇감이지만 삼키지 않도록 주의시켜야 하고, 특히 영아의 경우, 발달 단계상 놀잇감을 삼키기 쉬우므로 놀잇감에 접근하지 않도록 주의해야 한다. 실제로 놀잇감 관련 안전사고는 해마다 증가하고 있으며, 그중 0~3세의 안전사고가 전체의 절반 이상이라는 점(한국소비자원, 2010)에 주목할 필요가 있다.

놀잇감의 재질과 관련해서는 유해한 물질이 함유되었는지를 확인해 볼 필요가 있다. 아동들이 놀잇감을 손으로 조작할 뿐 아니라, 입에 넣을 수 있기 때문이다. 특히 영아들은 놀잇감을 입에 넣고 빨기 쉽다. 전 세계 완구제품의 80% 정도를 중국에서 생산하는 것으로 알려졌으며, 국내기업 제품이더라도 중국에 제작을 위탁하는 경우가 많으므로, 재질의 안전성과 관련하여 특히 주의해야 한다. 실제로 국내에서 유통되는 딸랑이, 삑삑이, 플라스틱 블록/완구 등 아동들의 놀잇감에서 중금속이나 환경 호르몬의 일종인 프탈레이트[1]와 같은 유해한 물질이 검출되는 경

[1] 프탈레이트는 플라스틱 제품을 부드럽게 하는 데 쓰이는 가소제 물질로서 기준치를 초과하여 장기간 노출 시 생식 기능이나 신체 발달 기능에 영향을 줄 수 있다. 선진국에서는 유해물질로 분류해 아동용품에 사용할 수 없도록 규제하고 있으며, 우리나라도 2012년부터 환경보건법 제24조 3항에서 '어린이용품 환경유해인자 사용제한 등에 관한 규정'을 제정하고 프탈레이트의 사용을 제한할 아동용품의 범위를 점차 늘리는 등의 노력을 하고 있다.

우가 종종 있으며, 이는 아동의 입 또는 호흡을 통해 유해물질에 노출될 가능성이 있음을 의미한다. 그러므로 놀잇감을 고를 때는 제조회사, 원산지 등의 제품정보가 명확히 표시되고, KC(자율확인안전표시) 등의 인증표시가 있는 제품을 선택해야 한다.

이 외에도 놀잇감의 안전성과 관련하여 놀잇감의 모서리가 뾰족하지 않은지, 무독성 물감을 사용했는지 등을 확인할 필요가 있다.

5. 놀잇감의 활용과 지도

놀잇감의 선택과 활용의 주체는 주도적으로 놀이를 하는 아동이다. '장난감 없는 프로그램'의 기본 원칙도 아동들이 자신의 필요에 따라 놀잇감을 스스로 만들어 놀이를 하게 되는 것이다. 하지만 국내에서 아동이 경험하는 물리적 놀이환경은 대체로 성인인 부모 또는 교사가 준비하고 제공해 주기 때문에, 아동의 놀잇감 선택과 활용에 대한 성인의 역할에 대해 고민할 필요가 있다. 그리고 성인의 역할 및 개입과 아동의 주체적인 놀잇감 선택과 활용의 균형점을 찾아야 한다.

기본적으로 성인은 아동의 발달 수준에 적절한 놀잇감을 제공할 필요가 있다. 발달 수준에 적절한 놀잇감의 유형을 선택하는 것과 더불어 아동에게 제공되는 놀잇감의 양을 적합한 수준에서 조절할 필요도 있다.

또한 성인은 아동의 놀이장면을 관찰할 필요가 있다. 놀이장면 관찰을 통해 성인은 아동이 파악하지 못해 활용하지 못하고 있는 놀잇감의 특징에 대해 파악할 수 있으며, 필요한 경우 아동에게 이를 시각적, 음성적 혹은 운동적으로 예시할 수 있다. 이와 같은 과정은 아동의 놀이가 이전보다 더욱 확장되는 계기가 될 수 있다.

아동의 놀잇감의 활용과 관련하여 성인의 중요한 역할 중 하나는 아동이 놀잇감을 안전하게 사용하도록 지도하는 것이다. 성인이 놀잇감의 기본적인 안전성을 확인했더라도 아동은 예상하지 못한 안전사고를 당할 수 있다. 그렇기 때문에 놀잇감의 특징에 따라 삼키거나 걸려 넘어지지 않도록 주의할 것을 당부한다.

참고문헌

김경연(1998). 실외 모래놀이 영역의 복합성 수준에 따른 아동의 놀이행동. 연세대학교 대학원 석사학위 청구논문.

김정준, 김정화, 신유림(1999). 유아에게 적합한 125가지 놀잇감. 서울: 창지사.

김진도(1994). 한국장난감 산업의 실태와 수출 증대. 경성대학교 무역대학원 석사학위논문.

배순영, 김현주(2007). 소비자동향. 한국소비자원.

엄정애(2002). 놀잇감의 구조성이 사회적 극놀이에서 나타나는 유아의 상호주관성에 미치는 영향. 유아교육연구, 22(3), 195-215.

오채선(2005). 또래 문화에서 유아들이 사용하는 놀잇감의 의미. 한국교육논단, 4(1), 55-78.

유안진(1990). 전통사회의 유아교육. 서울: 서울대학교출판부.

육아정책연구소(2012). 유아의 스마트폰 이용과 관련한 어머니의 인식. 육아정책연구, 6(1), 20-38.

이병용(2005). 장난감을 버려라 아이의 인생이 달라진다. 서울: 살림.

이현경(2011). 부모 인식을 통한 가정에서의 부모-자녀 간 수학적 상호작용 및 수학 관련 놀잇감 활용 실태 조사 연구. 한국생활과학회지, 20(4), 745-757.

인나영, 유안진(1998). 물 공급의 유무에 따른 7세 아동의 모래놀이 내용과 형태. 생활과학연구, 23, 29-60.

정금자(2003). 육아산업과 관련한 유아 놀잇감의 동향과 과제. 한국일본교육학연구, 7(1), 22-39.

조용태, 장진국(2000). 장난감 놀이 활동이 자폐아동의 상동행동 감소에 미치는 효과. 정서 · 행동장애연구, 16(2), 87-111.

조은진(2000). 유아들의 가상놀이 촉진을 위한 놀잇감 사용: 놀잇감의 구조성을 중심으로. 아동학회지, 21(4), 197-210.

조혜경(2001). 영아의 상징놀이 복잡성에 영향을 미치는 요인. 한국보육학회지, 1, 61-73.

한국소비자원 소비자안전국 생활안전팀(2010). 완구 위해사례 분석 조사. 한국소비자원.

한국전자통신연구원(2012). 전자파 인체영향에 대한 종합연구. 한국전자통신연구원.

홍정선, 최인숙, 안연경(2008). '장난감 없는 교실'에 나타난 유아의 놀이 경험. 열린유아교육연구, 13(5), 249-257.

Garvey, C. (1977). *Play.* Cambridge, MA: Harvard University Press.

Hughes, F. P. (1999). *Children, Play, and Development.* Boston: Allyn and Bacon.

Johnson, J. D. (1983). Context effects on preschool children's symbolic behavior. *Journal of Genetic Psychology, 143,* 259-268.

Johnson, J. D., Christie, J. F., & Yawkey, T. D. (1999). *Play and early childhood development.* New York: Longman.

Kritchevsky, S., Prescott, E., & Walling, L. (1977). *Planning Environment for Young Children: Physical Space.* Washington D.C: NAEYC.

MacLoyd, V. (1983). The effects of the structure of play objects on the pretend play of low-income preschool children. *Child Development, 54,* 626-635.

Mann, B. L. (1984). Effects of realistic and unrealistic props on symbolic play. In T. D. Yawkey & A. D. Pellegrini (Eds.), *Child's Play: Developmental and Applied* (pp. 359-376). Hillsdale, New Jersey: Lawrence Erlbaum Associates.

Olszewski, P., & Fuson, K. C. (1982). Verbally expressed fantasy play of preschoolers as a function of toy structure. *Developmental Psychology, 18,* 57-61.

Pulaski, M. S. (1973). Toys and imaginative play. In J. L. Singer (Ed.), *The child's world of make-believe.* New York: Academic Press.

Stoneman, Z., Cantrell, M. L., & Hoover-Dempsey, K. (1983). The association between play materials and social behavior in a mainstreamed preschool: a naturalistic investigation. *Journal of Applied Developmental Psychology, 4,* 163-174.

Trawick-Smith, J. (1990). The effect of realistic versus non-realistic play materials on young children's symbolic transformation of objects. *Journal of Research in Childhood Education, 5,* 27-35.

Chapter

08

놀이지도전략

1. 놀이지도 시 교사의 역할
2. 놀이유형별 놀이지도

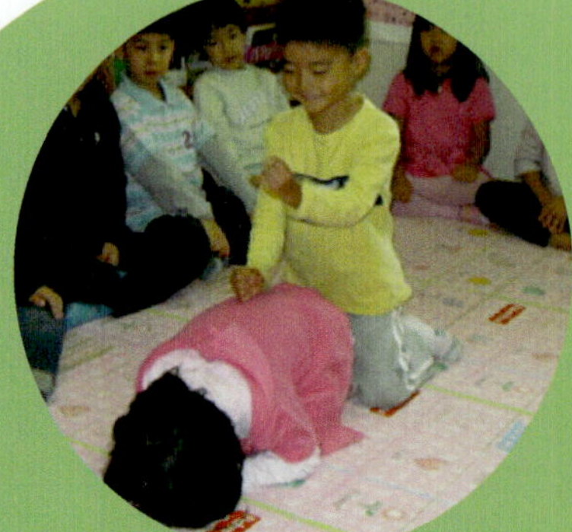

1. 놀이지도 시 교사의 역할

놀이지도 시 교사의 역할에 대해서는 이론마다 다른 입장이 있다. 먼저 정신분석이론에 의하면, 교사의 역할은 놀이를 위한 공간을 제공하고 영유아의 정서적 문제의 해결과정인 놀이를 관찰하고 분석하는 것이다. 즉, 교사는 영유아의 놀이에 간섭하거나 개입하기보다는 소극적으로 관여해야 한다고 강조했다. 교사의 지나친 개입은 영유아의 놀이를 방해한다고 보았으며, 영유아가 자유롭게 놀이하도록 놀이환경을 제공하고 관찰하는 것이 교사의 역할이라고 주장했다.

1960년대 이후, 놀이가 영유아의 지적 발달에 긍정적인 영향을 미치는 것이 밝혀지면서, Piaget와 Vygotsky 등 인지이론에서는 영유아놀이에 대한 교사의 적극적인 개입을 제안했다. Smilansky(1968)는 교사가 영유아의 사회극놀이를 훈련시킨 결과, 놀이의 양과 질 증진에 매우 효과적이었으며 영유아의 인지능력도 향상되었다는 연구결과를 제시했다. 이 결과는 영유아놀이에 대한 교사의 개입효과에 많은 관심을 불러일으켰다. 이후 많은 놀이훈련 연구가 밝힌 긍정적 효과는 영유아놀이에서 교사의 역할이 중요함을 더욱 부각시켰다. Vygotsky의 근접발달영역과 Bruner의 비계 설정 등에 이론적 기반을 두고 놀이에 방해되지 않는 범위 내에서 놀이를 격려하고 활성화하는 교사의 역할을 중시했다. 즉, 교사는 질 높고 풍성한 놀이가 진행되는 데 결정적인 기여를 한다는 것이다. 영유아의 놀이는 교사의 영향을 받는데, 특히 놀이에 대한 교사의 효능감은 놀이에서의 교사행동을 예측할 뿐 아니라, 놀이의 질적인 변화를 가져왔다(Fritz, Miller-Heyl, Kreutzer, & Macphee, 1995). 놀이에 대한 교사의 신념과 효능감은 영유아의 놀이가 단순한 여가활동이 될 것인지, 아니면 학습을 위한 활동으로 전환될 것인지에 대한 방향을 결정한다는 것이다. 예를 들어, 교사가 바깥놀이에 대해 뚜렷한 가치를 두고 영유아를 지도할 때, 교사의 행동이 영유아의 놀이가 더욱 풍부해지도록 촉진했다(Davies, 1997). 놀이에 대한 교사의 효능감이 높을수록 교사는 영유아와 효율적으로 놀이에 참여했다.

이렇듯 교사는 영유아놀이에서 다양한 역할을 수행하며 영유아의 놀이를 촉진하고 발달시키는 데 기여하는데, 그 역할을 구체적으로 살펴보면 다음과 같다.

1) 놀이 계획자로서의 역할

교사는 영유아의 발달 수준과 흥미, 관심을 고려하여 적절한 놀이활동을 계획한다. 특히 교육활동의 주제에 맞는 흥미영역별 놀이활동을 계획하는 것이 교사의 기본적인 역할이다. 영유아의 놀이가 학습과 적절하게 연결되도록 교사는 교육과정의 주제, 교육목표, 내용에 적합한 놀이활동을 계획한다. 즉, 교사는 놀이를 통해 교육과정을 통합한다. 예를 들어, 공룡놀이를 할 때는 공룡의 먹이, 특징, 종류 등에 대해 탐구하고 이를 적용하여 놀이를 한다. 이는 과학, 언어, 수학 등의 교과과정의 내용이 될 수 있으며, 놀이를 통해 습득된 지식은 상호 연관되어 더욱 심층적인 수준으로 통합된다. 또한 교사는 영유아의 놀이가 보다 교육적이며 의미 있는 활동이 되도록 환경을 구성해야 한다. 영유아의 놀이는 놀이환경의 인적 · 물적 조건에 따라 흥미 유발과 교육효과가 달라진다. 영유아의 욕구와 흥미를 자극하는 놀이환경은 영유아놀이에 긍정적인 영향을 준다. 교사는 교실을 다양한 영역으로 배치하고 영유아가 자신의 하루일과를 계획하고 자율적으로 놀잇감을 선택하여 다양한 활동을 경험하도록 배려해야 한다. 놀이환경을 구성할 때 고려해야 할 사항으로는 시간, 공간, 놀잇감, 선행경험 등을 들 수 있다. 이 요인들은 실·내외 놀이의 범위와 질을 결정하는 중요한 요인이다. 교사가 놀이환경을 구성하고 계획할 때 주의할 점을 구체적으로 살펴보면 다음과 같다.

첫째, 놀이시간에는 함께 놀이할 놀이친구를 정하고, 역할과 놀이 참여자를 선정하며, 놀이주제를 계획하고, 의견의 차이를 좁히며, 놀이를 수행하는 등의 활동이 포함된다. 놀이시간이 너무 짧으면 정리할 시간이 되었을 때 서둘러 놀이를 마치게 된다. 이러한 경험이 누적되면 영유아는 짧은 시간에 맞추어 단순한 형태의 놀이(신체적 놀이 등)를 주로 많이 하게 된다. 놀이시간이 충분히 제공되지 않으면 놀이가 확장되기 어렵고 집중해서 수행하는 복잡한 놀이로 전환되기 어렵다. 심도 깊은 놀이활동에 참여하기 어려울 것이며, 단순한 놀이만 반복하는 경향도 발생할 것이다. 예를 들어, 영유아가 구조물을 만들어서 상징놀이를 하려고 계획을 세웠어도 시간이 부족하다면 구조물을 만들기만 하고 종료해야 한다. 즉, 놀이에서 시간은 중요한 요인이며 좀 더 정교한 놀이가 되기 위해서는 영유아가 참여하기에 적당한 시간이 배려되어야 한다. 따라서 교사는 영유아가 놀이하는 동안 급히 서두르지 않도록 충분한 시간을 배정한다. 또한 주어진 시간에 영유아가 계획된 놀이를 모두 수행하지 못했을 경우, 다음 날에도 연속적으로 수행할 수 있도록 배려해야 한다. 놀이에 필요한 시간은 영유아의 연령과 놀이기술에 따라 다르지만 약 30~50분 정도의 자유놀이시간이 필요하다. 단, 영유아에게 매일 충분한 시간의 자유놀이를 제공하기 어려운 경우에는 매일 짧은 놀이시간(10~15분)을 계획하기보다는 자유놀이시간을 1주당 몇 회로 제한하더라도 한 번에 제공되는 자유놀이시간의 길이를 적어도 30분 이상으로 계획하는 것이 바람직하다. 관련된 연구들에서 영유아가 놀이에 참여하려면 최소한 30분~1시간 이상은 지속될 필요가 있다고 밝혔다(Bredekamp & Copple, 1997). 즉, 놀이에 충분한 시간을 할애하는 것이 영유아의 집중력 함양에도 기여한다는 것이다.

둘째, 교사가 영유아들의 놀이환경을 계획할 때에는 다양한 활동이 이루어지도록 적절한 공간을 제공해야 한다. 교사는 영유아의 신체적 · 사회적 · 인지적 학습 상황이 창출되도록 풍성하고 조직화된 놀이환경을 계획해야 한다. 즉, 놀이환경은 안전하고 조직화되고 영유아의 놀이를 자극하는 매력적인 환경으로 구성되어야 한다. 또한 놀이공간을 구분하기 위해서 낮은 장을 이용하여 놀이영역들 간에 경계를 설정할 필요가 있다. 단, 분명한 경계가 필요하지만 복잡한 놀이유형을 수행하기 위해서는 자료를 함께 사용할 수 있는 공간도 필요하다. 교실은 조용한 곳과 시끄러운 곳, 혼자 놀이하는 곳과 여럿이 참여하여 놀이하는 곳, 부드러운 바닥과 딱딱한 바닥 등 공간을 구분하여 균형 있게 배치한다. 공간이 제한적이라면 같은 공간을 시간 간격을 두고 다르게 활용하는 것도 대안이 된다. 놀이공간은 영유아가 활동하고 창의적으로 생각할 수 있게 하는 물리적 환경으로 활동영역을 구성하며, 개별 활동과 대 · 소집단 활동을 할 수 있는 공간과 영역에 알맞은 놀잇감을 제공해야 한다. 예를 들어, 쌓기, 미술작품 만들기, 동극하기 등의 놀이유형을 위한 충분히 넓은 공간을 제공하여 놀이활동이 방해받지 않도록 한다. 또한 블록놀이는 교실의 출구나 통로로부터 떨어진 곳에 배치하는 것이 좋은데, 출입문에 가까이 있으면 영유아들의 작품이 쉽게 망가지고 활동이 방해받기 때문이다.

셋째, 놀이 계획자로서 교사는 놀잇감과 놀이자료를 계획해야 하는데, 자료의 선별 및 교재는 놀이에 중요한 영향을 미친다. 교사는 영유아가 주도적으로 활동하고, 사회적 상호작용을 하도록 자료배치를 계획한다. 균형 잡힌 놀잇감 제공은 놀이의 질을 결정한다. 즉, 놀잇감의 복잡성 정도, 개방성 정도 등을 균형 있게 제공하여 영유아의 놀이경험이 편중되지 않도록 해야 한다. 이는 놀이 참여도를 높이는 요인이 되기도 한다(Prescott, 1987). 또한 교사는 어떠한 자료가 발달적으로 적절한지 결정하여야 한다. 영유아의 연령, 발달 수준과 흥미, 교육활동 주제 등을 고려하여 놀잇감이나 놀이자료를 선택하여 제공한다. 그리고 계획에 따른 결과를 관찰하고 효과를 평가하여 지속적으로 환경을 재구성하는 역할을 수행해야 한다.

넷째, 놀이 계획자로서 교사는 영유아들이 다양한 선행경험을 지니도록 계획해야 한다. 교사는 확장시킬 수 있는 경험과 활동을 제공해야 하는데, 다양한 경험을 제공해야 놀이가 풍부해지고 현실세계만 재현하는 놀이에 머무르지 않을 것이다. 책을 읽고 직접 여러 곳을 다녀보는 경험은 놀이의 표상, 모방의 기초가 된다. 즉, 영유아는 새로운 놀이를 위해 다양한 정보에 노출될 필요가 있다.

2) 놀이 개입자로서의 역할

영유아놀이에 대한 교사의 적절한 개입은 놀이의 유형, 지속시간, 놀이의 질에 중요한 영향을 미친다. 교사 개입의 중요성이 점차 강조되면서, NAEYC의 발달에 적합한 실제(DAP)에서는 영유아놀이를 수용하고 지원하면서 민감하게 반응하는 교사의 역할을 제안했다. 교사가 영유아놀이에 개입함으로써 영유아의 놀이 참여도가 증진되고 놀이의 내용이 다양해진다. 즉, 교사의 효과적인 개입을 통해 극놀이 수준, 상상놀이 수준, 놀이 지속시간 등이 향상되는 결과를 보였다(이윤경, 김여경, 2000; Johnson, Christie, & Yawkey, 1999; Ward, 1996). 또한 쌓기놀이에서 교사의 적절한 개입이 영유아의 쌓기놀이의 지속시간 증진, 다양한 주제 구성, 구조물의 정교화 및 다양화, 쌓기놀이에 대한 여아의 인식 및 선호도 증진 등에 영향을 주었다(이경순, 2007; Hirsch, 1996). 구성놀이에서도 영유아의 놀이시간, 놀이내용의 풍부성, 놀이내용의 결속력 등이 향상되는 것으로 나타났다(유영의, 신은수, 2005). 교사가 영유아놀이에 적절하게 반응하고 개입할수록 집단 기능, 집단 구성, 집단 극화 등과 같은 영유아의 사회적 놀이 수준이 향상되었다. 특히 교사가 지닌 놀이에 대한 효능감은 영유아와의 상호작용, 영유아의 창의력과 문제 해결에 긍정적인 영향을 미치는 요인이었다. 교사의 놀이 개입에 따라 성 관련 놀이형태도 달라질 수 있는데, 교실공간의 밀집도, 흥미영역의 구성과 적절한 놀잇감 제공으로 성유형화된 놀이행동을 변화시킬 수 있다.

그러나 교사의 개입이 항상 효율적인 것만은 아니다. Johnson 등(1999)은 영유아놀이에서 교사 개입의 형태를 교사가 전혀 개입하지 않는 방관자유형부터 학습지도자 역할에 이르는 연속적인 교사 개입을 제시했다. 단, 방관자 혹은 학습지도자와 같은 극단적인 개입은 영유아의 놀이를 방해하거나 단절시킬 수 있음을 지적했다. 지시자나 교수자로서의 교사 역할은 영유아의 가상화놀이를 방해하므로 필요시 짧게만 사용하는 것이 좋다. 특히 지나치게 인지적 놀이를 강조한 교사 개입은 영유아의 사회극놀이에 부정적인 영향을 주며, 과도한 교사 개입은 이미 진행되고 있는 영유아의 놀이를 붕괴시킨다는 연구결과도 있다(Jones & Reynolds, 1992).

따라서 교사는 지나친 개입(지시, 통제, 교수 등)을 자제하며 신중한 관찰을 통해 놀이의 틀이나 내용을 방해하지 않는 범위 내에서 적절한 개입으로 영유아의 놀이를 지원해야 한다. 교사는 영유아의 놀이를 활성화시키기 위한 개입전략을 상황에 따라 융통성 있게 효과적으로 사용한다. 즉, 교사는 놀이지도에 대한 적절한 준비와 개입전략을 가지고 영유아의 놀이 참여 수준을 격려하고 확장시키도록 한다. 놀이 개입에서 교사 주도적 놀이를 강조하는 것이 아니라, 영유아 주도적 놀이를 진행하면서 놀이를 확장시키고 심화시키며 지속시켜야 한다.

놀이가 진행되는 동안 교사는 놀이의 구성원이 되어 함께 노는 놀이자의 역할을 맡을 수도 있고, 적극적 혹은 소극적으로 개입하여 영유아의 놀이를 확장시킬 수도 있다.

① 병행놀이 지도

병행놀이 지도는 교사가 영유아 가까이에서 같은 놀잇감으로 놀이에 참여하여 지도하는 방법이다. 단, 교사는 영유아와 상호작용하거나 영유아의 놀이에 관여하지 않는다. 병행놀이 지도는 일반적으로 기능놀이와 구성놀이에서 발생한다. 예를 들어, 어떤 영유아가 바닥에 앉아 적목을 가지고 놀고 있다면 교사도 영유아 옆에 앉아 적목을 가지고 놀면서 "와, 내가 참 예쁜 집을 만들었다." 와 같은 일상적인 말을 하면서 영유아의 놀이를 자극하지만 영유아가 대화에 참여하도록 하는 시도는 하지 않는다. 특히 병행놀이 지도는 혼자 노는 영유아, 새로 들어온 영유아, 소심한 영유아 등에게 유용하게 활용될 수 있다. 또한 성 역할 고정현상이 나타나는 놀이로 주로 남자 영유아들이 하는 블록놀이 영역에서 여자 교사가 블록을 가지고 참여함으로써 여자 영유아들이 블록놀이를 하도록 격려할 수 있다.

Wood 등(Wood, McMahon, & Cranstoun, 1980)은 병행놀이 지도는 교사가 영유아의 옆에 있다는 사실로 인해 영유아들이 편안함을 느낄 수 있고, 영유아들에게 놀이가 가치 있는 행동이라는 것을 가르칠 수 있다고 하였다. 교사와의 직접적인 상호작용은 없어도 영유아는 교사가 옆에서 병행놀이 지도를 할 때 놀이에 더 오래 참여한다고 한다.

② 협동놀이 지도

협동놀이 지도는 교사가 계속적으로 놀이장면에 참여하되, 영유아 스스로 놀이과정을 조정하도록 주도권을 영유아에게 맡기는 방법이다. 협동놀이 지도는 놀이가 반복적인 형태로 이루어질 때 놀이를 확장하는 데 유용하며, 교사는 놀이에 자연스럽게 개입하고 퇴장하는 것에 항상 주의해야 한다. 즉, 교사는 놀이의 방향을 조정하도록 주제를 덧붙이거나 새로운 놀이소품을 소개하여 놀이를 확장시킬 수 있다. 교사는 새로운 소품, 상황, 역할 등에 관하여 질문을 던지고 영유아의 행동과 질문에 반응함으로써, 영유아와 상호작용하며 놀이를 발전시키는 것이다. 영유아들은 교사의 조언을 받아들이거나 거절할 수 있다.

협동놀이 지도는 적극적 개입이 아니므로 영유아의 놀이를 방해하지 않으면서 이루어져야 한다. 즉, 협동놀이 지도는 교사가 영유아에게 새로운 놀이행동을 가르치는 데 초점을 두지 않는다. 교사들이 영유아들과 친밀감을 형성하고, 놀이의 수준을 높이며, 다양한 놀이유형을 구성하고, 놀이와 관련된 대화를 하면서 다른 영유아를 놀이장면에 끌어들이는 데 초점을 맞춘다. 즉, 협동놀이로 개입하는 경우, 교사는 놀이에 필요한 새로운 놀이 구성요소들을 제시하여 놀이를 확장시키고 풍요롭게 만든다. 협동놀이 지도는 교사 주도적인 개입유형이 아니므로 인지적 · 사회적 기술이 부족하거나 놀이경험이 부족한 영유아에게 많은 도움이 되지는 않는다.

교사가 협동놀이 지도로 놀이를 지도할 때 가장 좋은 방법은 놀이를 지켜보고 있는 교사에게 영유아가 먼저 놀이를 함께하자고 초대하는 경우다. 그러나 영유아들이 교사를 놀이에 초대하지 않는 경우, 교사는 "선생님도 같이 할까?" 라고 말하기보다는 놀이와 관련된 역할을 수행하면서 놀이에 자연스럽게 참여하는 것이 바람직하다. 예를 들어, 병원놀이에 교사가 환자의 역할을 맡아 자연스럽게 협동놀이 지도 유형으로 영유아의 놀이를 확장시키면서 개입할 수 있다.

③ 놀이훈련

놀이훈련은 교사 주도적인 형태로 교사가 직접 놀이에 참여하는 방법이다. 이는 1968년 Smilansky가 이스라엘에서 사회적 극놀이가 활발하게 나타나지 않는 저소득층 영유아를 대상으로 시행한 개입유형이다. 놀이훈련을 통해서 영유아의 사회적 놀이 수준이 증진되고 인지적 발달도 도모되는 것으로 나타났다(Smilansky, 1968; Smilansky & Sheftaya, 1990). 놀이훈련에서 교사는 새로운 놀이주제를 제안하거나, 놀이과정 중에 중요한 역할을 담당하거나, 놀이과정의 부분적인 통제를 하면서 영유아에게 새로운 놀이행동을 가르친다. 이와 같은 놀이훈련에는 행동 습득을 돕는 놀이지도의 형태가 있다.

먼저, 외적 개입은 Smilansky가 구성한 놀이훈련 지도의 한 형태다. 농구경기장에서 코치가 선수들에게 경기를 지도하는 것처럼, 교사는 놀이자로서 참여하지 않고 바깥에서 영유아의 놀이행동을 촉진하기 위해 설명하는 방법이다. 놀이훈련 지도는 영유아들의 경험과 그들의 역할을 바탕으로 지도한다. 교사는 영유아가 선택한 놀이의 역할에 대해 조언하고, 영유아 간의 사회적 상호작용과 언어적 대화를 촉진하거나, 다양한 제안을 통해 놀이를 확장할 수 있다. 이처럼 교사는 놀이 자체에는 참여하지 않으면서 놀이의 시작과 놀이과정을 조절하며, 역할 및 진행에서 영유아에게 도움을 준다.

다음으로, 내적 개입은 교사가 영유아의 놀이에 직접 참여하여 진행되는 놀이의 일부분을 담당하면서 적극적으로 영유아와 함께 놀이하는 형태다. 교사는 영유아에게 새로운 놀이행동을 보여 주거나 주요 역할을 하며 다양한 행동과 언어적 상호작용을 지시한다. 내적 개입은 교사의 개입유형 중 가장 적극적인 개입방법으로, 교사가 모델링으로 참여하여 영유아에게 새로운 기술을 가르치는 데 효과적이다. 내적 개입은 교사의 놀이에 대한 개입 정도나 교사의 의도가 외적 개입에 비해 큰 것이 특징이다.

이와 같이 놀이훈련 지도는 놀이에 효율적으로 참여하지 못하는 영유아에게 직접적인 명령이나 지시를 통해 놀이의 방향을 제시하거나, 직접 놀이의 동반자로서 개입하는 것이다. 교사는 주도적이고 적극적인 역할을 하며 새로운 놀이를 시도할 수 있다.

Wolfgang 등(Wolfgang & Sanders, 1982)은 놀이 개입에서 개방성과 구조성의 정도에 따라 개입유형을 일직선상에 제시했다. Wolfgang과 Sanders는 교사 개입을 단계적으로 구분하여 응시, 비지시적 진술, 질문, 지시적 진술, 모델링, 물리적 개입 등의 교사지도 연속모형(Teacher Behavior Continium, TBC)을 제안했다. 교사가 영유아중심의 개방적인 입장에서 교사중심의 구조화된 지도를 통해 교사가 영유아들에게 연속선상의 지속적인 조치를 취할 수 있다고 강조한 것이다. 가장 개방적인 형태는 '응시' 이며, '비지시적 진술하기' , '질문하기' , '지시적 진술하기' , '모델링하기' , '물리적으로 개입하기' 등의 순서로 점차 구조적인 개입유형으로 구분한다.

한편, 교사가 영유아의 놀이에 성공적으로 개입하기 위해서는 개입시기가 중요하다. 적절한 시기의 개입은 영유아의 놀이를 확장하고 풍부하게 할 수 있으나 잘못된 시기의 개입은 놀이를 방해하거나 완전히 끝나게 할 수 있다. 개입시기는 놀

tip 교사의 개입이 필요한 시점

- 유아가 친구나 놀잇감을 가지고 전혀 놀이하지 않을 때
- 복잡한 놀이주제를 유지하기 위해 적절한 지원이 필요할 때
- 학습을 위한 결정적인 순간이 일어났을 때
- 유아가 성인을 놀이상황으로 초대할 때
- 유아가 자신이나 타인에게 해를 가하고 자료를 잘못 사용하거나 규칙을 위반하였을 때
- 유아 혼자서 고립되어 있거나 사회적 위기에 있다고 판단될 때
- 유아가 교사의 개입을 요구할 때
- 교사가 유아의 놀이를 관찰한 후 유아의 놀이를 확장시키고자 할 때

출처: Trawick-Smith (2001).

이에 참여하고 있는 영유아를 깊이 관찰하여야 알 수 있다.

위와 같은 상황에서 교사가 놀이에 개입하여 상호작용함으로써, 영유아의 놀이를 보다 풍성하게 확장시킬 수 있다. 그러나 영유아가 놀이에 몰입하고 있을 때에는 교사의 개입이 방해되므로 불필요한 개입을 하지 않는 것이 바람직하다.

tip 성공적인 개입전략

- 영유아에게 놀이가 가치 있는 활동으로서 교사가 중요하게 여기는 활동이라는 것을 간접적으로 알려 줄 수 있다.
- 교사가 놀이에 적극 참여하면 영유아는 교사를 권위적으로 인식하지 않고 함께 놀이에 참여할 수 있는 관계로 생각하게 된다.
- 교사가 놀이에 참여할 때 놀이의 지속시간이 길어져서 보다 높은 수준의 놀이가 나타난다.
- 교사가 영유아의 놀이에 참여함으로써 놀이가 보다 확장되는 것을 알 수 있다.

출처: Johnson et al. (2002).

3) 놀이 관찰자로서의 역할

교사는 관찰하면서 영유아 놀이의 전체적인 흐름을 파악할 수 있다. 영유아의 놀이를 관찰함으로써 놀이를 확장하고 발전시키기 위해 필요한 일이 무엇인지 알 수 있으며, 이를 토대로 놀이에 개입할 수 있다. 교사는 다양한 관찰방법을 통해 놀이유형, 영역 선택, 상징놀이에서 빈번하게 나타나는 주제 등을 살필 수 있다. 영유아의 놀이가 진행되는 동안 교사는 체계적인 관찰로 영유아의 놀이 수준과 발달 정도, 또래관계, 보완하여야 할 놀이환경 등에 대해 인식한다.

교사는 필요에 따라 놀이 관찰 척도를 이용하여 관찰내용을 수집할 수 있다. 놀이 관찰을 위해 교사가 손쉽게 이용할 수 있는 척도는 사회적 · 인지적 놀이 수준 평가척도, 자신이 개발한 체크리스트 등이 있다. 교사 자신이 직접 개발한 체크리스트를 통해 영유아의 놀이를 관찰하고 기록할 수 있는데, 예를 들어 놀이자료 목록표를 만들어 영유아가 자주 사용하는 놀이자료를 체크하거나, 활동영역별 참여 빈도를 조사하는 양식을 사용하여 선호영역을 알아볼 수도 있다. 다양한 관찰법을 사용함으로써 교사는 영유아의 놀이를 보다 체계적으로 관찰하고 놀이에 나타나는 문제점을 객관적으로 파악하여 이를 토대로 놀이지도를 계획한다.

교사는 놀이를 관찰하면서 놀이의 양적 · 질적인 확장을 위한 개입이 적절한 시기에 적절한 수준으로 이루어지도록 해야 한다. 또한 관찰을 통해 교사는 놀이를 확장하기 위한 개입시기를 알 수 있다. 놀이에 개입하기 전에 우선 진행 중인 놀이를 주의깊게 관찰해야 하는데, 이렇게 하지 않으면 교사의 참여는 나쁜 영향을 줄 수 있다. 또한 놀이유형도 관찰을 통해 이해할 수 있는데, 어떤 영유아가 상징놀이를 하거나, 배회하거나, 연합놀이를 하거나, 혼자놀이를 하는 등에 대부분의 시간을 보내는 것을 관찰하면서 영유아들의 놀이유형을 파악할 수 있다. 이처럼 놀이에 대한 관찰을 통해, 교사는 영유아의 행동을 이해하게 되고 어떻게 중재하고 놀이유형을 확장시킬지 판단할 수 있다. 교사가 능숙하게 관찰하면 영유아는 다양한 수준의 놀이기술을 경험할 수 있는 기회를 갖게 된다. 관찰을 통해 발견한 놀이에서 발생하는 여러 가지 문제는 다양한 개입유형과 문제해결 기술을 통해 직 · 간접적으로 개입하므로 보다 활발한 놀이가 이루어질 수 있다.

한편, 영유아의 놀이에 교사가 성공적으로 개입하기 위해서는 우선 영유아의 놀이를 주의깊게 관찰해야 한다. 이같이 관찰을 통해 영유아의 수준을 파악하기 때문에 영유아의 발달 수준에 적합한 놀이자료를 제공하는 것도 중요하다. 즉, 관찰을 통해 교사는 영유아의 신체, 언어, 인지, 사회성, 정서 영역 등의 발달 수준을 평가해야 한다. 예를 들어, 교사는 영유아가 문제를 해결하는 방법을 관찰하면서 영유아의 인지 수준을 평가할 수 있다. 교사는 영유아에게 "만일 ~한다면 무슨 일이 일어날까?" 또는 "왜 그렇게 생각하니?" 등의 질문으로 의사소통을 하면서 영유아의 놀이를 확장시키기도 하며, 영유아의 언어 발달 수준을 통찰할 수 있다. 교사는 영유아의 놀이를 통해 영유아의 정서적인 측면에 대한 통찰도 가능하다. 영유아가 놀이할 때 감정이 불안한지, 두려움이 있는지 등이 나타나기 때문에, 교사는 영유아의 정서 상태를 인지하고 어떤 상황에서 특히 영유아가 불안해하는지 알 수 있다. 교사가 매주 각 영유아에 대해 1~2개 정도의 놀이 관찰을 기록하는 것은 영유아 발달에 대한 상세한 정보를 제공한다. 교사는 놀이에 대한 영유아의 참여도 및 흥미를 평가하며, 놀이활동이 계획된 대로 적절히 진행되고 있는지 살펴보아야 한다. 또한 계획 자체가 영유아의 발달 수준이나 흥미, 사전경험 등에 비추어 적절한지, 교사의 개입이 적절했는지 등을 지속적으로 평가해야 한다. 이러한 평가를 토대로 교사는 놀이를 수단이나 매개체로 활용하여 효과적인 교육을 진행할 수 있다.

영유아의 놀이를 이해하는 가장 좋은 방법은 자연적인 상황에서 영유아를 관찰하는 것이다. 영유아의 놀이를 관찰할 때는 놀이가 관찰되고 있는 맥락적 변인을 고려해야 한다. 영유아의 놀잇감, 놀이환경, 상호작용하는 또래 등은 영유아의 놀이행동에 직접적인 영향을 미치는 변인이므로, 이에 대한 관찰도 수반되어야 한

*** 놀이 관찰 척도**

– 사회적 · 인지적 놀이척도

유아 이름________ 날짜________ 장소________

인지적 수준 / 사회적 수준	기능놀이	구성놀이	극놀이	규칙 있는 게임
혼자놀이				
병행놀이				
사회놀이				

: 비몰입 · 방관자적 행동 · 전이행동 활동

비놀이				

출처: Pellegrini & Boyd (1993).

– Howes의 또래놀이 척도

날짜	0수준 혼자 놀이	1수준 단순 병행 놀이	2수준 상호 인식	3수준 단순 사회 놀이	4수준 상호 보완적 놀이	5수준 협동적 사회 가작화 놀이	6수준 복합적 사회 가작화 놀이	성인 개입	환경과 자료

출처: Howes & Matheson (1992).

– Penn 상호작용 또래놀이 척도

놀이행동 목록	관찰되지 않음 1	가끔 관찰됨 2	자주 관찰됨 3	매우 자주 관찰됨 4
1. 놀이 방해				
싸움이나 논쟁을 시작한다.				
다른 영유아들에게 거부된다.				
차례를 지키지 않는다.				
놀잇감을 나누지 않는다.				
일러 바친다.				
다른 영유아의 사물을 파괴한다.				
언어적으로 공격한다.				
울거나 불평하거나 화를 낸다.				
다른 영유아의 물건을 빼앗는다.				
신체적으로 공격적이다.				
2. 놀이 단절				
놀이집단 주변을 배회한다.				
위축되어 있다.				
목적 없이 방황한다.				
다른 영유아들이 무시한다.				
놀이집단에 초대되지 못한다.				
놀이에 초대되었을 때 거절한다.				
놀이할 때 혼란스럽다.				
교사의 지시가 필요하다.				
불행해 보인다.				
한 활동에서 다른 활동으로 전이하는 데 어려움이 있다.				
3. 놀이 상호작용				
생각을 공유한다.				
다른 영유아들을 돕는다.				
다른 영유아들을 리드한다.				
갈등을 해결하도록 돕는다.				
다른 영유아의 행동을 예의바르게 지시한다.				
다른 영유아들이 놀이에 참여하도록 격려한다.				
놀이 내용이나 활동을 구성하는 데 창의성을 보인다.				

출처: Fantuzzo, Sutton-Smith, Coolahan, Canning, & Debnam (1995).

다. 또한 영유아의 놀이는 교실이나 영유아의 가정과 같은 다양한 놀이환경에서 놀이행동을 표집하여 관찰결과를 종합하여 전반적인 평가를 내리는 것이 바람직하다. 교사는 영유아가 놀이하는 동안 안전한 환경에서 편안한 마음으로 놀이하도록 배려해야 한다. 놀잇감이 위험하거나 파괴적이지 않은지 지속적으로 점검하며, 놀이과정에서 공격적인 행동이 있는지 혹은 놀잇감을 교육적 목적과 용도에 맞게 의미 있게 사용하는지 감독하여야 한다.

교사는 놀이 평가를 통해서 놀이와 학습에 대한 실질적이고도 과정적인 평가자료를 수집할 수 있다. 놀이 평가를 하면서 교사는 놀이를 확장하고 풍부화하기 위해 필요한 시간과 공간, 놀잇감, 사전경험 등을 인식하고, 제공할 시간 또한 파악할 수 있다. 교사는 평가를 통해 얻은 정보를 상호작용과 변화를 위한 지침으로 삼을 수 있다. 관찰을 통해 인기 있는 영역과 인기 없는 영역을 파악할 수도 있는데, 영역의 유용성을 알아봄으로써 다양한 영역에 균형 있게 참여하도록 해야 한다.

4) 놀이 상호작용자로서의 역할

교사는 영유아의 사고를 확장시키기 위한 상호작용에 참여하기도 한다. 영유아들과 놀이를 하면서 영유아의 사고를 더 넓히고 놀이형태를 발전시킬 수 있다. 잘 구성된 놀이상황은 영유아가 자신의 사고를 더욱 정교하게 확장하는 데 적합한 자극제 역할을 한다. 영유아가 놀잇감을 선택할 때, 문제상황을 해결하려고 할 때 등은 자신의 사고력을 키우고 좀 더 유연하고 폭넓은 사고를 갖도록 도전받는다. 특히 놀이가 진행되는 동안 다양한 갈등이 일어날 수 있다. 갈등은 주로 또래의 행동을 통제하려고 하는 것과 놀잇감의 소유문제 때문에 발생한다. 또래를 통제하려고 하는 데서 오는 갈등을 사회적 갈등이라 하는데, 연령이 증가하면서 놀잇감으로 인한 갈등은 감소하고 사회적 갈등은 증가한다. 연령이 낮은 영유아들은 신체적 힘이나 싸움으로 상대방의 소유물을 빼앗거나 상대방을 때리는 행동을 많이

교사가 흔히 사용하는 갈등해결전략

- 서로 때리지 않고 대신 '언어'를 사용하기
- 순서대로 행하기
- 한동안 자신의 잘못을 생각해 보기
- 갈등의 원인이 되는 요인을 제거하기
- 다른 활동에 참여를 권유하기

나타내며, 연령이 증가할수록 위협과 같은 강력한 구두의 전략을 이용하기도 한다. 또한 연령이 증가할수록 영유아는 호의적인 제안에 또래가 더 관심을 보이는 것을 안다. 이와 같은 또래 간의 갈등은 교사의 개입 없이도 자연적으로 해결되는 경우가 많다. 한 영유아가 또래를 굴복시켜서 갈등을 해결하면 영유아들은 상호작용을 중단할 수 있다. 반면, 또래의 요구에 회유적인 반응을 보이면 상호작용이 지속되는 경향이 있다. 때로는 교사가 영유아들의 사회적 갈등에 개입하여 문제해결에 도움을 주어야 하는 경우도 있다. 이때 교사는 다양한 해결방안을 생각할 수 있도록 대안을 알려 주어 스스로 문제를 해결할 수 있도록 돕는 데 초점을 맞추어야 한다.

교사는 놀이하는 동안 영유아와 적극적으로 상호작용을 해야 한다. 교사의 적절한 상호작용은 영유아의 놀이활동을 촉진하여 놀이과정에서 영유아의 경험을 심화시키고 확장시키는 기능을 한다. 상호작용자로서의 교사의 역할은 놀이상황에 따라 대화하지 않고 관찰하는 비구조적인 방법에서부터 격려, 질문, 지도 등 적극적인 개입에 이르기까지 수준이 다양하다. 이때 교사의 세심한 관찰을 통해 개입의 필요성 여부, 적절한 시점, 적절한 상호작용의 유형을 선정하는 것이 중요하다. 예를 들어, 영유아의 놀이가 단순하게 진행될 때 적절한 질문만으로 도움이 되는 경우가 있다. "~을 가지고 무엇을 할 수 있을까?", "~은 앞으로 어떻게 될 것 같아?", "또 다른 좋은 방법은 없을까?" 등과 같이 상황이 어떻게 진행되는지 질문함으로써 놀이진행을 촉진하고 확장시킬 수 있다. 단, 개입이 필요한 시기에 적절한 수준의 상호작용으로 교사가 참여하는 것이 중요하다.

또한 교사는 영유아와 상호작용하며 놀이를 진행시키는 동안 교사 자신이 놀이를 좋아하는 태도를 가지고 영유아들이 놀 수 있게 가르친다. 교사의 놀이에 대한 즐거움은 영유아들에게 귀감이 되고 놀이가 중요하다는 것을 전달한다. 영유아에게 놀이하도록 가르치는 방법은 놀이의 짝으로 참여하는 것에서 놀이상황을 만들어 놀이를 위한 틀을 만드는 것까지 다양하다. 영유아와 놀이를 함께하는 교사는 영유아에게 놀이는 하찮거나 무의미한 것이 아님을 가르치는 것이 중요하다.

유아의 놀이에 너무 많은 규칙과 강제를 부과하는 것은 삼간다. 영유아가 자신의 놀이 속에서 자율적 추론을 연습할 때 스스로 규칙을 발달시킬 수 있도록 허용하며 갈등을 해결할 수 있는 기회를 제공한다. 이로써 영유아는 놀이 가운데 규칙이 존재하는 이유를 배울 수 있고 이를 지키고자 하는 동기를 부여받는다. 만일 교사가 영유아들에게 해야 할 것과 해서는 안 될 것을 일률적으로 제공한다면, 그들은 자율적으로 생각하고 결정하는 경험을 박탈당하는 것이다. 이것은 영유아가 놀이하는 동안 또래를 괴롭히거나 해치는 것을 허용한다는 의미가 아니다. 영유아가 할 수 있는 행동의 한계를 설정하여 그 한계 안에서 자유롭게 자신의 놀이를 진행할 수 있도록 도와주어야 한다는 것을 의미한다.

2. 놀이유형별 놀이지도

1) 구성놀이 지도

영유아들은 블록을 사용하여 자기 힘으로 구조물을 만들고 그것이 마음에 들었을 때 기쁨, 만족감, 성취감을 느낀다. 자신에게 기쁨과 만족감을 주는 구조물은 반복해서 만드는 경향이 있다. 또한 영유아는 다른 사람과 함께 구성놀이를 하면서 자신의 생각을 말하며, 함께 만들기를 계획하고 다른 사람의 생각을 듣고 인정하는 경험을 하게 된다. 구성놀이를 하는 동안에 영유아들은 서로 블록을 공유하며 협동하는 등 사회적 기술을 배울 수 있다. 영유아 스스로 만든 구조물을 이용하여 다양한 가상놀이를 함으로써 자신의 경험을 재창조하고 여러 가지 역할을 통해 다양한 역할을 이해하고 필요한 규칙도 배울 수 있다. 구성놀이를 진행하면서 영유아들은 많은 신체활동을 하게 되는데, 대근육과 더불어 손과 눈의 협응력, 소근육도 발달된다. 구조물을 만들었다가 마음에 들지 않으면 부수고 다시 만들 수도 있다. 이때 거리낌 없이 구성물을 만들고 부수고 함으로써 에너지를 발산하고 평소에 억압되었던 좌절, 질투심, 불안 등의 감정을 해소할 수도 있다.

블록은 수학적 비율에 따라 만들어졌으므로 영유아는 블록놀이를 통해 수학적 개념을 배울 수 있다. 블록을 크기와 모양에 따라 나누어 봄으로써 분류능력이 발달되며, 크기나 길이, 양 등을 기준으로 순서대로 놓아 봄으로써 순서 짓는 능력도 발달된다. 블록의 모양에 따라 삼각형, 사각형, 직육면체, 정육면제, 원기둥 등의 기하도형 이름도 배운다. 또, 자신이 만든 구조물을 관찰하고 다른 것과 비교하면서 인과관계를 예측하는 등 과학적 소양을 기를 수 있다.

블록을 놀이에 활용하는 과정을 Johnson은 7단계로 제시했다. 1단계는 블록을 이리저리 옮기는 단계로, 2세 정도 된 영유아들은 블록을 이리저리 옮기기만 하고 무엇을 만드는 놀이는 거의 하지 않으며, 불규칙적인 형태로 쌓기를 하는 경우가 있다. 이 단계는 주로 블록을 탐색하는 활동을 한다. 2단계는 구조물을 만들기 시작하는 단계로, 블록이나 적목을 수평으로 늘어놓거나 수직으로 쌓아서 줄을 만든다. 단순한 형태의 블록 구조물을 반복하여 만드는 가운데 각 블록의 특성을 이해하게 된다. 3단계는 다리를 만드는 단계로, 영유아는 조금 더 복잡한 구조물을 만들 수 있게 된다. 2개의 블록을 간격을 두고 세운 후, 다른 블록을 위에 얹어서 다리를 만든다. 이때 균형, 안정, 블록의 길이 등에 대한 새로운 인식이 가능해진다.

4단계는 폐쇄공간을 만드는 단계로, 사각형 등의 모양으로 폐쇄된 공간을 만들 수 있다. 5단계는 장식적 패턴이 나타나는 시기로, 폐쇄공간을 정교하게 구성하며 균형을 맞춘 패턴을 만든다. 6단계는 구조물에 이름을 붙이는 단계로, 자신이 만든 구조물에 이름을 붙여 소꿉놀이에 사용한다. 7단계는 블록에 의한 표상이 활발한 단계로, 영유아는 블록을 이용하여 실제와 좀 더 비슷한 구조물을 표상화할 수 있다. 이러한 단계가 순차적으로 나타나지만 중복되어서 나타나거나 건너 뛰어 나타날 수도 있다. 교사는 영유아의 발달 수준을 고려하여 확장된 구성놀이가 가능하도록 격려해야 할 것이다.

구성놀이 영역에서의 교사의 주된 역할은 자기주도적인 블록놀이의 발달적 가치를 관찰하고 평가하는 것이다. 구성놀이 영역에서 영유아의 놀이를 활성화하기 위한 교사의 역할을 살펴보면 다음과 같다. 먼저, 교사 자신이 스스로 구성놀이에 흥미를 보이거나, 영유아와의 놀이활동에 참여함으로써 구성놀이가 가치 있는 활동이라는 것을 보여 준다. 또한 교사는 영유아의 요구에 민감하게 즉각적으로 반응하여 필요한 소품을 제공함으로써 놀이가 확장되도록 지원한다. 교사는 영유아들의 구성놀이 과정을 주의 깊게 관찰하여 개입의 시기와 정도를 파악한 다음 적당하게 개입하고 지지할 필요가 있다. 구성놀이를 하는 중에 적절한 질문을 제공함으로써 영유아들의 사고력과 구성능력이 발달되도록 촉진한다.

구성놀이 영역에서 갈등이나 문제상황이 일어나면 대안적인 활동을 제시하거나, 문제를 정확히 파악하여 갈등이 최소화되도록 한다. 예를 들어, 구성놀이 영역의 공간이 비좁아서 영유아들이 서로 쌓기를 하면서 상대방의 작품을 본의 아니게 부수어 갈등이 일어난다면, 공간을 좀 늘리거나 구성놀이를 하는 시간을 따로 정해서 교실의 가장 넓은 공간에서 구성놀이를 수행하게 하는 것이 효과적이다. 구성놀이를 통해 영유아들은 조작능력, 구성능력, 창의력뿐 아니라 자부심과 보람을 느낄 수 있기 때문에 구성놀이에 대한 교사의 장려가 중요하다. 또한 교사는 블록의 정리방법을 제시하고 격려함으로써 영유아들이 즐거운 마음으로 정리과정까지 참여할 수 있도록 지도해야 한다. 이때 영유아들의 놀이가 충분히 이루어지고 스스로 조절하여 마무리 지을 수 있도록 정리시간을 미리 정하고 약속에 따라서 정리를 시작하는 것이 효과적이다.

다음으로 점토놀이도 구성놀이에 포함되는데, 영유아들은 다양한 물질을 두드리고 누르고 밀고 당기고 모양을 만드는 것을 좋아한다. 점토(찰흙)는 형태가 변화하는 조형물로 이용될 수 있다. 점토로 모양을 만들면서 촉감을 느낄 뿐 아니라, 대 · 소근육, 협응력, 근력을 기르고 정서적인 만족감도 느낀다. 점토를 통해 영유아는 평면과 원통, 구와 같은 형태 개념을 알 수 있으며, 자신의 생각을 작품으로 표현해 보는 기회를 갖는다. 영유아들이 주로 사용하는 점토에는 찰흙(자연점토), 고무점토, 지점토, 밀가루점토 등이 있다.

교사는 점토의 성분에 따른 특성을 알 수 있도록 다양한 경험활동을 제공해야 한다. 예를 들어, 찰흙은 도자기 그릇의 성분이며 열과 물을 가하는 정도에 따라 상태가 달라짐을 이해하는 활동을 계획하고 수행해 볼 수 있다. 또, 고무점토와 밀가루점토도 다른 성분과 특성이 있음을 이해하도록 직접 체험활동을 진행하는 것이 효과적이다. 고무점토는 기름성분이 있어 먼지가 쉽게 달라붙으나 끈적이지 않고 부서지거나 손에 묻지 않아 촉감이 부드럽다. 따라서 영유아에게 찰흙과는 다른 느낌과 즐거움을 줄 수 있다. 또, 밀가루점토는 영유아에게 위험하지 않으며, 점토를 이용하여 요리로 확장하여 놀이를 진행시킬 수 있다. 찰흙을 손에 묻히는 것을 주저하는 영유아들도 밀가루점토는 쉽게 만지는 경향이 있다.

또한 교사는 점토를 통해 영유아들의 창의성이 계발되도록 격려할 수 있다. 특히 점토는 사용방법이 정해져 있지 않으므로 영유아들이 자신의 생각을 자유롭게 표현해 보도록 하고, 이들의 작품을 인정하며 칭찬한다. 이때 점토를 지나치게 얌전히 사용하도록 통제하는 것은 바람직하지 않다. 영유아는 점토를 치거나 세게 두드리면서 부정적인 감정과 긍정적인 감정 모두를 표현할 수 있다. 즉, 점토놀이를 통해 영유아는 자신의 한계와 좌절감과 관련된 부정적인 감정이 분출될 수 있

사진 8-1 구성놀이

으며, 점토를 세게 두드리면서 공격적인 충동을 밖으로 표출하는 기회가 된다. 또한 점토놀이를 하면서 영유아는 자신의 힘으로 물체가 변화되는 것을 느끼며 스스로 통제하는 능력도 기른다.

2) 조작놀이 지도

조작놀이는 게임판과 게임카드, 그림 맞추기 카드, 구슬 등과 같이 일반적으로 영유아들이 책상 위에서 개별적으로 가지고 놀 수 있는 교구 및 놀잇감들과의 상호작용을 통한 활동을 의미한다. 조작놀이는 영유아의 개별적인 탐색이 많이 이루어지는데 눈과 손의 협응력이 발달되며 소근육, 수 개념, 모양과 크기 개념이 형성되면서 논리적 · 수학적 사고력을 키울 수 있다. 또한 집중력과 지구력이 증진되며 문제상황에서 탐색과 극복의 과정을 통해 자신감과 자율성이 발달된다.

조작놀이가 활발히 진행되도록 교사는 영유아의 흥미와 발달 수준, 진행되고 있는 주제내용에 따라 놀잇감을 선택하고 제공해야 한다. 영유아의 놀이 참여 수준을 민감하게 파악하여 시기적절하게 놀잇감을 교체해서, 영유아들이 어느 정도의 자신감과 도전의식을 가지고 해결할 수 있는 경험을 하도록 지지해야 한다. 또한 정확한 답이 있는 놀잇감과 여러 가지 답이 가능한 개방적 놀잇감을 고르게 분배하여 제공한다. 조작 놀잇감은 놀잇감을 구성하는 일부분이라도 없어지면 놀이가 불가능하므로 잃어버리지 않도록 잘 정리한다.

유아들의 조작놀이를 활성화시키는 데 교사의 역할은 다양하다. 교사는 환경 구성자, 놀이의 촉진자, 놀이활동의 모델, 놀이 수행평가자 등의 역할을 담당할 수 있다. 먼저, 환경 구성자로서 교사는 영유아의 발달 정도를 민감하게 파악한 다음 영유아의 인지능력과 손가락운동을 조정하는 근육의 발달 등을 고려하여 적절한 놀잇감을 제공하는 것이 중요하다. 예를 들어, 손가락근육이 아직 잘 발달되지 않은 영유아에게 리본 묶기나 작은 단추 꿰기 등을 제공한다면, 영유아는 제대로 수행하지 못하면서 좌절감과 실패를 경험할 수 있다. 따라서 조작활동을 제시할 때는 영유아가 자신감을 갖고 수행할 수 있는 단순한 조작놀이에서 어느 정도의 도전의식을 가지고 수행해서 성공경험을 만들 수 있는 복잡한 수준으로 순차적으로 제공해야 한다. 이때 영유아들의 개인차를 고려하여 각 영유아들이 적절한 수위 조절을 하면서 조작놀이에 참여하도록 비교적 여러 수준의 조작놀이 놀잇감을 제공하는 것이 바람직하다. 또한 영유아들이 집중해서 조작놀이에 참여하도록 편안하고 안락한 환경 분위기를 제공하는 것도 환경 구성자의 중요한 역할 중 하나다. 즉, 소음이 많이 발생하거나 너무 시끄러운 영역과 가까이 배치하는 것은 영유아들의 수행을 방해할 수 있으니 주의해야 한다.

둘째, 영유아의 조작놀이를 활성화하기 위한 놀이 촉진자로서의 역할이 있다. 예를 들어, 영유아가 변화가 없는 단순하고 같은 수준의 조작놀이를 계속 수행한다면 교사는 적극적으로 개입할 필요가 있다. 영유아가 놀이하는 동안 의사소통을 수반하도록 촉진하여서 영유아의 어휘력 증진과 수 세기 등의 특정 개념 학습에 도움을 주도록 한다. 영유아가 조작놀이를 하면서 문제 해결을 스스로 해 볼 수 있도록 격려하며, 문제를 해결했을 때는 무엇을 알게 되었는지 의견을 나누어 보는 것도 좋은 방법이다. 또한 새로운 놀이방법을 제안하거나 활동의 시범을 보이고 자료를 정리하는 등 모델링 역할을 수행하는 것도 놀이를 촉진하는 데 효과적이다.

셋째, 조작놀이를 지도하는 데 교사는 평가자로서의 역할을 수행할 수 있다. 영유아가 조작놀이를 하는 동안 교사의 적절한 개입은 놀이활동을 더욱 풍성하고 교육적으로 확장시키는 역할을 한다. 이때 적절한 시기에 적절한 수준의 개입을 하는 것이 중요한데, 이를 위해서 교사는 영유아에 대해 민감하게 관찰하고 영유아의 수준을 정확하게 인지해야 한다. 영유아의 수준이나 조작놀이 참여 정도를 인지하지 못한 상황에서 지나치게 개입을 하거나 방관하는 것은 영유아의 조작놀이 활동을 방해하기 때문이다. 다음은 교사가 영유아의 개별적인 발달 수준과 수행능력을 평가할 때 질문해 볼 수 있는 목록이다.

- 유아가 선택한 조작놀이가 개별 영유아의 수준에 너무 어렵거나 쉽지는 않은가?
- 영유아가 놀잇감을 가지고 분류, 비교, 패턴 등을 파악하고 수행할 수 있는가?
- 영유아가 특정한 조작놀이만을 지속적으로 반복하고 있지는 않은가?
- 유아들이 그룹게임을 하는 동안 원활하게 상호 토론하며 확장적 사고를 하는가?
- 유아가 조작놀이를 하는 동안 창의적인 사고를 보이는가?
- 놀이하는 과정에 문제가 발생했을 때, 스스로 문제를 해결할 수 있는 능력을 지녔는가?

사진 8-2 조작놀이

- 유아가 조작놀이를 하는 동안 숫자 세기, 순서대로 하기, 더하기, 빼기 등 수학적 개념을 이해하는가?

3) 신체놀이 지도

영유아는 주변세계 탐색을 통해 경험한 사람, 사건, 사물에 대한 인식과 이해를 자신의 신체를 사용하여 표현하기를 좋아한다. 영유아의 지식은 신체라는 매개체를 통해 창의적인 방법으로 표현되는데, 그것은 본질적 표현욕구의 발현이다. 영유아의 신체 표현은 단순히 기본운동능력의 습득이나 응용동작능력의 심화뿐 아니라, 영유아가 이해한 세상에 대한 의미를 신체를 통해 표현하는 창의적 활동이라고 할 수 있다. 또한 영유아는 음악적 요소에 맞추어 다양한 동작 표현을 연출할 수 있다. 영유아 자신의 사고나 감정을 신체적 움직임으로 표현하는 음률활동은 음악과 동작을 동시에 지향할 수 있는 통합적인 교육활동이다. 움직임은 영유아가 음악 구성을 탐색하는 데 많은 도움을 주며, 음악과 신체의 움직임을 통한 음률활동의 경험은 영유아의 소근육 및 대근육의 조절능력을 향상시켜 줄 뿐만 아니라 창의적인 표현능력에도 도움을 줄 수 있다.

유아기의 신체 표현 놀이활동은 우선적으로 기본적 동작형태의 기능이 발달되도록 지도하는 것이 바람직하다. 교사는 각각의 기본적 동작활동을 지도하는 데 개인차가 있으며 발달 단계가 있음을 명시할 필요가 있다. 영유아의 신체 표현과 동작놀이 지도과정에서 고려할 점은 다음과 같다.

첫째, 영유아기의 신체 표현과 동작놀이 지도는 각 영유아의 성장과 발달 정도를 정확히 파악할 수 있는 교사가 수행하는 것이 바람직하다. 전문적 배경을 지닌 체육교사가 실행할 경우, 담임교사와의 상담과 조언을 통해 각 영유아의 수행 가능한 수준을 민감하게 파악하고 있어야 한다. 사고가 다분히 발생할 수 있기 때문에 더욱 유념할 필요가 있다. 영유아의 흥미, 욕구, 운동 조절력과 동작능력은 초등학교 아동과 다르다. 따라서 영유아의 발달에 기본적인 이해를 하고 있는 교사가 신체놀이를 지도해야 한다. 신체놀이를 계획할 때는 우선 짧은 시간에 반복적으로 해보는 활동이 효과적이다. 또한 단순한 기술에서 복잡한 기술로 점차적으로 진행시켜서 영유아들이 자신감을 가지고 성취할 수 있는 경험을 주는 것이 좋다. 영유아들이 신체 표현놀이를 하는 동안 그 능력과 반응은 다양하기 때문에, 교사는 영유아의 수준에 민감하게 반응하여 다른 또래와 비교를 통해 좌절을 느끼지 않도록 주의해야 한다.

둘째, 모든 영유아는 적어도 일주일에 3번, 최소 20분 정도 계획된 동작경험을 할 수 있어야 한다. 기본적인 움직임, 창작적인 움직임, 극적인 움직임을 포함한 교육적 프로그램을 체계적으로 제공할 뿐 아니라, 영유아들이 특히 관심 있는 영역을 더욱 강조하여 진행할 수 있다. 계획된 동작경험은 놀이경험을 촉진한다. 교사는 율동과 체육활동이 강조된 활동, 음률을 가미한 활동 등 영유아가 다양한 신체 표현활동을 경험하도록 기회를 제공해야 한다. 율동과 체육활동을 통해 영유아는 기본동작을 체계적으로 습득하며 성인이 구조적으로 제시한 활동도 모방을 통해 실행해 볼 수 있다. 또한 음악적 환경 조성에 의한 신체 표현활동을 제공함으로써영유아가 음악적 반응을 하며 악곡에서 나타나는 시간적 · 공간적 · 역동적 양상과 균형 등을 배울 수 있다. 예를 들어, 음률활동과 물놀이를 통합하여 진행할 수 있는데, 영유아는 물놀이를 하면서 휘젓고, 퍼 올리고, 붓고, 다른 그릇에 옮기는 활동을 하면서 손목과 손가락 운동 및 눈과 손의 협응력 등 소근육이 발달된다. 물놀이는 영유아의 감각기능을 발달시킬 수 있는 좋은 기회가 되는데, 물을 만지고 튀기면서 다른 물질과는 다른 촉감을 감지하게 된다.

셋째, 교사는 영유아가 자유롭게 자신의 생각과 느낌을 나타낼 수 있도록 편안하고 허용적인 분위기를 조성하는 것이 중요하다. 교사는 신체 표현과 동작놀이를 통해 영유아가 독자적으로 생각하고 자신의 신체를 창의적으로 표현할 수 있는 기회를 제공해야 한다. 즉, 교사는 영유아가 창의적으로 표현할 수 있도록 촉진자 역할을 수행한다. 신체 표현활동에서 중요한 것은 영유아들이 자신을 표현하는 동작에는 옳고 그름이 없기 때문에 개별 영유아의 생각과 감정, 동작을 모두 존중해 주어야 한다는 점이다. 예를 들어, 교사는 특정 영유아의 움직임을 지나치게 칭찬하지 않도록 한다. 또한 특정 영유아의 움직임을 다른 또래들이 비웃는 것을 방치하지 말고 신속하게 대처해야 한다. 영유아들이 자신의 창의적인 신체 표현이 존중받고 있음을 느끼도록 교사는 개인차를 인식하고 수용해야 한다. 그리고 영유아의 창의적인 표현에 교사는 긍정적으로 반응한다. 영유아 스스로 자신의 몸을 창의적으로 표현하기 위해 노력하거나 적극적으로 표현할 때, 교사는 격려하고 지지한다. 다른 또래와 협력을 하거나 긍정적인 관계를 형성하여 놀이에 참여하는 것도 장려한다. 교사는 영유아 스스로 다양한 움직임을 시도함으로써 목표 활동을 수행하도록 기회를 제공해야 한다. 예를 들어, 몸을 낮게 하여 이동하는 움직임을 할 때, 어떤 몸동작으로 움직이는 것이 가장 적합한지 영유아들이 스스로 시도함으로써 배울 수 있도록 해 준다. 또한 이렇게 함으로써 영유아는 자신의 신체를 점차적으로 발달시킬 수 있으며 미적인 인식을 표현할 수 있게 된다.

넷째, 교사는 영유아에게 모델링 역할을 수행할 수 있는데, 시범을 보임으로써 영유아의 수행을 도울 수 있다. 다만, 영유아인 경우에 교사의 시범활동 후 영유아들이 어떻게 움직이는지를 세심하게 관찰할 필요가 있는데, 단순한 모방 이상의 창의적인 표현활동을 시도하도록 교사는 적극적으로 격려한다. 또한 기본동작에 창의적 동작이 첨가되어 표현된 특정 영유아의 동작이 다른 영유아들의 모델이 될 수도 있다. 즉, 교사는 신체 표현 놀이활동에서 영유아의 적극적인 참여를 유도하는 것이 중요하다. 반면, 참여를 원하지 않는 영유아들에게도 세심한 배려가 필요하다. 영유아가 지속적으로 활동 참여를 거부한다면 다른 영유아들을 방해하지 않도록 하기 위해서 교사는 영유아가 조용히 곁에서 관찰할 수 있도록 한다. 관찰을

사진 8-3 신체놀이

통해 영유아는 자신감을 얻고 다시 참여하고자 하는 마음이 생겨날 수 있기 때문이다.

다섯째, 안전하고 풍성한 신체 표현활동이 진행되기 위해서는 환경 구성이 특별히 중요하다. 영유아가 자유롭고 안전하게 신체 표현놀이를 할 수 있도록 물리적 환경을 조성해야 하는데, 바닥이 미끄럽지 않도록 주의하고 영유아가 맨발로 탐색할 수 있도록 청결한 바닥을 유지한다. 또한 영유아가 활동을 방해할 수 있는 장식품이 없는 옷을 입고 활동에 참여하도록 지도한다. 영유아들은 아직 자신의 몸을 완전하게 통제할 수 없기 때문에 미리 시설을 점검하고 안전성을 확인하는 것도 중요하다.

4) 극놀이 지도

극놀이, 즉 역할놀이는 영유아가 자기 주변에서 본 사건이나 경험한 것 등을 사회적 지식을 동원해서 실제 놀이를 통해 표현해 보는 것을 의미한다. 역할놀이는 상상적인 요인을 포함하고, 영유아로 하여금 근접발달 영역에서 활동 가능하도록 추상적 사고의 토대를 제공하며, 영유아의 사고를 확산시킨다. 2명 이상의 영유아가 사회적 역할놀이를 하는 동안에는 다양한 사회적 기술과 지식을 배울 수 있다. 영유아는 역할놀이를 통해 또래와의 상호작용에 필요한 양보하기나 협상하기 등과 같은 사회적 기술을 배우며, 여러 가지 사회적 지식과 주변 환경에 대해 이해하는 것이다. 또한 역할놀이 주제와 연관된 다양한 어휘를 연습하며, 또래와의 언어적 상호작용을 활발하게 촉진한다. 영유아는 자신이 가지고 있던 많은 감정을 나타내면서 또래의 감정을 이해하고 자신의 감정을 통제해 보는 경험도 하게 된다.

교사는 놀이에서 적절한 역할을 수행함으로써 영유아의 놀이를 효과적으로 지도해야 한다. 역할놀이 영역에서 영유아의 놀이를 활성화하기 위한 교사의 역할을 살펴보면 다음과 같다. 첫째, 계획자로서의 역할을 수행한다. 역할놀이는 영유아의 생각이나 행동이 주체가 되는 순수한 영유아중심 활동이다. 그러나 영유아가 수준 높은 역할놀이를 경험하기 위해서는 교사가 신중하고 사려 깊은 계획을 세워야 한다. 어떤 내용의 역할놀이를 할 것인지 결정하고, 영유아의 연령, 흥미, 관심사, 주제 등을 고려하여 교실 내에 관련된 소품을 배치하고 환경을 구성한다. 또한 특별한 주제의 역할놀이를 계획할 때, 그것과 관련된 사전활동을 수행하면 역할놀이를 더욱 정교화하고 확장시킬 수 있다. 예를 들어, 경찰서 놀이에 대한 사전활동으로 근처 경찰서로 견학을 다녀올 것인지, 또는 경찰관을 초빙해서 교육 관련 교육을 받게 할 것인지, 관련 동화를 듣게 할 것인지 등을 결정한다. 특히 사전활동으로 견학을 계획할 때, 영유아들과 함께 특정 주제와 관련된 질문목록을 만들어 해당 직업 및 역할에 대한 이해를 도울 수 있다. 사전활동 후에 교사는 주제와 관련된 적절한 공간을 마련하고 관련 놀잇감과 소품을 제공하면서 영유아들의 역할놀이 참여를 촉진한다. 그 밖에도 역할놀이의 평가 및 마무리와 함께 사후활동이나 다른 영역 간의 연계활동을 계획해 보는 것도 효과적이다.

둘째, 관찰자로서의 역할을 수행한다. 교사는 교실 내에서 일어나는 역할놀이의 상황과 놀이에 참여하고 있는 개별 영유아들의 모습을 관찰하여 놀이지도 시 반영한다. 또한 교실 내에서 주로 일어나는 역할놀이의 주제, 선호하는 역할놀이나 역할, 자주 사용되는 놀잇감, 역할놀이 집단의 구성 등을 관찰한다. 이를 바탕으로 역할놀이 계획에 반영하여 다양하고 수준 높은 역할놀이가 이루어지도록 돕는다. 놀이에서 일어나는 문제점을 발견하고 신속하게 대처하는 역할도 수행한다. 예를 들어, 계획한 것보다 놀이가 더욱 확장되어서 공간이나 소품 등이 더 필요하다면, 공간을 재배치하고 소품을 직접 만들어서 배치하게 하는 등 영유아들의 요구에 민감하게 반응해야 한다. 놀이를 하는 동안 어떤 일이 발생하는지도 살펴보아야 하는데, 자료가 부족해서 영유아들 간에 갈등이 발생하고 있지는 않은지, 흥미가 떨어져 더 이상 이용하지 않는 자료는 없는지, 자료가 어려워서 적극적으로 활용을 못하는 것은 않은지 등을 살펴보고 적절하게 놀잇감과 자료를 교환해 주어야 한다. 한편, 교사는 개별 영유아의 역할놀이 행동을 관찰하면서 놀이주제, 지속시간, 의사소통능력, 가작화 수준, 사회적 상호작용 등을 관찰하고 평가한다. 이를 통해 개별 영유아의 장점과 단점을 파악하여 이후 놀이지도에 반영한다. 예를 들어, 지속시간이 짧은 영유아의 경우는 의미 있는 역할을 주거나 또래와의 관계를 형성시킴으로써 영유아의 놀이 지속력을 증진시킬 수 있다.

셋째, 참여자 및 안내자로서의 역할을 수행한다. 교사는 놀이관찰을 통해 놀이를 활성화하고 의미 있는 경험으로 안내해 준다. 교사는 영유아의 정서적인 지지자로서 영유아가 편안하게 역할놀이에 참여하도록 자연스러운 분위기를 조성한다. 영유아의 놀이를 관찰한 후에는 적절한 질문이나 조언, 모델링, 소품 제공 등을 통해 놀이에 직접적 또는 간접적으로 개입하기도 한다. 교사가 효과적으로 역할놀이를 지도하기 위해서는 영유아가 선택한 놀이주제에 자연스럽게 참여하여 관찰을 통해 놀이상황에서 발생할 수 있는 문제점을 해결하기도 하며, 개별 유아의 도움에 신속하게 반응할 수도 있다. 교사는 가능한 한 짧은 시간 놀이에 개입하여 개별 유아의 요구에 민감하게 반응함으로써, 영유아의 놀이가 단절되지 않고 지속되며 활성화되도록 지지해야 한다. 교사는 영유아들의 사회적 상호작용을 촉진하거나, 상황이나 역할의 가작화 수준을 높이기 위해서 관련된 질문을 던지거나, 놀이 지속력을 증진시키는 등 다양하게 개입할 수 있다. 단, 교사가 영유아의 놀이에 개입할 때는 유의할 점이 있다. 역할놀이는 순수한 영유아중심 활동이기 때문에 영유아에게 놀이에 참여할 것을 강요하는 것은 바람직하지 않다. 영유아가 원하지 않으면 놀이에 참여시키지 않으며, 필요 이상으로 교사가 과도하게 개입하거나 놀이를 주도하는 것은 놀이의 흐름을 방해할 수 있다. 즉, 교사의 개입은 적절한 시기에 알맞은 방법으로 이루어져야 효과적이다.

넷째, 환경 제공자로서의 역할을 수행한다. 교사는 연령이 어릴수록 가정과 유사한 환경을 제공하여 편안한 분위기에서 역할놀이를 하도록 돕는다. 반면, 연령이 증가할수록 다양한 직업과 사회구성원 역할을 경험해 보도록 환경과 소품의 변화를 주어야 한다. 가능한 한 실물 혹은 실물과 유사한 소품과 환경을 조성함으로써 놀이가 정교화되도록 한다. 예를 들어, 2~3세 영유아에게는 언어나 상징놀이를 효과적으로 할 수 있도록 사실적인 역할놀이 용품을 제공하는 것이 좋고, 4세 유아는 사실적 자료와 비사실적 자료를 함께 제공하며, 5~6세 유아에게는 비사실적 자료를 제공하는 것이 효과적이다. 또한 성차별 없이 여러 종류의 직업과 역할을 수행해 보도록 지도할 수 있으며, 연령과 흥미에 따라 적절한 놀잇감을 제시해야 한다. 2세 정도 유아들은 가정에서 일어나는 일상생활의 단면을 모방하여 놀이하기를 즐기기 때문에 전화기, 아기인형, 젖병, 머리빗 등을 제공한다. 이후 유아들은 점점 관심이 가정 밖으로 확대되어 역할놀이 내용도 매우 다양해진다. 따라서 이에 맞는 역할놀이 놀잇감을 제공하고, 적절하게 교체해야 한다. 또한 특정 형태의 놀잇감이 제공되기 어려운 상황에서는 블록이나 점토를 이용해서 역할놀이에 필요한 놀잇감을 스스로 만들어서 사용해 볼 수 있도록 격려할 필요가 있다.

사진 8-4 극놀이

5) 언어놀이 및 수놀이 지도

언어놀이 및 수놀이에서 교사는 영유아가 스스로 사고하고 문제를 해결할 수 있도록 간접적으로 지지하며 도움을 주는 역할을 수행한다. 교사는 영유아가 스스로 자신의 접근방법을 다시 한 번 생각해 볼 시간을 주며 대안을 계획하고 실험해 보도록 기회를 제공한다. 교사가 영유아의 질문에 즉각적으로 답을 주거나 바로 수정하거나 직접적으로 해결책을 제시한다면, 영유아의 논리수학적 사고는 촉진되지 못할 것이다. 즉, 교사는 즉각적인 답을 주기보다는 '사려깊은 개입'을 수행하는 상호작용자가 되어야 한다. 또한 수놀이 활동에서 교사는 영유아가 수 세기나 수 기술 면에서 올바른 답을 말했다고 해서 영유아가 기초적인 논리수학적 지식을 획득하였다고 판단해서는 안 된다. 영유아가 단순히 기계적으로 암기해서 반응하고 있지는 않은지 살펴볼 필요가 있다.

두 번째로 교사는 영유아에게 자신감을 북돋아 주고 새로운 도전을 수행해 보도록 하는 지지자로서의 역할을 수행한다. 영유아는 교사에게 인정받기 원하며, 교사의 모습을 통해 열정을 배운다. 교사가 수놀이활동을 진지한 태도로 생동감 있게 수행한다면 영유아도 그것을 본받아서 호기심을 가지고 수행하려 할 것이다. 또한 교사가 영유아의 실수나 오답을 지적하거나 실망하지 않고, 영유아의 가능성을 믿고 수용하는 태도를 지니는 것이 중요하다. 그런 상황에서 영유아는 자신감을 가지고 새로운 도전을 긍정적으로 수용하고 수행할 수 있을 것이다.

세 번째로 교사는 영유아의 흥미와 욕구에 맞는 수학적 내용을 선정하고 안내하는 역할을 수행한다. 영유아들의 개별적 수준과 참여도를 민감하게 관찰하여 놀이활동을 적절하게 안내하는 것이 중요하다. 이때 근접발달 영역 안에 속하는 놀잇감을 배치할 필요가 있다. 즉, 영유아가 스스로 수행할 수 있는 수준과 누군가의 도움이 필요한 수준을 인지하고 적절하게 배치해야 한다.

한편, 전통놀이는 예로부터 전승되어 오는 여러 가지 놀이를 말하며, 우리 민족의 정신적 가치관, 물리적 · 지리적 조건들이 포함되어 이루어진 민속놀이다. 전통놀이는 영유아의 발달에 긍정적인 영향을 준다는 연구들(유안진, 1990; 이순형, 1991)이 있는데, 특히 전래동요가 함께 활용되기 때문에 언어 발달에 기여한다. 영유아가 알아듣기 쉽도록 단순한 어휘의 리드미컬한 반복으로 청각적 변별력 훈련과 음성-청각-지각의 연관능력을 활성화시킨다. 이야기와 복합된 놀이가 있고, 긴 문장의 리듬 있는 노래와 결부된 놀이가 있다. 언어놀이를 지도할 때 교사가 고려할 점은 다음과 같다.

- 영유아 개개인의 수준에 따라 알맞은 자극과 격려, 언어적 상호작용을 충분히 제공한다.
- 영유아는 듣기자료로 상품화된 것보다는 친숙한 사람의 목소리를 좋아하기 때문에 생활주제와 교육목적에 맞는 것을 교사가 직접 녹음하여 책과 함께 제공한다.
- 녹음기의 사용방법에 대한 그림 설명서를 제시하면 대부분의 영유아가 교사의 도움 없이 혼자 조작할 수 있다.
- 듣기영역에는 녹음동화 이외에도 동시나 생활 주변의 소리와 자연의 소리를 녹음하여 그림자료와 함께 제시한다.
- 말하기영역에는 동화나 동시를 들려주었을 때 사용했던 자료를 영유아가 개별적으로 재구성해 볼 수 있도록 제공하며, 그 외에도 손인형 등의 인형극 자료나 이야기 꾸미기 등 주제나 계절에 맞는 다양한 자료를 제시한다.
- 5세 학급의 경우 유아가 만든 자료를 사용할 수도 있다.
- 말하기영역이 활성화되지 않을 때는 교사가 직접 참여하여 활력을 줄 수도 있다.
- 대화를 통해 정확한 발음을 익히고 의사소통기술을 증진시킬 수 있도록 한다.
- 읽기영역에 제시되는 책의 양은 한 반의 영유아가 동시에 모두 읽을 수 있을

사진 8-5 언어놀이 및 수놀이

정도여야 한다.

- 영아의 경우 눈으로 그림을 보고 손으로는 여러 가지 감촉을 느낄 수 있도록 한다.
- 3, 4세 학급의 교사는 가능한 한 유아가 원하는 책을 많이 읽어 주도록 노력한다.
- 쓰기영역에는 다양한 필기도구 등 쓰기자료를 충분히 제공한다.
- 쓰기영역에서는 유아의 창의적인 쓰기를 고무해야 하며, 정확하게 쓰기, 맞춤법에 맞춰 쓰기, 띄어쓰기, 필순 등을 강요하여 쓰기활동 자체가 위축되는 일이 없도록 해야 한다.
- 책은 1~2주일을 단위로 주제, 계절, 행사에 맞게 바꾸어 주어 유아가 항상 흥미와 기대를 가지고 책을 가까이 하며 친해질 수 있도록 돕는다.
- 여러 가지 자료를 통해 다양한 어휘를 습득할 수 있는 환경을 구성해야 한다.

참고문헌

신유림, 김선영, 김숙이, 나종혜, 문혁준, 박진옥, 서소정, 신혜영, 신혜원, 유경애, 이미란, 조혜정(2012). 놀이지도. 서울: 창지사.

신화식, 이희경, 오은순, 곽노의, 김명희, 이성희, Judy Cochran (2009). 영유아 놀이지도. 파주: 교문사.

심성경, 백영애, 이영희, 함은숙, 변길희, 김나림, 박지애(2011). 놀이지도. 고양: 공동체.

유안진(1990). 한국 전통사회의 유아교육. 서울: 서울대학교출판부.

유영의, 신은수(2005). 교사의 놀이교수 효능감과 유아의 연령에 따른 구성놀이 질의 차이. 아동학회지, 26(6), 111-126.

이경순(2007). 쌓기놀이에 대한 여아들의 인식과 여아들의 선호도 증가를 위한 교사의 전략. 아동학회지, 28(1), 95-113.

이순형(1991). 놀이노래가사의 실태와 가사의 전통성 조사. 아동학회지, 12(1), 68-77.

이윤경, 김여경(2000). 사회극화놀이에서 교사개입이 유아의 사회극화놀이 수준, 사회적 기술 및 언어능력에 미치는 효과. 아동학회지, 21(4), 259-274.

최석란, 이경희, 이상화, 서원경(2012). 놀이지도(제2판). 고양: 공동체.

Bredekamp, S., & Copple, C. (Eds.). (1997). *Developmentally appropriate practice in early childhood programs serving children from birth through age 8* (Revised). Washington, DC: NAEYC.

Davies, M. (1997). The Teacher's role in outdoor paly: Preschool teacher's beliefs and practices. *Journal of Australian Research in Early Childhood Education, 1*, 10-20.

Fantuzzo, J., Sutton-Smith, B., Coolahan, K. C., Manz, P. H., Canning, S., & Debnam, D. (1995). Assessment of play interaction behaviors in young low-income children: Penn Interactive Peer Play Scale. *Early Childhood Research Quarterly, 10*(1), 105-120.

Fritz, J. J., Miller-Heyl, J., Kreutzer, J. C., & Macphee, D. (1995). Fostering personal teaching efficacy thought staff development and classroom activities. *The Journal of Educational Research, 88*(4), 200-208.

Hirsch, E. D. Jr. (1996). *The schools we need and why we don't have them.* Doubleday.

Howes, C., & Matheson, C. (1992). Sequences in the development of competent play with peers: Social and social pretend play. *Developmental Psychology, 28*, 961-974.

Ivrendi, A., & Johnson, J. E. (2002). Kindergarten teachers' certification status and participation in staff development activities in relation to their knowledge and perceived use of developmentally appropriate practices (DAP). *Journal of Early Childhood Teacher Education, 23*(2), 115-124.

Johnson, J. E., Christie, J. F., & Yawkey, T. D. (1999). *Play and early childhood development.* New York: Addison Wesley Longman, Inc.

Jones, E., & Reynolds, G. (1992). *The Play is the thing: Teacher's roles in children's play.* New York: Teachers College Press.

Pellegrini, A., & Boyd, B. (1993). The Role of Play in Early Childhood Development and Education: issues in definition and function. In B. Spodek (Ed.), *Handbook of Research on the Education of Young Children* (pp. 105-121). New York: Macmillan.

Prescott, E. (1987). The Physical setting in day care. In J. T. Greenman & R. W. Fuqua (Eds.), *Making Day Care Better: Training, Evolution, and the Process of Change* (pp. 44-65). New York: Teachers College Press.

Smilansky, S. (1968). *The Effect of Sociodramatic Play on Disadvantaged Preschool Children.* New York: Wiley.

Smilansky, S., & Shefatya, L. (1990). *Facilitating play: A medium for promoting cognitive, socio-emotional and academic development in young children.* Gaithersburg, MD: Psychosocial and Educational Publications.

Trawick-Smith, J. (2001). The play frame and the "Fictional Dream": The bi-directional relationship between metaplay and story writing. *Advances in Early Education and Day Care, 11*, 337-353.

Wood, D., McMahon, L., & Cranstoun, Y. (1980). *Working with Under Fives.* Ypsilanti, M.I.: High Scope.

Chapter

09

다양한 집단의 놀이

1. 장애통합집단의 놀이
2. 연령통합집단의 놀이
3. 다문화집단의 놀이

이 장에서는 다양한 집단의 형태에서 볼 수 있는 집단의 특성과 그 특성이 놀이와 어떻게 연관되는지, 또한 다양한 집단의 놀이지도는 어떻게 이루어져야 할 것인지에 대해서 다루도록 한다.

1. 장애통합집단의 놀이

장애통합교육은 장애아와 비장애아를 구분하지 않고 학급을 구성하여 운영하는 형태를 의미한다. 미국유아교육협회의 '발달에 적합한 실제'에서는 모든 유아는 장애 유무에 상관없이 연령과 발달에 적합한 교육과정과 학습환경을 제공받아야 한다고 제안한다. 장애아들이 비장애아들과 함께 상호작용하며 놀이중심의 학습이 이루어질 수 있는 통합환경이 장애아에게 발달적으로 더 적합한 환경이라는 것이다(정정희, 김유정, 2003). 많은 연구가 장애통합교육이 장애아의 사회성발달, 언어발달, 인지발달에 긍정적인 영향을 제공함을 밝히고 있다. 이 부분에서는 장애통합교육과 유아들의 놀이가 어떠한 관련성을 지니는가에 대해서 살펴보도록 하겠다.

1) 장애통합교육과 놀이

유아가 보여주는 실제 놀이활동과 놀이에 대한 그들의 잠재력을 구별하는 것은 매우 중요한 일이다(Hughes, 2009). 유아는 어떤 환경에서는 미숙한 놀이행동을 보이지만 다른 환경에서는 능숙하게 놀이를 한다. 이는 유아의 놀이환경의 중요성을 의미하는 것으로서 어떠한 환경에 속해 있느냐에 따라서 유아는 최대의 능력을 발휘할 수도 그렇지 않을 수도 있다. 장애아의 경우, 가장 세련된 놀이는 놀이상대가 비장애아이면서 발달 수준이 동일한 유아와 함께 놀이할 때 나타난다고 한다(Bednersh & Peck, 1986). 많은 연구에서 장애통합교육이 유아의 발달에 도움이 된다는 결과를 내놓고 있다(고지민, 2001; 김수연, 1995; 유수옥, 1998; 이소현, 1996; 정계숙, 2000; Baily & Woolery, 1992; Guralnicks, 1976; Wahler, 1967).

장애통합교실은 장애유아의 발달을 촉진하기에 바람직한 환경이다. 즉, 장애통합교실에서 교사 또는 또래와의 상호작용은 장애유아의 발달을 촉진하는 데 중요하게 작용한다(고지민, 2001; Baily & Woolery, 1992). 특히 장애통합교실에서 비장애유아와의 상호작용은 장애유아들의 발달에 가장 중요하게 작용하고 있는 것으로 나타났다(정계숙, 2000; Guralnicks, 1976; Wahler, 1967). 유아에게 또래 간 상호작용과 관련된 기술은 매우 중요한 과제이며 대부분 유아들이 또래와 긍정적으로 상호작용하는 기술을 이 시기에 학습한다(정정희, 김유정, 2003). 장애통합교실에서 장애유아는 일상적으로 또래와의 긍정적인 상호작용을 경험하면서 자신의 사회성 발달 및 대인관계발달을 이루어 가고, 이는 장애유아의 자존감 증진과도 관련된다. 또래 상호작용으로 장애유아들이 비장애유아들을 통해 미래사회에서 요구되는 사회적 기술과 방법을 익히게 된다.

장애통합교실에서 이루어지는 놀이활동은 인지능력에서 큰 차이를 보이는 장애유아와 비장애유아가 둘 사이의 능력 차이를 가장 덜 느끼면서 상호작용할 수 있는 가장 좋은 활동이다. 또래와 함께하는 게임놀이는 일반적으로 규칙, 형식 등 조직화된 인지활동을 요구하므로 집중력, 문제 해결 전략을 위한 논리적 사고 능력의 향상이 이루어진다(이혜리, 김희규, 2008).

장애통합교실에서 함께 놀이하면서 일어나는 다양한 종류의 의사소통은 비장애유아의 언어발달에도 긍정적인 영향을 미친다. 장애유아는 비장애유아와 언어적 교류를 하면서 보다 다양한 언어를 듣고 이를 사용하고자 노력하게 되며, 이는 장애유아의 언어 발달을 촉진한다. 또한 이들의 언어적 상호작용은 장애유아가 자신의 감정이나 정서를 적절하게 표현하고 통제하는 방법을 발달시킨다는 점에서도 중요하다.

장애통합교육은 장애유아의 신체적 발달에도 도움을 준다. 장애유아는 신체를 움직이는 다양한 놀이활동을 통해 비장애유아의 행동을 관찰하고 모방하면서 자신이 할 수 있는 최대의 신체적 능력을 발휘할 수 있다.

물론 장애통합교실에서 여러 가지 어려움이 존재한다. 비장애유아는 장애유아를 거부하고 차별하기도 하면서 사실상 장애유아와 비장애유아의 또래 상호작용이 잘 이루어지지 않는다는 보고가 있다(Horns, 1985). 일반적으로 비장애인은 장애인에 대해서 편견을 지니고 있다. 비장애인은 장애인을 사회적 행동이 미숙하고, 언어 사용이 미흡하며, 대인관계가 원활하지 못하고, 인지적 능력도 부족한 존재라고 여긴다. 이러한 편견 때문에 비장애인은 장애인에 대해서 부정적인 반응을 보인다. 하지만 어린 시기부터 비장애유아가 장애유아와 함께 놀고 함께 생활한다면 성인이 된 후에도 이러한 편견은 나타나지 않을 것이다. 오히려 나의 소중한 놀이 친구로 장애유아를 인식할 수도 있다.

장애유아도 어떠한 환경에 있느냐에 따라서 사회적으로 바람직한 행동을 인식하고 사회에서 요구하는 행동을 할 수 있다(Wahler, 1967). 고립행동을 보이는 장애유아의 상호작용을 증가시키기 위해서 고립아가 긍정적인 상호작용을 보일 때마다 비장애유아가 사회적 강화를 제공한 결과 장애유아는 긍정적인 상호작용을 더 빈번히 했다(Guralnick, 1976). 청각장애유아도 장애통합교실에서 2~3개월을 함께 생활한 결과, 정서 조절능력이 생겨 비장애유아들과 우호적인 관계로 발전하기도 했다(이기현, 1998).

장애통합교실은 장애유아의 발달뿐 아니라 비장애유아의 발달에도 도움이 되는 환경이다. 장애유아와 함께 생활하는 비장애유아의 장애에 대한 이해가 증진되었다(원계선, 최일선, 2004; 이효신, 곽윤정, 2008)는 점을 고려할 때, 장애통합교육은 비장애유아가 장애를 개인의 서로 다른 특성으로 이해하고 수용하여 장애에 대한 편견을 버리고 폭넓은 사고를 할 수 있는 존재로 성숙시킨다. 특히 놀이활동은 장애유아와 비장애유아가 그들의 생활인 놀이를 통해 서로를 이해하는 자연스러운 기회를 제공하고(이혜리, 김희규, 2008), 놀이를 함께하면서 비장애유아는 장애에 대한 긍정적인 수용을 할 수 있는 태도를 갖추게 된다. 몸을 많이 움직이는 신체놀이나 인지능력을 요하는 놀이를 하면서 비장애유아는 장애유아에 대한 배려심이 향상되고, 이는 이들의 도덕적 사고에도 긍정적인 영향을 준다.

2) 장애통합교육 놀이지도

(1) 장애통합교육의 구성원리

장애통합교실에서 유아들의 놀이가 성공적으로 이루어지기 위해서는 교사의 교실 운영이 매우 중요하다. 장애통합교실에서 놀이의 효율성을 높이기 위해서는 다음과 같은 구성원리가 적용되는 것이 바람직하다.

먼저, 장애통합교실에서 교사의 교육활동은 유아의 개인차를 고려해서 이루어져야 한다. 장애의 유무에 상관없이 개별 유아가 지니고 있는 개인적 특성은 모두 다르다. 유아의 개인적 특성이 서로 다르다는 것을 인정하는 것이 장애통합교육의 시작이다. 개인차는 단지 차이일 뿐 우세가 아니라는 점을 기억하고 교육이 이루어지도록 활동을 구성해야 한다.

장애통합교실은 유아 지향적인 분위기로 구성되고 운영되어야 한다. 유아의 흥미와 경험에 기초한 교육활동이 이루어져야 할 뿐만 아니라 유아가 적극적이고 능동적인 참여자가 되도록 활동을 구성해야 한다. 유아는 누구나 호기심 많은 존재로 무엇이든지 알고 싶어 하고, 스스로 알아보고자 하는 탐색욕구가 강한 존재다. 이는 장애유아도 예외가 아니다. 이러한 유아의 특성을 고려해 장애통합교실에서 모든 유아가 스스로 즐거워하며 활동에 참여할 수 있도록 활동을 구성해야 한다.

장애통합교실은 놀이에 필수적인 환경을 갖추어야 한다. 물리적 놀이환경을 어떻게 구성하느냐에 따라서 장애유아의 놀이의 역동이 달라진다. 따라서 다양한 놀잇감을 교실에 배치하고 수시로 놀잇감을 교체하여 유아가 활발하게 놀이에 참여할 수 있도록 한다. 또한 실내활동뿐 아니라 실외활동을 자주 실시하여 유아가 신체를 많이 움직일 수 있는 기회를 제공해야 한다. 인적인 놀이환경 역시 중요하다. 함께 노는 또래들의 놀이방법을 배우며 협력하는 방법을 습득할 수 있다. 교사 역시 인적인 놀이환경으로 적절한 수준의 교사 개입 및 참여가 필요하다.

장애통합교실은 다양한 감각을 이용한 놀이활동이 이루어져야 한다. 놀이는 유아의 오감을 활용하여 진행될 때 더 다양하고 즐거운 활동이 된다. 특히 장애유아는 어떤 특정 감각의 발달이 비장애유아보다 더 뛰어날 수 있다. 따라서 유아에게 시각적 자극, 청각적 자극, 후각적 자극, 촉각적 자극, 미각적 자극을 다각도로 제시하여 자신들의 감각을 활용할 수 있도록 하는 것이 바람직하다.

(2) 장애통합집단 놀이에서 교사의 역할

장애통합교실에서는 다양한 요구를 지닌 유아가 서로 협력하면서 자신들의 발달을 이룰 수 있도록 하기 위해 교사의 역할이 매우 중요하다. 특히 장애통합교실에서 교사는 개별 유아의 차이를 인정하고 개인차를 고려한 놀이지도를 해야 한다. 개별 유아의 요구를 고려해 그들의 놀이행동을 조절할 때 모든 유아의 성취 수준과 만족도가 높아진다.

교사는 유아들의 의사소통에 경청해야 하며, 또한 유아들이 서로의 언어에 경청할 수 있도록 지도해야 한다. 말하는 사람에게 주의를 기울이고 눈을 맞추고 고개를 끄덕이는 등의 경청기술은 장애통합교실의 놀이활동에서 매우 중요하다.

또한 교사는 자신의 의견을 다양한 방법을 통해 표현할 수 있도록 지도해야 한다. 표현은 비언어적 표현까지 포함하는 것으로, 모든 유아는 자신의 생각이나 느낌, 불편한 점이나 어려운 점 등을 숨기지 않고 표현해야 한다. 이때 부정적인 방법으로 표현하지 않고 긍정적이고 예의 바른 방법으로 표현하도록 지도해야 한다. 장애유아는 놀이과정에서 자신을 표현하면서 자신의 의견이 존중된다는 느낌을 갖게 되어 자존감을 향상시킬 수 있다. 비장애유아는 장애유아에게 자신의 의견을 전달하는 방법을 습득하게 되고, 이는 사회적 배려와 사회적 유능감으로 확장될 수 있다.

교사는 장애통합교실에서 모든 유아가 어떤 놀이 기능을 배우거나 수행할 수 있도록 지지적인 감독의 역할을 해야 한다. 유아의 장애는 놀이에 대한 접근과 놀이활동에 영향을 미치고, 이는 유아의 놀이 기회나 경험과도 관련된다. 따라서 장애통합교육을 실시하기 위해서 교사는 유아의 놀이경험과 그 경험에 기초한 활동을 지지해

tip 장애통합집단 교사를 위한 놀이지도

- 유아가 서로 잘 알 수 있도록 친밀감을 조성하는 놀이를 꾸준히 실행한다.
- 서로의 차이점에 대해 긍정적인 방법으로 이야기할 수 있도록 한다.
- 괴롭힘에 대해 당당히 맞설 수 있는 놀이활동을 고안한다.
- 유아가 지닌 장애명을 언급하지 않도록 주의한다.
- 비언어적 의사소통기술을 사용하여 놀이할 수 있도록 지도한다.
- 전체 유아를 대상으로 장애에 대한 교육을 놀이의 형태로 제시한다.
- 분노 조절기술을 가르쳐 유아가 격한 감정을 예의 바르게 표현할 수 있도록 한다.
- 비장애유아뿐 아니라 장애유아가 자기존중감을 기를 수 있도록 강점에 대한 지속적인 칭찬과 격려를 한다.

주며 새로운 놀이를 습득해 가는 과정에 필요한 칭찬과 격려를 아끼지 않아야 한다.

2. 연령통합집단의 놀이

연령통합교육은 유아들을 연령별로 구분하지 않고 학급을 구성하여 운영하는 형태를 의미한다. 가장 나이 많은 유아와 가장 어린 유아의 연령 차이가 12개월 또는 24개월 이상의 혼합연령으로 구성된 집단에서 이루어지는 교육으로, 연령통합교육을 통해 유아들은 다양한 연령과의 상호작용을 경험하게 된다. 이 과정에서 나이 많은 유아와 나이 어린 유아 모두 단일연령 구성에서 얻기 힘든 여러 가지 교육적 효과를 얻을 수 있다는 것이 연령통합교육의 특성이라 할 수 있다. 연령통합교육을 실시한 결과 유아들은 사회성발달, 인지발달, 언어발달, 신체발달에서 긍정적 효과를 얻었다는 연구결과들이 꾸준히 제시되고 있다. 물론 연령통합교육의 어려움이나 부정적인 측면에 대한 제안도 존재한다. 이 부분에서는 연령통합교실에서 유아들의 놀이가 긍정적 혹은 부정적 측면에서 어떠한 형태로 나타나는지를 살펴보고, 다음으로 연령통합교육의 바람직한 놀이지도 방향을 제안하기로 한다.

1) 연령통합교육과 놀이

자연적으로 형성되는 아동의 또래집단은 연령동일집단보다 연령통합집단이 더 많이 나타난다(Ellis, Rogoff, & Cromer, 1981). 연령통합집단에서 연령 간 상호작용을 살펴본 연구들(Dingler, McLaughl, & Talukder, 1992; Goldman, 1981; Mounts & Roopnarine, 1987)은 놀이행동의 상호작용이 보다 복합적인 놀이형태를 나타낸다고 보고하고 있다. 또한 연령통합집단에서 보이는 사회적 책임감이 더 높고(Graziano, French, Brownell, & Hartup, 1976), 사회적 가상놀이(이석순, 1997), 극놀이(하승민, 1996)가 더 잘 이루어진다. 이처럼 연령통합교육은 유아의 발달적 측면에서 매우 효율적인 교육형태다.

먼저, 연령통합교육은 유아의 사회성발달을 촉진하는 역할을 한다. 연령통합교실에서는 연령에 의한 수직적 관계 또는 수평적 관계가 자연스럽게 조화를 이루기 때문에 유아들의 대인관계 경험의 폭이 확장된다. 손위 지위의 유아가 손아래 지위의 유아와 함께 놀이하면서 경쟁적 행동보다는 보호적 행동이 나타난다. 이러한 놀이과정에서 손위 유아는 어린 유아를 돌보아야 한다는 책임감, 동생에게 무엇인가를 양보하려는 배려심, 내가 무엇인가를 잘할 수 있다는 자신감이 향상된다. 손아래 지위의 유아는 손위 지위의 유아에게서 사회적 기술과 지식을 배우고 사회적 기술과 지식은 유아의 친사회적 행동을 이끈다. 어린 유아의 친사회적 행동은 격려와 칭찬의 대상이 되고, 이러한 격려와 칭찬은 유아의 친사회적 행동을 강화시키는 요인으로 작용한다. 이렇듯 연령통합교실에서 이루어지는 놀이는 유아들의 긍정적인 자아 개념의 발달을 촉진하면서 유아의 사회성발달을 향상시킨다.

연령통합교육은 유아의 인지발달에 긍정적인 영향을 미친다. 발달 수준이 서로 다른 유아들이 같은 교실에서 생활하면서 유아들은 연령에 따른 발달의 차이를 받아들이게 된다. 연령이 다른 유아가 함께 놀이하면서 연령이 높은 유아에게서 나타나는 인지적 능력은 어린 유아에게 지적 자극이 될 수 있다. 발달 수준이 다른 경우, 수준 높은 유아가 낮은 유아에게 학습의 모델이 되고 지식을 제공하는 역할을 하게 된다(Karz, Evangelou, & Hartman, 1990). 또한 비슷한 인지 수준을 지닌 유아들은 놀이하는 과정에서 서로에게 경쟁적 자극이 되어 자연스럽게 인지능력이 향상된다.

연령통합교육은 유아의 언어발달에도 긍정적인 역할을 한다. 유아들은 놀이하면서 끊임없이 의사소통한다. 특히 연령통합교실에서의 의사소통은 성인에게 의존하는 경향이 적고 유아 간 상호작용이 더 빈번하다(이정숙, 2006). 끊임없는 의사소통을 통해 어린 유아는 손위 유아들이 사용하는 언어를 쉽게 습득해 나간다. 손위 유아들은 자신들을 통해 어린 동생들이 언어를 배우게 되는 과정을 즐긴다. 이들은 동생에게 재미있는 이야기 들려주기, 책 읽어 주기, 글씨 써 주기 등 다양한 언어활동을 함으로써 자신의 언어발달을 향상시킨다.

연령통합교육은 유아의 신체발달을 돕는다. 유아들은 신체를 움직이면서 놀이를 하는데, 연령이 서로 다른 유아들은 신체적 조건과 발달 역시 다르다. 이들은 서로 다른 신체적 조건을 어떻게 활용해야 하는지 알고 있다. 신체를 움직이는 과정에서 연령이 높은 유아들은 동생보다 더 많은 역할을 할 수 있고, 이는 이들의 신체적 기능의 향상을 촉진한다. 또한 동생에게 모델이 되어야 하므로 이들의 신체적 움직임은 더욱 기능적이 되고, 이러한 신체적 기능의 습득은 신체발달로 이어진다. 연령이 어린 유아는 연령이 높은 유아들의 높은 수준의 신체적 기능을 관찰하고 모방하면서 신체발달이 증진된다.

반면, 연령통합교실에서 이루어지는 놀이가 유아들에게 부정적인 영향을 미칠 수도 있다. 연령이 높은 유아들은 동생들과의 발달적 차이가 자신들의 놀이를 방해하는 요인이 된다고 생각할 수도 있다. 자신들은 더 높은 차원의 놀이를 할 수도 있는데 어린 동생들 때문에 더 발전된 놀이를 할 수 없다고 생각하면서 놀이에 대한 만족감이 줄어들 수 있다. 때로는 연령이 높은 유아가 어린 유아들이 항상 배려의 대상이 되는 것을 보면서 그들의 덜 성숙한 행동을 따라 하는 퇴행 경향을 보이기도 한다.

연령이 어린 유아들은 연령이 높은 유아들의 행동을 모방하면서 잘못된 행동을 학습하기도 한다. 연령이 높은 유아가 어린 유아에게 미치는 영향력은 상당하여 어린 유아는 잘못된 지식이나 정보를 그대로 수용하는 경향을 보인다. 또한 놀이 과정에서 연령이 높은 유아들이 어린 유아들을 배려해 주는 행동으로 인해 어린 유아들이 자립심을 증진시키지 못하고 의존적인 존재로 생활할 수 있다. 연령이 높은 유아들과 함께 놀이하면서 그들의 발달 수준과 능력의 차이를 경험하고, '나는 이것밖에 할 수 없다' 는 좌절과 열등감을 느낄 가능성도 있다(문창숙, 2002).

그러므로 연령통합교실의 놀이에서 볼 수 있는 긍정적인 측면은 강화하고 부정적인 측면은 줄이기 위해서는 바람직한 놀이지도가 매우 중요하다.

2) 연령통합교육 놀이지도

(1) 연령통합교육의 구성원리

연령통합교실에서 유아들의 놀이가 성공적으로 이루어지기 위해서는 교사의 교실 운영이 매우 중요하다. 선행 연구결과(이순형 외, 2005; Bacharch, Hasslen, & Anderson, 1995; Stone, 1996)를 중심으로 보았을 때, 연령통합교실에서 놀이의 효율성을 높이기 위해서는 다음과 같은 구성원리가 적용되는 것이 바람직하다.

먼저, 연령통합교실에서 가장 연령이 어린 유아와 가장 연령이 높은 유아 간에 적어도 2년의 차이가 나도록 구성하는 것이 적절하다. 또한 두 연령대보다 세 연령대로 구성하는 것이 좋다. 3, 4, 5세 유아들이 함께 같은 교실에서 놀이할 때 나타날 수 있는 놀이의 유형이 더 다양하고 연령 간 상호작용도 더 활발하다.

연령통합교실은 3년 동안 동일교사 체제를 유지하는 것이 이상적이다. 3년이라는 시간에 교사는 개별 유아를 담당하면서 유아의 사회적 · 인지적 · 언어적 · 신체적 장점과 약점을 파악한다. 교사는 각 유아들에게 적합한 효과적 상호작용을 하면서 이들의 놀이가 활발해지도록 도울 수 있다. 유아 역시 교사에게 편안해지고 안정감을 느끼게 되면서 자신의 개별적 특성을 최대한 발휘하여 놀이할 수 있다.

연령통합교실에서는 유아의 놀이과정과 성공에 초점을 둔다. 유아들은 '내가 ~를 하겠다', '내가 ~를 할 수 있다' 고 말하곤 한다. 연령통합교실에서는 모든 유아가 발달의 연속선상에 있으므로 유아들은 지속적으로 성공을 경험할 수 있다. 연령이 높은 유아의 성공경험을 통해 어린 유아들은 '나도 언젠가는 할 수 있다' 는 성취감과 자신감을 발달시킬 수 있다. 따라서 교사는 유아가 놀이하는 과정에서 나타나는 시행착오 및 성취에 관심을 두고 지도해야 한다.

(2) 연령통합집단 놀이에서 교사의 역할

연령통합교실에서는 다양한 수준의 발달적 요구와 흥미를 지닌 유아가 일상생활이나 놀이상황과 같은 자연스러운 맥락에서 생활한다. 이 과정에서 교사는 주도적으로 활동을 이끄는 역할을 하지 않는다. 유아의 일상생활, 자발적 놀이, 다른 유아나 교사와의 상호작용 등을 통해 교육이 이루어지도록 하는 것이 바람직하다. 이를 위해 연령통합교실에서 교사는 유아들의 공동적인 관심을 반영한 주제를 선정하고 이를 중심으로 환경을 구성하며 자발적인 놀이와 탐구를 이끌어 내야 한다. 또한 교사는 발달영역과 활동영역이 통합된 다양한 놀이형태가 제시되도록 해야 한다. 특정 주제를 중심으로 놀이가 확장되면서 유아들은 타인과의 의사소통에 집중하게 된다.

연령통합교실의 유아는 자발적 놀이와 탐구를 통해 배운다. 홍미영역별로 구조화된 교실과 다양한 발달 수준을 반영하여 배치된 놀잇감은 자발적인 놀이를 가능

tip 연령통합집단 교사를 위한 놀이지도

- 유아에 따라 기대를 달리한다.
- 유아의 성공에 초점을 맞춘다.
- 각 유아를 가치 있게 여기고 유아의 자기존중감과 자신감을 계발시킨다.
- 유아가 직접 체험할 수 있도록 기회를 제공한다.
- 유아에게 실 · 내외놀이 기회를 제공한다.
- 각 유아에게 동정심, 돌봄, 배움에 대한 열정, 의욕, 사랑의 모범을 보인다.
- 유아의 발달은 서술적인 보고서나 포트폴리오 등을 통해 기록한다.
- 부모나 가족이 유아의 경험에 참여하도록 격려한다.
- 유아들에게 교실에서 실제적인 사회적 경험을 통해 친사회적 행동을 배울 수 있는 기회를 제공한다.
- 유아의 본질적인 동기를 격려한다.
- 모든 유아가 자신감을 지닌 존재로 자랄 수 있도록 지원한다.

출처: Stone (1996); 이순형 외(2011)에서 발췌 및 재구성.

하게 한다. 놀이를 통한 활동은 유아가 주도하는 활동이므로 유아들이 다양한 발달 수준과 발달 속도, 흥미 등을 적절하게 반영하기에 적합하다. 교사는 유아에게 적절한 환경의 제공자가 되어 유아의 발달과 학습을 지원해야 한다.

3. 다문화집단의 놀이

다문화교육은 1960년대 미국에서의 사회적 불평등, 특히 학교 내 인종차별에 대한 불만으로 시작되었고, 점차 성차별, 계층 차별, 장애에 대한 차별로 확대되었다. Banks(2007)는 다문화교육을 문화적으로 다원적인 사회를 준비시키고 자신의 문화에 대한 정체성을 가지고 타 문화와 인종에 대해 개방적이고 이해하는 태도를 지녀 그 문화를 공유하는 교육으로 언급하고 있다.

최근 우리 사회의 유아교육기관 역시 다양한 문화적 배경을 지닌 유아들이 모여 생활하고 있음을 고려할 때, 유아교육기관에 소속된 모든 유아를 위한 포괄적이고 기본적인 다문화교육의 필요성이 절실하다. 이 부분에서는 유아들에게 다문화교육의 측면에서 놀이지도가 이루어져야 하는 방향성에 대해서 언급하기로 한다.

1) 다문화교육과 놀이

다문화교육의 가장 기본적인 목적은 자유의 연습으로(Derman-Sparks & Edwards, 2010), 각 개인이 서로를 존중하는 진정한 자유를 누릴 수 있는 능력을 기르도록 하는 것이다. 다문화교육은 소수만을 위한 특정 프로그램이 아니라 모든 사람이 상호의존적인 세계에서 효과적으로 살아가기 위해 요구되는 지식, 기술, 태도를 지니게 하는 것이다. 다양한 문화적 배경을 지닌 유아들이 같은 교실에서 함께 생활하는 유아교육기관에서도 다문화교육이 필요하며, 특히 놀이와 같은 즐겁고 흥미로운 활동 속에서 자연스럽게 다문화교육이 이루어지는 것이 바람직하다.

유아 다문화교육의 특성을 살펴보면 놀이를 통해 다문화교육이 이루어질 때 그 효율성이 크다는 것을 알 수 있다. 먼저, 유아 다문화교육은 반편견 교육의 특성을 지닌다. 유아가 편견에 대응하고 사회정의를 위해 노력하는 실천의 과정을 거쳐 사회변화를 이끌 수 있도록 하는 교육이다. 이는 설명이나 전달로 이루어질 수 없고 유아가 다양한 상황을 경험하고 시행착오를 거치면서 성취되는데, 놀이의 형태로 제시되는 것이 유아에게 적절하다. 유아는 흥미를 느끼는 놀이활동에 다양한 특성을 지닌 친구들과 함께 참여하면서 편견을 없애고 다양성을 수용할 수 있게 된다.

유아 다문화교육은 특정 집단의 유아가 아닌 모든 유아를 대상으로 실시되어야 한다. 유아가 생활하는 유아교육기관이 다문화집단인가 그렇지 않은가는 중요하지 않다. 유아는 세계화된 사회 속에서 다양한 문화들을 더 나은 방식으로 다룰 수 있는 준비를 해야 한다. 유아는 세계 여러 문화와 관련된 놀이를 통해 직접 경험하기 어려운 다양한 문화를 접하고 수용할 수 있다.

유아 다문화교육은 유아교육기관의 분위기, 물리적 환경, 교육과정, 교사와 유아 간 관계, 유아와 유아 간 관계 등 전 분야에 스며 있는 철학이자 잠재적 교육으로, 유아의 일상생활 전반에서 이루어진다. 유아는 생활 자체가 놀이이자 놀이를 통해 세상을 알아가고 사회에 필요한 것을 학습한다는 점을 고려할 때 다문화교육과 놀이는 매우 밀접한 관련성이 있음을 알 수 있다.

유아에게 다문화교육을 실시하는 것에 대해 부정적 시각도 존재한다. 일부 성인들은 유아에게 다문화교육을 실시할 경우, 유아가 지금까지 모르거나 인식하지 못했던 차이와 편견에 대해서 오히려 배우게 될 수 있다는 우려를 한다. 그러나 실제로 유아에게 문제가 되는 것은 차이점 자체가 아니라 차이에 대해 사람이 보이는 반응이다. 따라서 다문화교육을 통해 유아가 차이점에 대해 충분히 이해하여 모든 사람과 편안하게 상호작용하면서 유아 스스로 모든 사람이 지닌 유사성과 평등의 가치를 배울 수 있도록 해야 한다.

어떤 사람들은 다문화교육이 유아의 발달 수준에 적합한지, 너무 이른 것이 아닌지에 대해서도 의문을 제기한다. 유아 역시 자신과 타인의 차이에 대해서 인지할 수 있고 때로는 이러한 차이로 인해서 부당함과 불공정함을 경험할 수 있다. 이러한 상황에서 유아가 스스로 문제를 해결하고 대처할 수 있도록 하기 위해서라도 다문화교육이 유아기에 실시될 필요가 있다. 물론 다문화교육이 반드시 유아의 발달 수준에 적합하게 이루어져야 하고, 이를 위해서는 교사나 부모의 역할이 매우 중요하다. 유아가 보여주는 특별한 흥미와 관심에 교사나 부모는 민감하게 반응을 보여야 하고 유아 스스로 문제를 해결할 수 있도록 다양한 상황에서 시행착오를 겪으면서 경험해 보는 기회를 제공해야 한다. 이 역시 놀이와 같은 흥미롭고 재미있는 활동을 통해 이루어진다면 더욱 효율적일 것이다.

다문화교실에서 놀이를 위한 바람직한 환경 구성 자료

- 언어영역: 각 문화권의 전래동화, 노래, 동요, 다양한 성 역할을 습득할 수 있는 도서, 퍼즐, 여러 나라의 속담, 우화, 여러 나라의 문자
- 수영역: 전래 놀잇감, 여러 나라의 공예품, 물건의 비교 · 분류 · 서열화, 패턴활동 자료
- 과학영역: 지구본, 지도, 각 나라의 토양과 기후를 소개하는 자료
- 음률영역: 여러 나라의 민속악기, 전통무용 자료, 여러 나라의 민속음악, 여러 나라의 생일 노래
- 조작놀이영역: 여러 나라 문화와 관련된 물건을 맞추는 퍼즐, 블록
- 조형영역: 다양한 질감의 천이나 끈, 만들기 자료, 여러 나라의 종이접기 자료

출처: 이순형 외(2011)에서 인용.

2) 다문화교육 놀이지도

(1) 다문화교육의 구성원리

유아를 위한 다문화교육은 다음과 같은 원리를 고려하여 계획하고 실행해야 한

다(이순형 외, 2011). 첫째, 유아의 발달 수준을 고려한 교육활동을 통해 유아의 균형 잡힌 발달을 도모해야 한다. 발달 수준을 고려하지 않는다면 아무리 좋은 프로그램이라도 유아에게 제대로 흡수될 수 없다. 동시에 교육적으로 적합한가를 고려해야 한다. 발달 수준에 적합하더라도 교육적으로 적합하지 않으면 바람직한 교육이 이루어질 수 없기 때문이다.

둘째, 다양한 종류의 놀이활동을 실시하여 유아가 흥미를 갖고 자발적으로 참여할 수 있도록 해야 한다. 또한 놀이를 통해 유아가 지닌 창의성과 문화적 특성을 최대한 이끌어 내야 한다.

셋째, 우리나라의 전통문화 요소들을 놀이활동에 포함시켜 우리 문화에 대한 이해를 높이고 적응을 돕는다. 우리 문화에 대한 이해가 바탕이 되었을 때 다른 문화를 이해하고 수용하는 능력이 촉진될 수 있다. 다만, 전통문화 요소를 유아의 놀이에 적용하여 교육활동을 하려면, 놀잇감이 복잡하지 않고 쉽게 구할 수 있으며, 다른 놀잇감으로 대치 가능해야 하고, 경쟁성이 적어야 하며, 일상생활 속에서 쉽게 적용할 수 있어야 한다(교육부, 1993).

넷째, 세계 여러 나라의 언어, 풍습, 동화, 생활문화 등을 활용한 놀이를 통해 유아의 다양한 문화에 대한 이해를 높인다. 우리의 전통놀이뿐 아니라 세계 여러 나라의 전통놀이를 유아가 직접 경험해 보는 것은 유아의 다문화 인식과 사회적 유능감에 긍정적인 영향을 미친다(최미숙, 강은영, 윤수인, 송순옥, 2012).

다섯째, 유아가 놀이를 통해 다문화를 경험하고 익숙해지며 나아가 다문화적 가치를 실천할 수 있도록 활동을 구성해야 한다. 교육은 신념이나 가치로 연계되고 그것이 실천으로 나타나야만 진정한 의미가 있다고 할 수 있다. 따라서 교사는 놀이를 통해 유아가 직접 다문화적 가치를 행동으로 옮길 수 있도록 활동을 구성한다.

(2) 다문화집단 놀이에서 교사의 역할

다문화교육은 일상생활을 통한 하나의 접근법으로 특정 영역의 교육내용보다는 다문화집단을 대하는 태도와 가치관 함양이 더 중요하다고 할 수 있다. 따라서 유아 생활 전반을 면밀히 관찰하고 적절한 대안법을 찾을 수 있는 교사의 민감성이 매우 중요하다.

또한 성공적인 다문화교육을 위해서 교사는 유아가 다른 사람을 어떻게 이해하고 수용하며 협력해야 하는지에 대한 방법을 놀이를 통해 자연스럽게 습득할 수 있도록 지도해야 한다. 이를 위해서는 교사 스스로 자신의 생각, 태도, 행동을 성찰해 보는 반성적 사고를 할 수 있어야 한다. 이는 교사가 유아에게 다문화의 가치에 대한 바람직한 모델이 되어야 하기 때문이다.

유아들의 다양한 놀이형태를 인정하고 교사의 고정관념으로 판단하지 않으며

tip 유아 다문화교육 교사를 위한 놀이지도

- 유아가 교육기관에서 충분한 시간을 갖고 놀이할 수 있도록 지도한다.
- 유아의 모든 잠재력을 존중하며 놀이지도에 임해야 한다.
- 신체적 차이에서 특별히 서로 다른 집단 간 차이가 존재할 뿐 아니라 같은 집단 안에서도 다양성이 존재함을 인식해야 한다.
- 문화를 일상생활 속의 구체적 활동으로 인식할 수 있도록 지도한다.
- 문화적 다양성을 다루기 위해서는 같은 교실에 있는 교사와 또래의 차이점과 유사점을 놀이를 통해 탐색할 수 있도록 한다.
- 같은 의미의 기념일을 서로 다른 문화를 지닌 사람들이 어떻게 기념하는지 역할놀이를 통해 배울 수 있도록 한다.
- 유아의 공통된 경험에 기초하여 놀이를 할 수 있도록 지도한다.
- 유아가 한 가지 놀이방식만이 옳다는 관점에서 벗어나 다양한 방식으로 놀이할 수 있다고 생각하도록 지도한다.

격려하는 것이 필요하다. 교사의 인정과 수용은 유아의 자기효능감 향상으로 이어질 수 있으며, 유아는 자신의 특성이 인정되고 수용되었다는 경험에 근거하여 자신과 타인의 다양성을 존중할 수 있게 된다.

다양한 문화적 배경을 지닌 유아를 고려한 놀이활동을 계획하고, 이러한 놀이를 통해 유아가 우리 사회 내에 존재하는 다양성을 존중하고 다양한 배경에 대해 호의적인 태도를 지니도록 지도해야 한다.

참고문헌

고지민(2001). 통합교육에 대한 교사의 태도에 따른 통합학급 내 상호작용 특징 연구. 부산대학교 대학원 석사학위 청구논문.

교육부(1993). 유아 전통놀이 지도자료. 서울: 교육부.

김수연(1995). 통합된 놀이 프로그램이 장애아동에 대한 일반아동의 태도변화에 미치는 영향. 이화여자대학교 교육대학원 석사학위 청구논문.

모경환, 최충옥, 김명정, 임정수 공역(2008). 다문화 교육 입문. Banks, J. A.의 *An introduction to multicultural education* (4th ed.). 서울: 아카데미 프레스. (원본출간일 2007년)

문창숙(2002). 혼합연령집단과 단일연령집단 유아의 사회인지적 능력 분석에 기초한 혼합 연령집단 학급의 교수방법 모색을 위한 연구. 유아교육연구, 16(1), 139-155.

원계선, 최일선(2004). 그림책을 활용한 반편견 교육활동이 유아의 장애 수용 인식 및 태도에 미치는 영향. 특수교육연구, 11(2), 447-465.

유수옥(1998). 통합유치원에서 자폐유아의 사회적 놀이 행동 발달에 관한 연구. 정서학습장애연구, 14(2), 61-81.

이기현(1998). 통합교육을 통한 일반유아의 청각장애 유아에 대한 수용태도. 발달장애학회지, 2(2), 31-42.

이석순(1997). 단일연령집단과 혼합연령집단에서의 사회적 가장놀이 연구. 유아교육학논집, 1(1), 31-54.

이소현(1996). 장애아동과 일반아동의 성공적인 통합교육-일반학급에서의 사회적 통합을 중심으로. 초등교육연구, 10, 153-175.

이순형, 김혜라, 김유미, 우현경, 권윤정(2011). 유아다문화교육 프로그램. 서울: 학지사.

이순형, 이성옥, 이완정, 권혜진, 황혜신, 이혜승, 이영미, 정윤주, 성미영, 권기남(2005). 영유아 보육 교육 프로그램의 이해. 서울: 학지사.

이순형, 최인화, 권미경, 최은정, 김현정(2011). 유아혼합연령 프로그램. 서울: 학지사.

이정숙(2006). 유아교육기관의 혼합연령집단 구성에 대한 교사와 부모의 인식 연구. 가톨릭대학교 교육대학원 석사학위 청구논문.

이혜리, 김희규(2008). 통합된 전통놀이 프로그램이 일반아동의 장애수용태도와 정신지체아동의 친사회적 행동에 미치는 효과. 특수아동교육연구, 10(1), 127-145.

이효신, 곽윤정(2008). 장애이해프로그램이 일반유아의 발달지체 유아에 대한 태도 및 상호작용 변화에 미치는 효과. 정서행동장애연구, 24(1), 207-232.

정계숙(2000). 자유놀이 상황에서의 일반유아와 고립유아 간 사회적 상호작용 행동연구. 유아교육연구, 20(3), 303-324.

정정희, 김유정(2003). 통합과 분리학급 장애유아의 또래 상호작용 형태에 관한 연구. 미래유아교육학회지, 10(2), 281-299.

최미숙, 강은영, 윤수인, 송순옥(2012). 다문화적 접근에 의한 전통놀이 활동이 유아의 다문화 인식과 사회적 유능감에 미치는 영향. 유아교육연구, 32(3), 29-50.

하승민(1996). 유치원 단일연령 교실과 혼합연령 교실에서의 아동의 극놀이 행동. 한국생활과학회지, 5(1), 1-14.

Bacharch, N., Hasslen, R. C., & Anderson, J. (1995). *Learning together: a manual for multiage grouping*. C.A.: Corwin Press, Inc.

Baily, D. B., & Woolery, M. (1992). *Teaching infants and preschoolers with disabilities* (2nd eds.). New York: Merill.

Bednersh, F., & Peck, C. A. (1986). Assessing social environments: Effects of peer characteristics on the social behavior of children with severe handicaps. *Child Study Journal, 16*(4), 315-329.

Derman-Sparks, L., & Edwards, J. O. (2010). *Anti-bias education for young children and ourselves*. Washington D.C.: NAEYC.

Dingler, K., McLaughl, M., & Talukder, E. (1992). Social-cognitive play behaviors and playmate preferences in same-age and mixed-age classrooms over a 6-month period. *American Educational Research Journal, 29*(4), 757-776.

Ellis, S., Rogoff, B., & Cromer, C. C. (1981). Age segregation in children's social interactions. *Developmental Psychology, 17*, 399-407.

Goldman, J. (1981). Social participation of preschool children in same versus mixed-age groups. *Child Development, 52*, 644-650.

Graziano, W., French, D., Brownell, C., & Hartup, W. W. (1976). Peer interaction in same- and mixed-age triads in relation to chronological age and incentive condition. *Child Development, 47*(3), 707-714.

Guralnick, M. J. (1976). The value of integration handicapped and nonhandicapped preschool children. *American Journal of Orthopsychiatry, 42*(1), 236-245.

Horns, H. H. (1985). *The democratic philosophy of education*. New York: The Macmillan Co.

Hughes, F. P. (2009). *Children, Play and Development* (4rd ed.). Los Angeles: SAGE Publications, Inc.

Karz, L. G., Evangelou, D., & Hartman, J. (1990). *The case for mixed-age groupings in early education*. Washington, D.C.: National Association for the Education of Young Children.

Mounts, N. S., & Roopnarine, J. L. (1987). Social cognitive play patterns in same-age and mixed-age preschool classrooms. *American-Educational Research Journal, 24*, 463-476.

Stone, S. J. (1996). *Creating the Multiage Classroom*. Good Year Books.

Wahler, R. G. (1967). Child-child interactions in free field settings: Some experimental analyses. *Experimental Child Psychology, 5*, 278-293.

Chapter

10

놀이치료적 개입

1. 놀이의 치료적 가치
2. 놀이치료의 정의 및 역사
3. 놀이치료의 이론적 배경
4. 놀이치료의 접근법

놀이는 치료적 가치를 가지고 있기 때문에 영유아에게 중요한 치료적인 활동이 될 수 있다. 놀이치료는 약 100년의 역사를 가지고 있는데, 역사를 거쳐 오면서 다양한 이론적 배경을 가진 놀이치료가 등장했다. 놀이치료의 접근법이 다양해도, 중요한 점은 놀이가 어려움에 놓인 영유아를 진단하고 치료하는 데 반드시 필요하다는 사실이다. 여기에서는 놀이를 영유아의 치료에 사용하였을 때 얼마나 유용한가에 대해 알아보기 위해 먼저 놀이의 치료적 가치와 정의 및 역사를 살펴보고, 다음으로 놀이치료의 여러 이론적 배경과 접근법을 살펴보고자 한다.

1. 놀이의 치료적 가치

놀이가 금지된 충동을 표출하도록 하는 통로라고 말하는 정신분석이론과 인지발달을 촉진하고 학습을 강화한다는 인지발달이론 등 놀이에 대한 여러 가지 이론들을 살펴보면 놀이가 치료적 힘을 가지고 있음을 알게 된다. 구체적으로 놀이치료에서 놀이가 가지는 치료적 가치는 많다(유가효, 위영희, 문현주, 이희정, 김태은, 2010; Hughes, 1999).

첫째, 놀이는 영유아의 감정과 생각을 표현할 수 있게 해 주는 의사소통의 수단이다. 놀이는 언어로 표현하고 전달하기 어려운 영유아의 생각과 감정을 효과적으로 전달하는 데 필수적이다. 그 결과 성인은 놀이하는 영유아를 관찰함으로써 영유아를 더 잘 이해할 수 있게 된다. 극단적인 경우에는 성적 학대를 받은 영유아가 해부학적 모양의 인형을 가지고 놀이하면서 자신의 생각과 감정을 표출하고, 그 내용이 법적 판단이 요구되는 상황에서 중요한 진술로 채택될 수도 있다.

둘째, 놀이를 통해 치료사는 영유아와 치료적 관계를 형성할 수 있다. 성인은 영유아와 함께 놀이를 하거나 놀이를 관찰함으로써 영유아의 세계로 들어갈 수 있고, 영유아는 자신이 성인에게 완전히 수용되는 경험을 할 수 있다. 이는 놀이를 함께하는 영유아와 성인이 동등한 위치에 놓여 영유아가 성인을 덜 위협적으로 느끼기에 가능하다. 그뿐만 아니라 놀이치료실이라는 낯선 환경에서 영유아가 점차 치료사와 관계를 맺어 갈 수 있는 것은 놀이 자체가 영유아에게 매우 즐겁고 흥미로운 활동이기 때문이다. 치료사와 영유아 간의 치료적 관계가 형성되어야 영유아는 놀이를 통해 치유 받을 기회를 얻을 수 있다.

셋째, 놀이는 영유아에게 감정 해소의 수단이다. 영유아는 성인으로부터 비난받을 것을 두려워하기 때문에 화나 무서움 같은 부정적인 감정을 표현하는 것을 꺼린다. 그러나 놀이상황은 영유아가 성인의 비난을 두려워하지 않고 자신의 좌절감과 실망감 등의 부정적인 감정을 분출할 수 있다.

넷째, 놀이는 영유아에게 삶의 즐거움과 희망을 제공한다. 영유아는 즐거운 놀이를 하면서 심리적으로 이완되고 편안함을 느껴 불안감이나 방어적 태도가 줄어든다. 그 결과 놀이는 현실세계에서의 좌절과 실망을 극복할 수 있는 기회가 되어 긴장감과 스트레스가 줄어들 수 있다.

다섯째, 놀이는 영유아에게 성취감을 맛보게 해 주어 자아존중감을 높여 준다. 놀이치료를 의뢰하는 영유아들은 대부분 자아 개념이 손상되어 있다. 놀이는 자신의 내적 욕구에 이끌려 이루어지는 활동으로, 놀이 속에서 스스로 상황을 통제하는 가운데 맛보는 성취감은 손상된 자아를 치유해 주어 자아존중감을 높인다.

사진 10-1 **가상놀이를 하고 있는 유아**
영유아에게 놀이는 의사소통 및 감정 해소의 수단이자, 즐거움을 제공하고 가상의 상황에서 문제를 해결해 볼 수 있는 기회를 제공해 준다.

여섯째, 놀이는 가상의 상황에서 영유아가 다양한 문제를 해결해 볼 수 있도록 해 준다. 영유아는 놀이를 하는 가운데 현재 자신의 모습과 현실의 벽을 넘어 여러 가지 가능성을 실험해 볼 수 있고, 안전한 환경에서 다양한 문제 해결을 시도해 볼 수 있다. 또한 놀이상황은 현실상황에서 활용 가능한 유용한 사회적 기술을 훈련해볼 수 있는 장이 되기도 한다.

2. 놀이치료의 정의 및 역사

1) 놀이치료의 정의

놀이치료는 여러 가지 이론과 기법으로 구성된 치료방법의 하나다. 국제놀이치료학회는 놀이치료를 다음과 같이 정의하고 있다(O' Conner, 2001).

> 놀이치료는 내담자들의 심리사회적 어려움을 예방하거나 해결하고 최적의 성장 및 발달을 성취하도록 돕기 위해서 훈련된 놀이치료사들이 놀이의 치료적 힘을 이용하여 대인관계 과정을 확립하는 이론적 모델을 체계적으로 사용하는 것이다.

즉, 놀이치료는 영유아가 놀이활동을 통해 자신의 여러 가지 심리적인 문제를 스스로 극복하도록 돕고 잠재되어 있는 영유아의 발달 가능성을 극대화시켜 주는 치료적 과정이다(Geldard & Geldard, 1997).

2) 놀이치료의 역사

놀이가 영유아의 심리치료에 이용된 역사는 약 100년에 이른다. 최초의 놀이치료 사례는 1909년에 Freud가 공포증이 있는 5세 소년 Hans를 치료하는 데 놀이를 활용한 것이다. 이때 Freud는 Hans의 아버지, 즉 부모를 통해 간접치료를 했다. Hans의 아버지가 Hans의 놀이와 말을 잘 관찰하여 Freud에게 보고하면 Freud가 Hans의 문제를 이해하여 부모에게 해석을 해 준 것이다. 이후 1919년에 Hug-Hellmuth가 놀이를 영유아의 정신치료에 직접 적용했다. 즉, 이때가 되어서야 영유아에게 놀잇감을 주고 그 놀이를 치료사가 관찰하는 작업이 시작되었다.

이 시기에 Klein 또한 6세 이하의 영유아를 이해하기 위해 놀이기술을 사용하기 시작했다. Melanie Klein은 영유아의 놀이를 성인의 자유연상과 동일한 것으로 보고, 영유아의 놀이에 나타난 상징적인 메시지와 무의식적 의미를 해석하는 데 초점을 맞추었다. 1926년에 Anna Freud는 영유아의 놀이를 성인의 자유연상과 동일하게 본 Klein의 입장에 반대하며, 과도한 놀이 분석을 경계했다. 그녀는 놀이를 영유아의 문제를 진단하고, 영유아와 치료사 간의 관계를 형성하기 위한 수단으로 활용하는 데 더 큰 의의를 두었다.

1930년대부터 1950년대까지는 놀이치료 이론과 기법들이 급성장한 시기다(O'Conner, 2001). 1930년대에는 내담자의 놀이행동을 어느 정도로 구조화하느냐에 따라 능동적 놀이치료(active play therapy)와 수동적 놀이치료(passive play therapy)가 출현했다. 능동적 놀이치료는 치료사가 영유아의 문제가 무엇인지 결정하면 이 문제 해결을 위해 구체적인 장난감과 놀이활동을 제안하는 방법이며, 이후 지시적 놀이치료, 구조적 놀이치료로 발전했다. 수동적 놀이치료는 치료사가 영유아에게 장난감을 제공하기는 하지만 어떤 장난감을 가지고 놀지, 어떻게 놀지 개입하지 않는 기법이며, 이후 비지시적 관계치료로 발전했다.

비지시적 관계치료는 1940년대에 널리 활용되었다. 비지시적 상담이론을 수립한 사람은 Carl Rogers다. 관계치료에서는 치료사와 영유아의 상호작용의 질을 중요하게 여긴다. 즉, 치료사는 최대한 수용적인 분위기를 만들고, 영유아에게 지시하거나 영유아를 평가하지 않은 채 있는 그대로의 영유아를 존중한다. 1947년에 Rogers의 제자 Virginia Axline은 비지시적 관계치료를 발전시켜 놀이치료의 가장 중요한 발전을 이루었는데, 이것이 영유아 중심적 놀이치료다. Axline은 영유아에게는 자아실현을 위한 추동이 있어서 자동적으로 노력하기 때문에 스스로 자신의 문제를 해결해 나갈 수 있는 힘이 있다고 보았다. Axline에서 시작된 영유아 중심적 놀이치료는 놀이치료의 보급과 발전에 크게 기여하였다.

1950년대부터 1970년대까지는 새로운 놀이치료 이론과 기법이 활발하게 개발되었다. 부모를 놀이치료 과정에 직접 참여시켜 부모-자녀 간 놀이 상호작용을 촉진함으로써 부모-자녀 관계를 개선시키는 Guerney의 부모놀이치료, 발달장애 또는 발달적인 적응문제를 가진 영유아의 건강한 애착 발달을 위해 치료사가 적극적으로 개입하는 Brody의 발달놀이치료, 놀이치료 도구 없이 치료사와 영유아 간의 신체 접촉을 통해 영유아를 치료하는 치료놀이(Theraplay)가 이 시기에 개발되어 현재까지 현장에서 활발히 적용되고 있다.

1980년대 이후 놀이치료는 더욱 다양한 이론과 기법으로 발전되어 나가고 있다. 여러 가지 상담 및 심리치료 이론과 놀이치료가 결합되어 게슈탈트 놀이치료, 인지행동 놀이치료, 생태학적 놀이치료, 집단 놀이치료, 역동적 놀이치료, 외상 후 놀이치료 등으로 다양하게 발전하고 있다. 기법 또한 다양하게 적용되어 미술치료, 모래놀이치료, 게임치료, 음악치료, 독서치료, 가장의상놀이치료 등 여러 가지 놀이도구 및 표현예술 매체가 활용되고 있다.

3. 놀이치료의 이론적 배경

1) 정신분석 놀이치료

(1) 이론적 배경

정신분석 놀이치료는 현재 영유아가 보이는 사고나 감정, 행동은 과거에 영유아가 경험한 사고나 감정에 영향을 받는다는 것을 기본 가정으로 한다. 즉, 현재 영유아의 행동의 원인은 반드시 과거에 있다는 것이다. 정신분석 놀이치료에서 놀이는 치료사와 영유아 간의 관계 형성을 위한 수단으로, 영유아를 관찰하는 매개체로, 영유아와 치료사 간의 해석적인 의사소통을 촉진하는 수단으로 기능한다. 정신분석 놀이치료에서 놀이란 오락이나 교육의 수단이 아니며, 놀이치료사는 놀이

친구가 아니라 참여 관찰자로서의 역할을 한다.

Klein은 영유아가 부모와의 관계에서 경험하는 성에 관련된 대립이나 공격성을 놀이 안에서 상징적으로 표현한다고 했다. Klein에게 놀이는 영유아에게 중요한 상징적 의사소통이며, 치료사는 그 의미를 영유아에게 해석해 주는 중요한 역할을 해야 한다.

이에 반해 Anna Freud는 영유아가 목적을 가지고 놀이를 하는 것이 아니기 때문에 영유아의 놀이에 극단적인 해석을 하는 것을 경계해야 한다고 말했다(Hughes, 1999). 그럼에도 놀이는 영유아의 내면세계를 탐색할 수 있는 효과적인 단서를 제공하므로 놀이를 통해 영유아에 대한 중요한 정보를 수집할 수 있다고 했다. 그녀는 영유아의 놀이를 통해 영유아의 문제를 진단했고, 치료사와 영유아 간에 우호적인 관계를 맺는 데 놀이를 활용했다.

(2) 치료대상과 치료목표

정신분석 놀이치료는 공포증, 강박증, 불안장애와 같은 신경증적 장애들을 치료대상으로 한다. 야뇨증, 야경증, 퇴행, 자폐적 증상과 같이 정서적 문제와 관련된 증상도 치료대상이다.

정신분석 놀이치료의 목표는 무의식적인 갈등을 의식화하여 이해하고, 자아를 강하게 만들어 본능의 요구보다 현실에 바탕을 두고 행동하도록 하는 데 있다. 성격구조와 그 기능의 최적의 발달을 이루어 내기 위해 교정하고 발달시켜 고착과 퇴행, 발달 지체 등을 해결하는 것이다. 정신분석 놀이치료는 행동이나 증상만을 변화시키는 것이 아니라 영유아의 본질적인 측면을 변화시키고자 한다.

(3) 치료방법

정신분석 놀이치료에서 치료사는 놀이친구가 아니라 관찰자이며 해석자다. 치료사는 영유아가 놀이에 열중하면서 자신의 문제를 스스로 깨닫고 해결할 수 있도

받았다. 딥스는 유명한 과학자 아빠와 전직 외과 의사인 엄마 밑에서 물질적인 풍요는 누리지만 정신지체가 의심될 정도의 정신적 어려움을 가진 다섯 살 난 아이였다. 딥스는 자신이 만든 감옥 속에 스스로를 가두고 세상과의 벽을 만들고 있었기에, 엑슬린 박사는 이를 정서적인 상처 때문에 세상에 대해 혼란스러움을 가지게 된 것이라고 판단했다. 딥스는 부모, 특히 아빠에 대한 강한 적대감을 드러내어 아빠로 지정한 인형을 모래산 아래에 묻어버리거나 불난 집에 가두기도 했는데, 이런 자신의 행동에 무척 죄책감을 보였다. 그러나 치료를 해 나가면서 딥스는 마음속의 감옥을 차근차근히 부수고 세상과 마주하게 되며, 그 과정 속에서 진정으로 자유로운 자아를 찾게 된다.

나는요, 모든 아이가 자기만 오를 수 있는 동산을, 하늘 위에 별 하나를, 나무 하나를 자기 것으로 가지고 있어야 한다고 생각해요. 이것이 내가 '그래야 한다' 고 생각하는 거예요.
- 본문 143쪽

아, 초록색 물감아! 너는 조용하고 좋구나. 봄에도 내 둘레를 맴돌고, 여름에도 내 둘레를 맴돌고, 나뭇잎에 잔디에 그리고 담장에. 아, 초록색! 아, 초록색! 아, 초록색! (…중략…) 아, 미운 색의 노랑아! 아, 성난 미운 색아! 아, 나무를 못 들어오게 하는 창문과 철창. 아, 잠긴 문과 돌려진 열쇠. 나는 네가 싫어, 노랑아! 미운 고물 같은 색아, 감옥 같은 색아, 외로워하고 무서워하는 색아. 아, 미운 노란색! - 본문 178~179쪽

나는 차츰 선생님을 믿게 됐어요. 선생님은 나한테 적하고 끝까지 싸워서 내게 상처줘서 미안하다고 말할 때까지 싸우라고 말씀하셨어요. 나는 적들을 찾아서 싸웠어요. 그러자 더 이상 무섭지 않았어요. 나는 사랑을 느낄 때는 불행하지 않다는 걸 알았어요. - 본문 299쪽

* 참고서적: 주정일, 이원영 역(2011). 딥스. 서울: 샘터.

3) 인지행동 놀이치료

(1) 이론적 배경

인지행동 놀이치료는 인지치료이론에 기반을 둔다. 인지치료이론은 인간의 정

서와 행동이 사고에 의해 좌우된다고 보고, 인지과정을 변화시키면 심리적 문제와 행동문제를 감소시킬 수 있다고 주장한다. 그리고 대부분의 문제행동은 왜곡된 생각에서 비롯되므로, 영유아가 자신의 부적응적인 신념을 수정하면 정서적, 행동적, 사회적으로 건강해질 수 있다고 말한다.

Knell은 성인 대상의 인지행동치료를 영유아에게 적용시킨 대표적인 인물이다. 어린 영유아들에게는 인지적인 개입뿐만 아니라 행동적인 개입도 동시에 요구된다. 즉, 행동적인 개입까지 병행하여 치료과정에서 흥미를 유발하고, 사회적 기술을 훈련시키는 등의 방법을 통해 보다 효과적인 결과를 가져올 수 있다. 따라서 인지행동 놀이치료는 놀이치료의 형태로 행동적인 개입과 인지적인 개입을 동시에 제공하여 보다 직접적이고 단기적으로 문제행동을 수정한다. 이를 위해 손인형이 부정적인 신념들을 정면으로 마주보며 긍정적인 자기진술을 하는 등의 방식을 활용하기도 한다.

인지행동 놀이치료의 특징은 단기간 이루어지고, 치료사가 지시적이며, 특정 문제를 해결하는 데 초점을 맞춘다는 점에 있다(이숙희, 고인숙, 2007). 전체적인 치료뿐만 아니라 각 회기도 구조적이고 지시적으로 운영된다. 영유아는 각 회기마다 세부 목표를 정하고 자발적으로 놀잇감을 선택하여 놀이할 수 있다. 치료사는 영유아와 협력적이고 긍정적인 관계를 맺으면서 동시에 교육적인 관계가 되며, 놀잇감과 놀이활동을 선택하여 영유아에게 놀이하는 방법을 가르치는 과정에서 모델링과 강화의 방법을 사용한다. 치료사는 영유아의 대처방식을 변화시키기 위해 긍정적인 대처기술이나 대안적 행동을 가르쳐 주며, 인형이나 다른 놀잇감을 모델로 새로운 기술을 가르칠 수 있다.

(2) 치료대상과 치료목표

인지행동 놀이치료는 영유아중심 놀이치료와 달리 전반적인 개입이 아니라 특정 문제 해결을 중점적으로 다룬다. 인지행동 놀이치료의 목표는 영유아, 가족과 함께 세울 수 있으며, 설정된 치료목표를 바탕으로 매 회기의 놀이치료 진행과정을 평가한다. 인지행동 놀이치료의 일차적인 목표는 영유아의 증상과 관련된 부적응적인 사고가 무엇인지 검증하고 이를 수정하는 데 있다. 어린 영유아의 경우 부적응적인 인지를 대체하는 방향으로 작업을 진행하기가 어려우므로 적응적인 인지의 발달 자체를 도와주는 것이 목표가 될 수 있다(Knell, 2000). 또한 인지행동 놀이치료의 목표는 영유아가 자신의 비합리적인 신념들을 깨닫게 하는 데 있다. 그리고 다양한 인지행동 놀이기법을 사용하여 잘못된 자신의 사고과정을 통제하고, 대안적 방법을 배우고 연습하는 데 치료의 목표를 둔다.

(3) 치료방법

인지행동 놀이치료는 모델링, 역할놀이, 체계적 둔감법, 강화를 통한 수반성 관리 등의 방법으로 영유아가 가진 왜곡된 인지 및 행동 문제를 해결할 수 있는 대안적 기술을 훈련시킨다. 그리고 자신에 대한 긍정적인 암시가 될 수 있는 자아진술 대처와 비논리적 믿음을 변화시킴으로써 인지전략을 바꾸는 등의 자기 지시적 훈련을 통해 영유아 스스로 행동을 조절할 수 있는 능력을 키워 준다. 이로써 영유아는 적응적인 행동을 훈련받아 사회적 적응도를 높이고, 문제행동을 만들어 내는 인지과정을 변화시킬 수 있게 된다.

인지행동 놀이치료에서 치료사는 놀이를 통해 영유아를 치료에 참여시키는 것에 중점을 둔다. 영유아의 문제를 부모를 통해서가 아니라 직접적으로 놀이치료를 통해 다룬다. 치료사는 영유아가 놀이를 하면서 어떤 것을 전달하고 있는지 주의 깊게 경청하고, 적절한 놀이방법을 통해 적응적인 사고와 행동을 발달시키는 전략을 알려 준다. 치료사는 장난감을 가지고 하는 놀이를 영유아가 편하게 받아들이도록 노력해야 한다.

● **인지행동 놀이치료 사례**

체계적 둔감법을 통한 부정적 사고 아동의 인지적 변화 사례

의뢰된 부정적 사고 경향의 아동은 막연한 불안으로 두통을 호소할 정도였다. 불안과 걱정의 내용 또한 막연한 것이었는데, 불안할 때면 엄마에게 안아달라고 표현하고 안긴다고 했다. 이 아동은 학교숙제로 봉선화 씨앗을 심고 싹이 나지 않을까 봐 불안을 나타내며 걱정을 했다. 상담자는 아동과 함께 세 차례 씨앗의 횟수를 각각 10개, 5개, 2개로 줄여 가며 봉선화 씨앗을 심었다. 어떤 씨앗이든 싹이 나지 않을 것에 대한 걱정을 줄일 수 있도록 돕기 위함이었다. 먼저, 10개를 심고 처음 싹이 트기까지 2주간은 매일 마음을 졸이며 걱정하였으나 길러보는 '한살이' 과정을 경험하고 나서는 씨앗의 개수를 줄이더라도 씨앗에서 싹이 나는 것에 대한 확실한 믿음으로 스스로 불안을 극복할 수 있게 했다.

출처: 유가효 외(2010), p. 113.

4. 놀이치료의 접근법

1) 치료놀이

(1) 정의 및 특성

치료놀이는 1967년에 Jernberg에 의해 헤드스타트 프로그램으로 시작되었다. 치료놀이는 애착이론, 자아심리학, 대상관계이론, 접촉이론에 기초하여 발전되었다. 치료놀이는 부모-자녀 사이의 건강한 상호작용을 놀이치료 안에서 재현하여, 영유아의 건강한 발달을 위해 안정된 애착관계를 형성하도록 돕는 치료기법이다. 치료놀이는 성인이 주도적으로 눈맞춤, 신체 접촉, 신체놀이 등을 활용한다는 특성이 있다. 그리고 다른 놀이치료보다 부모가 적극적으로 참여하여 영유아의 발달을 책임질 것을 강조한다.

치료놀이는 놀잇감 없이도 가능하다. 성인인 치료사가 주도권을 가지고 책임 있게 치료를 진행하기 때문에 다른 놀이치료보다 치료결과를 예측하기도 쉽다. 그러나 영유아를 위해 문제를 해결해 주지는 않으며, 과거의 동기를 해석해 주지도 않는다. 치료놀이는 '지금-여기(here and now)'에 집중하여 영유아의 말과 행동에 민감하게 반응하면서 치료사가 활동을 주도해 나간다. 그리고 영유아의 문제에 초점을 맞추지 않고 영유아의 건강하고 긍정적인 측면에 초점을 맞추어 영유아의 성장 가능성을 믿는다.

치료놀이의 원리는 구조(structure), 도전(challenge), 개입(engagement), 양육(nurture), 즐거움(playfulness)의 다섯 가지다(유가효 외, 2010). 구조는 시공간을 구조화하여 반복되는 질서와 규칙을 만들어 줌으로써 영유아가 예측성과 안정감을 갖게 하는 측면이다. 도전은 생의 초기에 영유아가 자신의 능력 내에서 성취감을 경험하기 위해 새로운 것을 탐색하려는 의지를 말하며, 이를 통해 성취감, 유능감, 자기 신뢰 등을 발달시킬 수 있다. 개입은 영유아와 부모의 건강한 접촉과 상호작용적 개입을 통해 영유아가 다른 사람과 관계 맺는 것에 즐거움을 느끼고 건강한 자아 개념을 형성하도록 돕는 측면이다. 양육은 퇴행적이지만 충족되지 못한 생의 초기 욕구를 충족시키고 보살펴 줌으로써 영유아가 자신이 소중하고 사랑받는 존재라는 내적 표상을 만들도록 하는 데 초점을 둔다. 즐거움은 치료놀이의 모든 활동이 영유아가 쉽게 참여할 수 있는 재미있는 방법을 활용한다는 측면을 일컫는다.

(2) 치료대상과 치료목표

치료놀이는 생의 초기에 영유아의 욕구가 충족되지 못해 비롯된 다양한 문제행동을 대상으로 한다. 여기에는 외현화 장애와 내면화 장애 모두가 포함된다. 외현화 장애를 보이는 영유아에게는 치료놀이를 구조화하여 한계를 경험하게 하고 영유아의 퇴행적 욕구를 너그럽게 보살펴 주는 치료놀이를 실시할 수 있다. 내면화

장애를 보이는 영유아에게는 재미있고 즐거운 자극을 주는 치료놀이 자체가 효과를 가져 온다. 이 외에도 자폐영유아나 전반적 발달장애, 외상 후 스트레스 장애영유아 등을 대상으로 치료놀이를 실시하여 효과를 볼 수 있다. 영유아보육 · 교육 현장에서 기관에 다니는 영유아들의 건강한 발달을 돕기 위해서도 즐거운 신체적 놀이활동을 할 수 있고, 학부모를 대상으로 부모역할에 자신감을 불어넣어 주는 교육의 자원으로도 치료놀이를 활용할 수 있다.

치료놀이의 목표는 생의 초기에 이루어지는 부모-자녀 상호작용을 통해 자신과 타인에 대한 부정적인 내적 표상을 긍정적인 것으로 변화시키는 데 있다. 이는 영유아의 신체감각을 자극하고, 충족되지 못했던 퇴행적 욕구를 만족시켜 줌으로써 영유아가 안정감과 신뢰감, 행복을 느끼는 것을 통해 가능하다. 따라서 치료놀이는 건강한 애착 형성을 촉진하고, 자존감과 신뢰감의 형성을 최우선의 목표로 한

사진 10-2 어린이집에서 활용할 수 있는 치료놀이 활동
어린이집에서는 친구들 간의 신체 접촉을 활용한 활동을 통해 또래관계를 개선하여 어린이집 적응을 도모할 수 있다.

다(Jernberg & Booth, 1999).

(3) 치료방법

치료놀이의 치료실은 단순하고 깨끗하고 편안해야 하며, 장난감이나 물건이 없어야 한다. 치료사는 주도적으로 어떤 활동을 할 것인지 결정하고 치료의 속도도 결정한다. 치료사는 치료놀이 회기 동안 영유아가 부모와 친밀감을 증진시키고, 편안한 분위기 속에서 자신의 감정을 표현할 수 있도록 도와주어야 한다. 다른 놀이치료와 달리 치료놀이에는 영유아와 치료사 외에 다른 사람이 포함된다. 두 명의 치료사가 이상적인데, 한 명은 놀이치료실 안에서 영유아를 치료하고 나머지 한 명은 관찰실에서 부모에게 치료에 대해 해석해 주는 역할을 할 수 있다. 경우에 따라서는 놀이치료실에 두 명의 치료사가 동시에 들어가서 보다 활기차고 재미있

사진 10-3 양육자와 영유아 간의 신체활동
양육자와 영유아 간의 신체활동은 영유아가 생의 초기에 충족하지 못한 욕구를 채워 주어 건강한 상호작용을 재경험할 수 있게 해 준다.

는 자극을 영유아에게 제공할 수 있다.

치료놀이에는 부모 또는 양육자가 반드시 포함되어야 한다. 왜냐하면 치료사가 영유아와 놀이를 통해 어떻게 치료를 진행하는지 부모가 배워야 하기 때문이다. 영유아가 치료사와 안정된 애착관계가 형성된 이후에는 부모나 양육자가 참여하여 영유아와의 관계를 수정할 기회를 가진다. 치료사는 또한 부모상담을 통해 자녀의 발달이나 행동문제를 다루는 적절한 방법을 가르칠 수 있다.

영유아가 생의 초기에 충족하지 못한 욕구를 그 단계로 되돌아가 건강한 상호작용을 재경험할 수 있는 데 목표를 두기에 현재 영유아의 생활연령보다 낮은 단순한 놀이활동이 이루어진다. 각각의 치료놀이의 원리에 따라 해당 특성을 가진 놀

치료놀이 활동 예시

- 솜공 불기: 면솜은 불기 적당한 크기로 뜯어 둥글게 만들어 놓는다. 영유아와 치료사가 바닥에 엎드려 마주보고 손을 잡는다. 솜공을 '후' 하고 불어서 상대방에게 보낸다.
- 손탑 쌓기: 치료사는 손바닥을 바닥 위에 놓는다. 영유아는 자신의 손을 치료사의 손 위에 얹는다. 계속해서 치료사와 영유아가 번갈아 가며 손탑을 쌓아간다. 이 방식대로 점점 올라가서 까치발로 설 때까지 진행한다. 반대로 다시 내려온다.
- 신문지 펀치 뚫기: 영유아를 편안한 자세로 치료사와 마주보고 앉게 한다. 치료사는 신문지 한 장을 두 손으로 잡고 영유아가 주먹을 쥐고 "하나, 둘, 셋." 신호에 맞추어 뚫게 한다. 영유아에게 맞추어 신문지 장수를 늘려 간다.
- 밀가루 반죽놀이: 밀가루 반죽을 손바닥에 비벼서 길게 줄을 만든다. 반죽을 이용하여 신체의 여러 부위를 재어 본다. 또한 밀가루 반죽을 이용하여 시계, 반지, 목걸이 등을 만들어 본다.
- 로션 바르기: 치료사가 영유아의 손바닥, 손등, 손가락에 로션을 바르면서 부드럽게 마사지한다. 발에 로션을 발라 줄 수도 있고 손이나 발에 원하는 그림을 그려 줄 수도 있다. 수건을 이용해 영유아의 손을 감싸며 닦아 준다.
- 김밥 말이: 부드러운 이불 위에 영유아를 눕힌다. 치료사가 김밥을 마는 것처럼 영유아를 부드럽게 주물러 준다. 영유아가 불편하지 않은지 세심하게 살펴보면서 얼굴 아래 부분을 이불로 감싸서 돌려 준다. 이불이 영유아를 모두 감싸면 끝을 잡고 천천히 풀어 준다.

출처: 유가효 외(2010), pp. 179-183.

이활동들이 안배될 수 있다. 예를 들어, 구조화 활동으로는 영유아와 치료사가 마주보고 솜공 불기 활동을 하거나 손으로 탑을 쌓아올리는 활동이 있고, 도전활동으로는 신문지 펀치 뚫기 활동이, 개입활동으로는 밀가루 반죽놀이가, 양육활동으로는 로션 바르기, 김밥 말이 활동이 가능하다.

2) 모래놀이치료

(1) 정의 및 특성

모래놀이치료는 1929년 Lowenfeld가 시작한 이후, Kalff가 Jung의 분석심리학을 도입하면서 확대되었다. Lowenfeld는 '세계기법(The World Technique)'을 개발하여, 축소된 장난감과 모래상자에 영유아가 내적 세계를 표현하는 작품을 만들게 했다. Kalff는 모래상자에 표현된 상징의 형태들이 영유아의 내적 세계의 한 부분을 재현해 낸 것이라고 해석했다. 또한 영유아가 모래놀이를 해 나가면서 자기 내부의 무의식적인 갈등을 끌고 오며, 정신적 변화를 통해 건강하게 재정리되는 과정에서 치유가 된다고 했다.

모래놀이치료는 여러 가지 특징이 있다(이숙희, 고인숙, 2007). 첫째, 모래놀이치료는 언어로 표현하지 못하는 어린 영유아라도 비언어적인 문제점을 표현할 수 있도록 해 준다. 이는 언어능력이 뛰어나지 않은 영유아에게 효과적인 의사소통 수단이 되는 동시에, 언어적 표현을 방어수단으로 이용하는 경우 그 표현의 이면을 엿볼 수 있도록 해 준다. 둘째, 촉감을 통해 모래를 만지는 것 자체가 치료적인 경험이 될 수 있다. 셋째, 모래놀이치료에서 영유아는 모래상자와 모형물에 자신을 투사하면서 감정을 표출하기 때문에 치료적 거리감을 보장받을 수 있다. 이러한 치료적 거리감은 영유아가 해방감을 느낄 수 있는 안전한 장소를 제공한다. 넷째, 모래상자와 모형물의 크기 등은 영유아에게 자연스러운 경계선과 제한이 되어 안전성을 준다. 경계 내에서 허용된 자유는 영유아가 모래놀이치료를 통해 자신을 통제

사진 10-4 모래놀이를 하는 유아
모래는 가지고 노는 그 자체로 영유아에게 치유의 경험이 될 수 있다.

하는 능력을 경험할 수 있도록 해 준다. 다섯째, 모래놀이치료는 갈등을 언어로 말해야 하는 두려움을 느끼지 않게 해 주어 영유아의 저항을 극복하는 데 효과적이다.

(2) 치료대상과 치료목표

모래놀이치료에서 나타나는 모래놀이의 상징적 과정은 자기를 찾아가는 개성화 과정으로, 모래놀이치료의 목표는 영유아가 의식과 무의식을 통합하며 자아를 발달시켜 나가는 데 있다. Kalff는 치료 과정에서 치료사와 영유아의 관계를 중요시했는데, 영유아가 표현한 상징이 치료사와의 관계를 중심으로 만들어진다고 말했다. 이는 마치 만 1세 이전의 영아가 어머니로부터 신체적인 분리가 이루어지지 않은 것과 같다 하여 '모자 일체성'이라 명명했다(Turner, 2005). 이와 같은 모자 일체성의 심리발달 초기 단계를 거친 다음에 자아가 발달하는데, Kalff는 이 자아 발달의 단계를 3단계로 정의했다(Turner, 2005). 첫 번째는 동식물 단계로, 영유아가 억압되어 있던 무의식의 세계로 들어가 정글, 공룡 등 동식물로 표상을 표현한다. 이는 영유아의 본능이 활성화되어 영유아의 정서적 혼란이 반영되는 시기다. 두 번째는 투쟁 단계로, 이때에는 자아가 불안정하고 혼란스러워 전쟁장면이나 파괴적인 장면들이 많이 나타난다. 세 번째는 집단에의 적응 단계로, 자아 발달의 마지막 단계인 자아 성취에 이르는 시기다. 이때에는 투쟁이 끝나고 마을이나 동네 형태의 모래놀이가 나타나는데, 이는 질서가 회복되고 자연과 사람 사이에 균형이 잡히기 시작했음을 알려 준다.

(3) 치료방법

모래놀이실에는 57cm×72cm×7cm 크기(유가효 외, 2010)의 모래상자 2개를 구비하는데, 하나에는 마른 모래를, 다른 것에는 젖은 모래를 담는 것이 좋다. 상자의 바닥은 파란색 방수 페인트를 칠하는데, 이는 모래를 퍼내는 등의 행위를 통해 상자의 바닥이 드러날 때 물이나 하늘을 암시하는 것이다. 모래는 절반 정도만 채워져 있으면 되고, 자연색 모래가 좋다. 모형물은 다양한 표현이 가능하도록 최대한 많이 준비하면 되는데, 일상생활을 나타내는 것과 상상을 나타내는 것을 분류해 놓으면 좋다.

모래놀이치료에서 치료사의 역할은 관찰자이자 경청자이며, 영유아의 수많은 언어적 · 비언어적 표현들에 반응해 주는 자다. 영유아가 표현하는 것은 무엇이든 수용하고, 영유아의 갈등이나 망설임 등을 인내할 수 있어야 한다. 또한 영유아가 만든 모래놀이장면에서 가치를 판단하지 말아야 한다. 특히 치료사의 관찰자적 태도가 모래놀이 작업의 질을 결정하는 매우 중요한 요소다. 이는 영유아와 치료사가 상징적 과정에 함께 개입하면서 영유아의 상징적 작업이 치료사에 의해 생명력을 부여받고, 영유아는 이 과정을 통해 자신의 상징적 과정을 의식화할 수 있기 때

사진 10-5 모래놀이치료실의 모습
출처: 명지대학교 아동학과

● **모래놀이치료 사례**

치료대상: 유아교육기관에서 선택적 함묵을 보이는 4세 여아

모래놀이 과정: 집을 좌측에 놓더니 집안 구석구석에 모래를 뿌리기도 하고 집어넣기도 했다. 식탁, 의자, 장식장 등을 가져와 일단 모래에 묻었다가 꺼내 그 위에 모래를 뿌렸다. 아기천사 3명, 로마 교황, 경비병을 가져다 모래에 뿌렸다. 남여 경찰, 의사, 집배원을 가져다 모래에 묻었다. 다시 빼서 위에 모래를 뿌렸다. 큰 아기인형을 가져와 집에 눕혔다. 집 밖 모래에 있던 아기천사 3명을 집 1층에 눕혔다.

내담자 표현 및 치료사 느낌: 아기를 상당히 소중히 다루었다. 아기를 품에 안아 다독이고 집에 넣었다가 다시 꺼내 다독이고, 꼭 안아주기를 반복하다가 정성스럽게 이불을 덮어서 집에 뉘었다. 그리고 마지막에 집 밖에 놓여 있던 아기천사 인형들을 집 1층으로 재배열시켰다. 아기 때 받았던 상처를 달래고 치유하는 일이 필요함을 암시한다.

출처: 유가효 외(2010), pp. 226-227.

문이다. 이처럼 상징적 과정에 동시에 참여하는 것은 영유아와 치료사 사이의 유대를 형성하는 중요한 요소다.

참고문헌

신유림, 김선영, 김숙이, 나종혜, 문혁준, 박진옥, 서소정, 신혜영, 신혜원, 유경애, 이미란, 조혜정(2008). 놀이지도(제2판). 서울: 창지사.

유가효, 위영희, 문현주, 이희정, 김태은(2010). 놀이치료의 이해. 파주: 양서원.

유안진(1981). 한국 고유의 아동 놀이. 서울: 정민사.

유안진(1990). 한국 전통사회의 유아교육. 서울: 서울대학교출판부.

이숙, 최정미, 김수미(2002). 현장중심 놀이치료. 서울: 학지사.

이숙희, 고인숙(2007). 아동놀이치료. 서울: 교육아카데미.

이순형(1991). 놀이노래가사의 실태와 가사의 전통성 조사. 아동학회지, 12(1), 68-77.

주정일, 이원영 역(2011). 딥스. 버지니아 M. 액슬린의 *Dibs in Search of Self.* 서울: 샘터.

Gerdard, K., & Gerdard, D. (1997). *Counseling children: A practical introduction*. London: Sage Publications.

Hughes, F. P. (1999). *Children, Play, and Development* (3rd ed.). Boston, MA: Allyn & Bacon.

Jernberg, A. M., & Booth, P. B. (1999). *Theraplay: Helping parents and children build better relationships through attachment-based play*. San Francisco, CA: Jossey-Bass Publishers.

Knell, S. M. (2000). Cognitive-behavioral play therapy for childhood fears and phobias. In H. G. Kaduson & C. E. Shaefer (Eds.), *Short-term play therapy for children* (pp. 3-27). New York: Guilford.

Landreth, G. (2002). *Play therapy: The art of relationship*. New York: Routledge.

O'Conner, K. J. (2001). *The play therapy primer* (2nd ed.). New York: Wiley.

Turner, B. A. (2005). *The Handbook of Sandplay Therapy*. Cloverdale, CA: Temenos Press.

Chapter

11

놀이지도의 실제

1. 구성놀이
2. 조작놀이
3. 신체놀이
4. 극놀이
5. 언어놀이

1. 구성놀이

구성놀이는 영유아가 사물을 능동적으로 조작하는 과정이며, 이 과정에서 영유아는 자신이 시도한 행위에 따른 반응을 즉각적이고 직접적으로 경험할 수 있는 기회를 갖는다(Forman & Hill, 1984; Kamii & Devries, 1978). 영유아가 자유롭게 탐색하고 다양한 물리적 조작을 하기 위해서는 구조화되지 않은 교구재를 제공해 주어야 한다. 이처럼 구조화되지 않은 교구재를 다루는 과정에서 영유아는 이전에 가지고 있던 지식이나 방법을 이용, 활용 및 시험하고, 자신이 가지고 있던 지식의 이해와 폭을 넓혀 나간다.

구성놀이에서 영아들의 경우는 어떤 것을 만들겠다는 구체적인 목적을 가진 시도보다 사물 자체의 특성을 자유롭게 탐색하는 과정이 의미 있다. 따라서 영아의 구성놀이를 위해서는 오감각을 활용하여 안전하고 다양하게 탐색할 수 있는 교구재를 선별하여 제시하는 것이 중요하다. 작은 힘이나 조작에도 물리적인 변형이나 변화를 쉽게 경험할 수 있는 밀가루 반죽, 가볍고 안전하여 자유롭게 활용할 수 있는 종이벽돌이나 우레탄 블록 등이 영아에게 적합한 재료다.

유아들의 경우는 의도된 계획을 가지고 결과물을 만들어 나가는 과정 자체가 구성놀이이며 놀이과정 속에서 선택하기, 검증하기, 정교화하기 및 평가하기의 의미 있는 인지활동을 경험하게 된다. 따라서 유아의 구성놀이를 위해서는 다양한 도구와 나무 등의 목공활동 재료, 수학적 개념과 과학적 사고를 발달시킬 수 있는 단위 블록이나 공간 블록, 재료의 속성을 사용하여 창의적인 구성물을 만들 수 있는 상자, 풀, 점토, 미술도구 등 개방적인 재료를 다양하고 충분하게 제공하는 것이 필요하다.

1) 영아 구성놀이

활동명 **블록 탑 쌓기**

활동목표
- 대근육의 움직임을 조절하여 블록을 키 높이까지 쌓아 본다.
- 눈과 손을 협응하여 소근육을 조절해 가며 블록을 안정감 있게 쌓는다.
- 블록으로 구성되는 조형물의 모양에 관심을 가진다.

활동자료 우레탄 블록, 종이벽돌 블록

활동방법
1. 블록을 제시하여 모양을 탐색하도록 한다.
2. 블록을 탐색하며 블록을 쌓으려는 시도를 하면 긍정적으로 반응하며 격려한다.
3. 블록을 안정감 있게 하나씩 쌓을 때마다 성취감을 느끼고 결과물의 모양에 관심을 갖도록 격려해 준다.

   "와…… 블록을 하나, 둘, 세 개를 쌓았네. ○○ 허리까지 왔네."

   "노랑, 빨강, 초록…… 블록이 ○○ 키만큼 왔네. 영차 영차 더 높이 올려 보자."

참고사항
1. 영아가 자유롭게 조작할 수 있고 떨어져도 안전한 종이벽돌이나 우레탄 블록, 빈 우유갑 등을 활용한다.

2. 연령이 어릴수록 부피가 큰 블록을 제공하여 영아가 능동적으로 구성물을 만들고 단시간 내 성취감을 느낄 수 있도록 한다.

활동명 **밀가루 점토로 생일케이크 만들기**

활동목표
- 밀가루 점토를 탐색하는 과정(주무르기, 밀기, 치기 등)을 통해 나타나는 점토의 변화를 즐긴다.
- 밀가루 점토와 소품을 이용하여 구성물을 만드는 과정을 통해 소근육 발달과 눈과 손의 협응을 돕는다.
- 일상생활의 경험을 모방하여 표현한다.

활동자료 밀가루 점토, 수수깡, 소꿉놀이 소품

활동방법
1. 영아에게 밀가루 점토를 제공하고 탐색하는 방법에 대한 모델링을 보여 준다.
   "주물주물 해볼까? 말랑말랑 하네."
   "꾸욱꾸욱 눌러 볼까? 손가락이 꾸욱 들어가네."
2. 영아가 밀가루 점토를 주무르고 뭉쳐 볼 수 있도록 한다.
3. 생일파티의 경험에 대해 이야기하며, 밀가루 반죽 덩어리를 생일케이크로 가작화해 본다.
   "여기에 숟가락을 꽂으니까 생일 케이크 같아. 생일 축하합니다! 후!!!!"
4. 생일파티 놀이에 관심을 보이면, 수수깡이나 소꿉놀이용 숟가락 등을 제시하여 초처럼 꽂아 보고 노래도 불러 본다.

2) 유아 구성놀이

활동명 **블록으로 신체모양 구성하기**

활동목표 • 나와 친구들의 신체와 움직임에 관심을 갖는다.

• 블록을 사용하여 길이, 크기 등을 비교해 본다.

활동자료 단위 블록, 종이벽돌 블록 등

활동방법 1. 유아들과 키, 팔길이 등 신체 사이즈에 대해 이야기를 나눈다.

2. 신체의 크기나 형태를 표현할 수 있는 다양한 방법에 대해 의논한다.

3. 교실에 있는 크기가 일정한 블록을 이용하여 신체모양을 구성하고, 형태를 살필 수 있도록 한다.

참고사항 유아들은 놀이의 결과물을 그대로 두고 시간이 지나면서 반복적으로 탐색하기를 원하기도 한다. 결과물을 며칠간 보존해 주면서 유아들이 놀이과정에 담겨 있던 활동의 가치를 스스로 깨달을 수 있도록 한다.

활동명 **전자제품 가게 구성하기**

활동목표
- 전자제품의 생김새와 특성을 알아본다.
- 재활용품과 다양한 재료의 특성을 이용하여 전자제품의 모양 및 특징을 표현한다.

활동자료 할로우 블록, 조형물을 만들 수 있는 재활용품, 백업, 빵끈 등

활동방법
1. 유아들과 전자제품에 대해 살펴보고, 쓰임에 따른 물리적 특징을 이야기해 본다.
2. 전자제품을 평면적으로 표상해 보고, 이를 입체적으로 구성할 때 어떤 재료와 방법을 쓸지 계획해 본다.
3. 교실에 있는 다양한 재료를 이용하여 전자제품을 구성한다.
4. 구성한 전자제품으로 전자제품 가게나 수리점을 구성하고 역할극으로 확장할 수 있다.

참고사항
1. 기존에 있는 전자제품을 똑같이 만드는 것이 아니라 제품의 특징을 살려 표현할 수 있도록 지도한다.
2. 유아의 새로운 아이디어가 구성물에 담길 수 있도록 놀이활동 중에도 지속적으로 상호작용한다.

2. 조작놀이

조작놀이는 영유아가 손가락의 소근육을 이용하여 구체물을 끼우고 맞추고 분해하고 재배열하는 등의 여러 가지 방법으로 다루는 놀이를 말한다. 이러한 조작놀이를 위한 놀잇감에는 퍼즐, 도미노, 볼트와 너트, 열쇠와 자물쇠, 판게임, 칠교(Tangram), 공기, 고누, 윷, 바늘과 실 등이 있다.

영유아와 조작놀이를 할 때에는 고려해야 할 내용이 있는데 첫째, 발달적으로 적합한 놀잇감을 제시하는 것이 중요하다. 일반 기하학 모양의 조각들을 이용해 숫자나 크기의 제한없이 모형을 만드는 것은 영아에게 적합하고, 직각이등변삼각형, 정사각형, 평행사변형의 7개 조각으로 정해진 도안을 완성하는 칠교놀이는 유아에게 적절한 놀이일 것이다. 둘째, 같은 놀이라도 제시하는 놀잇감의 수준을 고려해야 한다. 퍼즐놀이를 예로 들면, 일반적으로 만 2세 미만의 영아에게는 손잡이가 달린 4조각 이하의 입체 퍼즐이 적합하고, 만 3세는 10조각 이하, 만 4세는 10~20조각, 만 5세는 30조각 정도의 퍼즐이 적당하다. 30조각의 퍼즐을 만 3세에게 제시하고 스스로 맞추기를 기대하는 것은 오히려 영아의 발달을 저해하는 것이다.

그러나 발달상으로 개인차가 존재하기 때문에 이러한 발달 이정표를 획일적으로 받아들일 필요는 없다. 놀이과정에서 지속적인 관찰을 통해 현재 영유아의 발달 수준이 어느 정도인지를 파악하고 개개의 발달 수준에 맞는 퍼즐을 제시하는 것이 더 중요하다. 발달적으로 적합한 놀잇감이라는 것은 영유아가 교사의 개입이나 중재 없이도 대상과의 상호작용을 통해 스스로 무언가를 배워 갈 수 있다는 것을 의미한다.

교사의 효율적인 비계 설정과 상호작용이 있다면 발달 수준을 넘어서는 놀잇감으로도 역동적이고 즐거운 놀이를 할 수 있다. 예를 들어, 만 2세와 30조각의 퍼즐을 할 경우, 성인은 2개의 조각을 거의 맞추어 놓고 영아에게 꾹꾹 누르게 한 다음 완성되었을 때, 박수를 쳐 주거나 "꼭 맞네." "○○가 꼭 맞추었네."라고 반응해 줄 수 있다. 이럴 경우 단순히 퍼즐을 맞추는 기능적인 놀이에서 벗어나 "어, 이 돼지 얼굴에 귀가 없네. 귀가 어디 있지? 돼지 귀를 찾아 주자."와 같이 그림과 연합될 수 있는 언어적인 상호작용이 수반되면 더욱 재미있는 놀이가 될 수 있다. 또한 퍼즐 전체의 그림에 대해서 이전에 영아와 놀이했던 맥락이나 경험들을 연결지어 이야기를 만들어 가면서 전체를 완성해 간다면 퍼즐의 놀이가 반복되어 갈수록 영유아의 머릿속에서도 이야기의 퍼즐 조각들이 하나씩 맞추어져 갈 것이다.

활동명 **모여라! 모양 친구들**

활동대상 만 2세

활동영역 조작영역

활동목표 기본적인 도형들(동그라미, 세모, 네모, 반원)로 마음속으로 그리고 있는 모양을 마음껏 표현하도록 한다.

활동자료 까만 자석 칠판, 다양한 마그네틱 도형들

활동방법
1. 교사가 영아들의 이전 관심 및 경험과 관련되어 있고 영아가 맞출 수 있는 가장 간단한 형태의 모양을 만들어 "이게 뭐지?"라고 물어본다. 이를 통해 영아의 관심과 흥미를 유발한다.
2. "자, 이제 친구들도 만들어 볼까?"라고 말하며 활동을 시작한다.
3. 교사는 영아 각자의 작품들이 어떤 과정을 거쳐 구성되는지 잘 관찰하고 영아가 표현하고자 했던 것들에 대한 설명에 잘 반응하면서 격려해 준다.
4. 교사는 영아에게 충분한 시간을 주고 놀이하도록 하면서 현재 영아가 만든 것보다 약간 높은 수준의 예를 아주 가끔씩 보여 주어 활동을 자극한다.
5. 완성된 영아의 작품에 대해 영아에게 물어보고 반영적으로 경청한

다음 교사가 어떤 점이 좋았음을 표현해 준다.

확장활동 도형 내에 여러 가지 그림을 넣어 작품을 만들고, 전체 작품을 하나의 이야기로 통합하여 구성해 본다.

활동요령 아무리 훌륭한 교구교재라고 하더라도 의미있는 타자와의 상호작용이 없다면 영아는 금세 흥미를 잃어버릴 것이다. 또한 교사가 먼저 멋진 완성작품들을 많이 만들어 낸다면 영아는 위축되어 계속 교사에게 만들어 달라고 할 수도 있다. 교사는 영아가 활동의 중심이 되도록 하면서 영아가 보여 주는 반응과 행동을 민감하게 수용하고 활동의 방향과 내용에 바로 반영해 주도록 한다.

활동명 **변신! 모양 7형제**

활동대상 만 4세

활동영역 조작영역

활동목표 칠교판의 큰 직각이등변삼각형 2개, 작은 직각이등변삼각형 2개, 중간 크기의 직각이등변삼각형 1개, 작은 정사각형 1개, 평행사변형 1개의 7조각을 만들어 보고 이를 사용하여 인물, 건축, 동물 등 다양한 모양을 구성해 본다.

활동자료 마그네틱 칠판, 자석 고무, 우드락, 색종이, 칠교놀이 도안

활동방법 1. 교사는 유아가 모두 알고 있는 모양(예: 숫자 1)의 도안을 보여 주고 이를 칠교의 7조각으로 구성할 수 있음을 보여 준다.

2. "자, 여기에는 어떤 모양이 들어가면 좋을까?" 유아에게 질문을 던지고 함께 모양을 맞추어 본다.

3. 숫자 1이 완성되면 숫자 2와 3의 칠교 도안도 준비하여 맞추어 본

다. 교사는 유아가 문제를 잘 해결해 가는지를 세심히 관찰하고 필요에 따라 개입해서 힌트를 주거나 난이도를 조정한다.

확장활동 칠교판을 미리 구성하고 이를 맞추는 놀이에서 거꾸로 칠교 조각을 이용해 자신만의 모양을 창의적으로 구성하고 이를 바탕으로 칠교판을 만들어 서로에게 맞추어 보도록 한다.

활동요령 칠교는 생각보다 맞추기가 어렵기 때문에 유아가 반복해서 실패하고 흥미를 잃지 않도록 쉬운 수준의 것부터 제시하며, 너무 어려워하면 7조각 중 몇 조각만을 사용하여 시도해 볼 수도 있다.

활동명 **딱지 접기**

활동대상 만 3~5세

활동영역 조작영역

활동목표 패턴과 대칭의 개념을 이해한다.

활동자료 색종이, 마분지, 박스 등 두꺼운 종이

활동방법
1. 원하는 색깔의 색종이 두 장을 이용해 딱지를 만든다.
2. 한 명씩 딱지를 연결하되 같은 색깔이 들어간 딱지를 연결시킨다. 파란색과 노란색이 들어가 있는 딱지를 놓으면 그다음 사람은 파란색이나 노란색이 들어가 있는 딱지를 붙여 놓는다.
3. 큰 도화지를 반으로 접은 다음 교사가 딱지를 놓으면 유아가 교사의 것과 대칭되게 딱지를 놓아 본다.

확장활동 딱지 기차를 만들어 본다. 딱지의 수가 많다면 딱지를 모두 연결하여 미로 찾기를 만들어 볼 수도 있다. 혹은 딱지를 하나씩 포개어 탑을 만들어 본다. 유아들이 협동하여 아주 큰 딱지를 만들어 보는 것도 재미있는 활동이 된다.

활동요령 모두가 딱지를 스스로 접을 수 있게끔 안내한다. 다양한 색깔의 딱지를 갖게 되면 딱지를 이용해 배열해 보고, 쌓고, 재분해 해 보는 등 다양한 놀이를 진행한다.

활동명 **우리는 짝꿍!! 볼트와 너트**

활동대상 만 2세

활동영역 조작영역

활동목표 볼트와 너트를 이용해 끼우기, 빼기, 돌리기 등 소근육을 이용해 다양한 동작을 경험해 본다.

활동자료 볼트와 너트 장난감

활동방법 1. 볼트와 너트를 탐색할 시간을 준다.

2. 영아가 처음에 볼트와 너트를 가지고 무엇을 하는지 관찰한다. 영아는 처음에는 구멍에 볼트를 차례대로 끼우는 단순하고 쉬운 놀이를 반복할지 모른다. 그다음 볼트와 너트를 함께 가지고 무언가를 하지만 너트를 볼트에 끼울 생각은 하지 못한다. 그러면 교사가 한 번 시범을 보이고 볼트를 너트 부분에 살짝 끼워서 영아에게 건네준다. 발달 정도에 따라 영아는 너트를 지속적으로 한 방향으로 돌릴 수도 있고, 오른쪽과 왼쪽을 계속 번갈아 돌리기도 한다. 어떻게 놀이를 진행하는지 살펴본 다음 적절한 개입을 한다.

3. 그다음은 볼트를 구멍에 거꾸로 끼우고 손을 놓았을 때 그냥 떨어지는 상황을 보여 주고, 너트를 돌려 끼웠을 때는 잘 고정되어 있는 것도 보여 준다.

확장활동 바퀴와 볼트너트 판을 이용하여 다양한 동물, 탈것 등을 만들어 본다. 실제로 영아의 일상과 밀접한 토끼를 만들어 보거나 유모차를 만들어

인형을 태워 주는 놀이도 해 본다.

활동요령 성급하게 어떻게 만드는 것인지를 먼저 보여 주지 않도록 한다. 영아가 구멍에 볼트를 끼우면서 볼트와 구멍에 대해 충분히 탐색하기도 전에 난이도가 높은 놀이를 진행하면 영아는 교사에게 의존할 수밖에 없고 창의적인 사고도 발현되기 어렵다. 교사가 차분히 지켜봐 주면 영아는 자신의 발달 수준에 맞는 놀이를 하게 되고, 교사는 이 바탕에서 상호작용 수준이나 비계 수준을 결정한다.

3. 신체놀이

신체놀이는 영유아가 자신의 신체를 이용하여 걷고, 뛰고, 구르고, 달리고, 던지고, 매달리는 등 신체를 이용한 모든 활동을 말한다. 이러한 신체놀이에는 미끄럼틀, 사다리, 정글짐, 뜀틀, 징검다리, 철봉, 그네, 자전거, 공, 줄넘기 등을 이용한 다양한 놀이가 있다. 전통놀이에도 사방치기, 자치기, 구슬치기, 딱지치기, 팽이치기, 비석치기, 고무줄 놀이, 제기차기, 대문놀이 등의 신체놀이가 있다.

영아의 신체놀이는 특별한 놀잇감이 없이도 즐거운 놀이가 가능하다. 영아의 신체 발달은 급속도로 이루어지며, 어느 순간에 이전에는 무수히 실패하고 불가능했던 동작들이 가능해지면서 놀람과 희열을 느끼게 된다. 음악이 나올 때 신나게 몸을 움직이지만 한쪽 발이 항상 땅에 닿아 있는 만 2세의 영아가 어느 순간 모둠발로 점프를 할 수 있음을 발견하게 된다. 영아의 얼굴에는 미소가 번지고 몇 번이고 반복해서 점프놀이를 한다. 이때 성인은 진심으로 함께 축하해 주고, 이를 놀이를 통해 재연하면 더욱 신나는 신체활동이 된다. 예를 들어, 예전에 들려주었던 토끼와 거북이 동화내용을 다시 이야기해 주면서 토끼와 거북이 달리기 시합놀이를 해 보는 것이다.

성인은 영유아가 흥미를 가지고 놀이에 몰입할 수 있도록 단순하고 간단한 활동부터 시작해야 한다. 이를 통해 영유아는 자신의 신체 움직임에 대해 자신감과 만족감을 느낄 수 있고, 복잡하고 다양한 신체활동에 도전할 준비를 한다. 푹신하고 낮은 소파를 무릎으로 기어오르고, 그다음 딱딱한 의자를, 의자에서 책상으로 기어오른다. 준비가 된 영아는 놀이터에서 미끄럼틀을 타기 위해 높은 사다리를 오르고, 정글짐도 무릎으로 하나씩 기어오르면서 자신의 키보다 몇 배 높은 곳까지 오르게 될 것이다. 유아가 되면 더욱더 복잡하고 모험적인 신체놀이를 즐길 수 있게 된다. 구름사다리에 매달리기를 하다가 손을 교차해 건너고 거꾸로 매달리고 심지어는 구름사다리 위로 올라가 두 발로 걸어가기도 한다. 두 팔로 땅을 짚고 옆돌기를 연속으로 하고 높은 난간 위에서 점프를 하기도 한다.

영유아들은 우리가 상상하는 것보다 훨씬 우월한 신체능력을 가지고 있다. 자신의 잠재된 신체능력을 발휘하고 확인하며 행복해한다. 텔레비전이나 컴퓨터, 닌텐도 게임기 등으로 단지 앉아 있기만 해도 재미있는 놀이가 늘어나고 또래와 함께 모일 기회가 부족한 영유아들에게 몸을 마음껏 사용하여 신나게 놀고 소통하는 기회를 제공하는 것은 성인들의 몫이다.

활동명 **여우야 여우야 뭐하니**?

활동대상 만 3~5세

활동영역 신체영역

활동목표 정해진 놀이의 단계를 이해하여 다음 단계를 예측하고 행동에 대한 준비를 미리 할 수 있도록 한다.

활동자료 여우야 여우야 노래 음원, 컴퓨터

활동방법

1. 교사는 유아들과 '여우야 여우야' 노래를 부르며 노래에 익숙해지도록 한다.
2. 여우야 여우야 뭐하~니? 잠잔~다. 잠꾸러~기. 여우야 여우야 뭐하~니? 세수한~다. 멋쟁~이. 여우야 여우야 뭐하~니? 밥먹는~다. 무슨 반~찬? 개구리 반~찬. 죽었니? 살았니? 살았다!!
3. 유아들이 노래에 익숙해지면 놀이방법과 규칙을 설명해 준다.
4. 가위바위보로 여우 역할을 할 술래를 정한다. 여우는 표시된 여우 집에 뒤돌아 앉는다. 유아들은 출발선에서부터 여우를 향해 '여우야 여우야' 노래를 부르며 다가간다. 죽었니? 살았니?에서 여우가 죽었다고 하면 다시 시작하고 살았다고 하면 출발선까지 도망간다. 여우는 도망가는 유아를 뒤쫓아 손으로 쳐서 잡는다.

확장활동 놀이 단계에 오전에 일어나서 하는 내용들을 추가로 넣어서 놀이를 통해 기본 생활습관에 대한 스크립트 지식을 얻을 수 있도록 한다. 치카한~다. 깔끔~이. 응가한다. 장한~이. 옷입는~다. 예쁜~이.

활동요령 어린 유아의 경우에는 잠잔다, 세수한다 등의 노래가사에 맞추어 동작을 함께하도록 하고, 교사나 엄마가 술래가 되었을 경우 아이가 놀라지 않게 잡을 듯 잡을 듯하면서 쫓아가면 더욱 재미있게 놀이할 수 있다.

활동명 **통통 징검다리**

활동대상 만 3~5세

활동영역 신체영역

활동목표 게임의 규칙을 이해하고 즐겁게 놀이하며 다양하고 도전적인 신체움직임을 통해 모험심을 기르고 몸을 튼튼히 한다.

활동자료 없음

활동방법

1. 교사는 산책가는 길에서 만나는 징검다리에서 여러 가지 놀이를 함께한다.
2. 양팀으로 나누어서 징검다리 한가운데에 양쪽으로 선 다음 가위바위보를 해서 이기면 앞으로 한 칸 전진하고, 지면 자기 팀의 맨 뒤로 가서 차례를 기다린다. 한 팀이 상대편의 끝까지 가게 되면 이기는 것으로 한다. 가위바위보에서 하나빼기 혹은 묵찌빠로 이어서 할 수 있다. 다리로 하는 가위바위보, 온몸으로 하는 묵찌빠 등을 이용하는 것도 놀이를 즐겁게 지속시킬 수 있는 방법이다.
3. 징검다리를 건너기, 모둠뛰기로 건너기, 한 발 뛰기로 건너기, 지그재그로 건너기, 달려서 건너기 등 다양한 방법으로 건너기를 시도

해 본다.

확장활동 징검다리 주변의 자연물을 함께 이용하여 징검다리에서 물속에 손발 담가 보기, 예쁜 돌멩이 줍기 등을 해 본다.

활동요령 자연물을 이용한 놀이는 정형화된 놀잇감과는 달리 놀이방법을 무한하게 만들어 낼 수 있는 장점이 있다. 단순한 놀이에서 시작해서 반복을 통해 흥미가 떨어질 때 유아들과 상의하여 새로운 놀이방법과 규칙을 생각해 내서 놀이하면 더욱 좋다.

활동명 **조물조물 주물주물**

활동대상 만 1~2세

활동영역 신체영역

활동목표 영아가 스스로 모래를 만져 보고 느끼며 불안, 긴장감 등을 해소한다. 마음대로 놀이를 구성하면서 성취감과 만족감을 느낀다.

활동자료 모래놀이용 장난감, 피겨 등

활동방법
1. 영아들이 모래를 가지고 자유롭게 탐색할 수 있도록 하면서 교사는 "○○가 모래를 손으로 잡으니까 모래가 스스르 흘러내리네. 이젠 없네."와 같이 상황을 언어적으로 묘사해 준다.
2. 모래놀이용 장난감을 이용해 모래놀이를 할 때, 교사는 함께 참여하되 주도하지 않고 영아의 활동에 주의를 기울이면서 관찰하고 상호작용을 한다.
3. 영아에게 익숙한 피겨(꽃, 나무, 동물 등)를 제공하여 영아 간 상호작용이 촉진될 수 있도록 한다. 피겨뿐 아니라 주변 화단의 자연물을 제공하는 것도 좋은 방법이다.

확장활동 모래놀이 활동에 물을 첨가하여 젖은 모래를 이용한 다양한 찍기, 혹은 모래 쌓기, 물길 만들기 등을 할 수 있다.

활동요령 모래놀이는 모든 영아가 선호하는 놀이이며 안전한 놀이이다. 교사는 영아가 충분히 놀이를 즐길 수 있도록 배려해야 하며, 영아들 주변에서 영아들과 부드러운 눈맞춤 혹은 언어적 상호작용으로 영아의 활동을 격려해 준다.

활동명 **물길 따라서**

활동대상 만 3~5세

활동영역 신체영역

활동목표 물로 자유롭게 길을 표현해 보고 길을 따라 몸을 움직이면서 여러 형태의 길 모양에 따른 몸의 균형감각을 익혀 본다.

활동자료 물조리개 혹은 주전자

활동방법
1. 물조리개나 주전자에 물을 가득 담는다.
2. 한 명이 바깥놀이터 바닥에 자유롭게 길을 그린다.
3. 나머지 유아들은 길을 따라 걷는다.

확장활동
1. 한줄로 된 길을 그리고 그 선을 따라 오도록 한다.
2. 지그재그, 동심원, 나선형, 세모 등 여러 형태의 길이 만들어질 수 있도록 한다.
3. 세모가 나오면 한 발로 뛰기, 동그라미 길에서는 노래 부르며 가기 등 규칙을 추가해 놀이해 본다.
4. 길을 따라 붓으로 물그림을 그려 본다. 꽃과 집, 동물 등을 그려서 멋진 마을을 완성해 볼 수도 있다.

활동요령 유아의 수준에 따라 여러 형태의 놀이가 만들어질 수 있음을 예상하고 어떤 놀이형태부터 시작되는지 잘 관찰한다. 처음 시작된 놀이에서부터 여러 가지 다양한 놀이의 규칙이 형성되고 놀이가 촉진될 수 있도록 격려한다.

4. 극놀이

극놀이는 영유아가 일상생활에서 얻은 경험과 지식을 주제와 연관된 놀이로 재현하며 역할을 수행해 보는 것을 말한다. 영유아들은 경험을 통해 습득한 지식을 극놀이를 통해 재구성해 보는 과정에서 자신이 알고 있던 바를 수정하고 통합해 나간다. 극놀이를 통한 재구성의 과정에서 영유아는 또래와 상호작용하며 협상하고 타협하는 사회적 기술과 의사소통능력을 발달시킬 수 있다.

영아들의 경우, 혼자놀이와 병행놀이가 일어나는 시기이므로 극놀이에서 또래와의 활발한 상호작용을 기대해서는 안 된다. 이들은 상징 개념의 발달에 따라 기능놀이와 단순 가상놀이가 일어나는 단계이므로, 생활 속에서 아이들에게 친숙한 실물을 제공하여 사용법을 모방하거나 인형을 제공하여 자신의 경험을 재현해 보는 수준에서 극놀이를 전개하는 것이 적절하다. 예를 들어, 전화기 실물을 제공하여 버튼을 누르며 "여보세요!" 정도의 표현을 하거나 아기인형에게 이불을 덮어 토닥이거나, 젖병을 물리는 식의 자신의 일상생활에 충실한 가작화가 일어날 수 있도록 한다.

유아들의 극놀이는 생활경험의 확대로 놀이의 주제나 방식이 다양해지며, 인지능력의 성숙으로 계획을 세워 본격적으로 전개하는 것이 가능해진다. 이에 유아들은 놀이에 줄거리를 만들고 문제를 해결하려는 사회극놀이나 유아가 동화 속 이야기의 등장인물이 되는 주제 환상극놀이를 즐기게 된다. 이런 유아들의 극놀이를 촉진하기 위해서는 유아들에게 친숙한 생활경험이나 에피소드와 연관된 소품 또는 자료를 충분히 제공하는 것이 필요하다.

1) 영아 극놀이

활동명 **아기를 돌봐요**

활동목표
- 아기인형을 돌보는 놀이를 통해 일상의 양육경험을 놀이로 표현한다.
- 아기인형을 돌보며 긍정적인 정서를 표현한다.

활동자료 인형, 생활용품(수건, 모형비누, 세숫대야, 유아변기, 젖병 등)

활동방법

1. 아기인형의 요구를 알리고 적절하게 돌볼 수 있도록 유도한다.
   "아기 인형이 깨끗하게 몸을 닦고 싶대."
   "아기 인형이 응가 하고 싶대."
2. 적절한 생활용품을 소품으로 제시한다.
   "여기 비누가 있네. 쓱싹쓱싹 문질러 거품을 내보자."
3. 놀이상황에 따라 올바른 순서나 용품의 적절한 사용에 대해 이야기 나누며, 놀이를 확장한다.

참고사항 영아는 놀잇감을 제한된 용도로만 사용하기 때문에 가급적 실물자료를 소품으로 제시하는 것이 바람직하다.

활동명 **추운 겨울이 왔어요**

활동목표 날씨의 변화를 느끼고 적절한 옷차림을 놀이로 표현해 본다.

활동자료 방한용품(모자, 마스크, 장갑 등)

활동방법 1. 실외활동 시 날씨의 변화를 영아가 경험해 볼 수 있도록 한다.

"바람이 쌩쌩 불어오네. 아이 추워!"

"꽁꽁 얼음이 얼었네. 얼음을 만져 볼까? 아이 차가워!"

2. 가정에서 가져온 방한용품을 가지고 영아들과 놀이한다.

"모자도 쓰고, 장갑도 끼니 정말 따뜻하겠다."

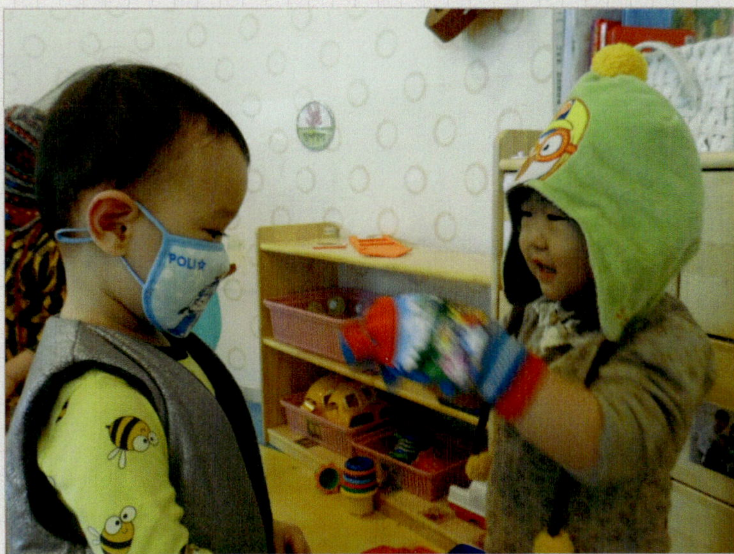

3. 거울을 제공하여 영아들이 방한용품을 착용한 자신의 모습을 탐색
   해 볼 수 있도록 한다.

2) 유아 극놀이

활동명 **결혼식 놀이**

활동목표 • 친숙한 생활경험인 결혼식을 극놀이로 표현한다.
• 결혼식 놀이를 통해 결혼의 의미와 가족 개념을 이해한다.

활동자료 결혼식 관련 소품(청첩장, 드레스, 면사포, 부케, 양복, 사진기, 의자, 조화, 케이크 등)

활동방법 1. 가정에서 보내 준 부모님의 결혼식 사진이나 영상을 보며 결혼식에 가본 경험을 이야기한다.
2. 결혼식의 식순을 이야기하며, 등장하는 사람과 역할에 대해 이야기

한다.

"신랑, 신부가 나오기 전에 어떤 일들이 있었니?"

"사회자는 어떤 일을 할까? 사회자는 무엇이 필요할까?"

"신랑과 신부의 부모님은 어디에 앉아 계실까?"

"주례 선생님은 어떤 말씀을 하실지 우리가 만들어 보자."

3. 결혼식 놀이에 필요한 소품을 만들어 장소를 꾸민다.
4. 결혼식에 등장하는 사람의 역할을 맡아 놀이한다.

참고사항 1. 드레스나 턱시도 등 결혼식 놀이의 주요 소품은 기성품을 사용하는 것이 극놀이에 대한 유아들의 관심을 모으는 데 도움이 된다.
2. 역할을 정하는 데 갈등이 생길 수 있으므로, 역할을 맡는 차례나 규칙을 정하는 것이 필요하다.

활동명 **주제 환상극놀이**

활동목표
- 동화 속 이야기를 극놀이로 표현한다.
- 동화에 적절한 소품, 배경, 의상 등을 사용하여 협동적으로 극놀이를 한다.

활동자료 동화(동화책, 그림동화, 막대동화 등 다양한 형태로 제시), 소품, 배경, 의상

활동방법
1. 주제 환상극놀이를 할 동화를 선택한다.
2. 유아들과 동화의 등장인물, 줄거리에 대해 이야기하고, 이를 등장인물 별 대사로 만들어 본다.
3. 주제 환상극놀이를 계획하고, 배경과 소품을 준비한다.
   "어떤 소품들이 필요할까?"
   "순무는 어떻게 만들까?"
   "순무를 뽑는데 나왔던 등장인물은 누가 있었니?"
4. 무대가 꾸며지면 극놀이를 시작한다.

5. 극놀이가 끝나면 극놀이에 참여한 유아와 관객이 되었던 유아가 함께 평가한다.

"어떤 부분이 제일 재미있었니?"

참고사항 반복적인 대화와 리듬감이 있는 이야기는 유아들이 손쉽게 극놀이로 표현할 수 있어서 주제 환상극놀이에 흥미를 갖게 하는 데 도움이 된다.

5. 언어놀이

언어놀이는 언어영역에서 혹은 교사가 계획한 특정 놀이를 통해서 이루어지는 것이 아니며, 영유아가 경험하는 일상생활에서 이루어지는 상호작용은 모두 언어놀이로서의 가치를 가질 수 있다. 부모와 교사는 영유아를 양육하고 교육하는 데 다양한 언어표현을 사용하고, 영 · 유아기는 이러한 언어자극을 스펀지처럼 빨아들이는 민감한 시기다. 따라서 듣기, 말하기, 읽기, 쓰기의 기능을 중시한 언어활동이 아닌 생활 속에서 영유아가 좋아하는 놀잇감이나 주제와 연계된 놀이의 도구, 소품으로 언어를 활용하는 것이 적절하다.

영아의 경우는 언어에 관심과 친숙함을 경험하는 것이 중요하므로, 언어의 요소인 소리나 모양 등을 탐색하는 놀이가 적절하다. 누르면 소리가 나는 책이나 놀잇감 등을 이용해 다양한 소리자극을 접하고, 손바닥으로 입을 두드릴 때 나는 소리를 탐색하면서 스스로 소리를 내보고자 하는 동기를 부여하는 놀이, 글자를 구성하는 도형을 탐색하면서 모양을 지각하는 놀이 등이 영아기에 이루어지는 언어놀이라 할 수 있다.

자신의 생각이나 느낌을 적절하게 말로 표현할 수 있게 되는 유아들의 경우는 본격적으로 언어를 수단으로 하는 놀이가 이루어진다. 주제와 관련되어 사람들의 생각이나 의견을 구하는 인터뷰하기, 원하는 정보를 책에서 얻고 기록하기 등의 통합적 언어능력을 필요로 하는 구체적이고 실제적인 놀이를 할 수 있다.

1) 영아 언어놀이

활동명 **원통 블록 소리통**

활동목표 • 원통 블록에서 나는 말소리를 듣고 흥미를 보인다.

• 여러 소리를 즐겁게 내며 소리의 높낮이와 세기 등 차이를 탐색해 본다.

활동자료 원통 블록

활동방법 1. 교사가 원통 블록을 영아의 귀에 대고 다양한 말소리를 낸다.

"뚜~ 뚜~"

"안녕하세요!."

"사랑해!"

2. 영아가 관심을 보이면 원통 블록을 제시하며 다양한 소리를 내보도록 한다.

"이야~ 재미있는 소리가 나네."

참고사항 1. 영아들은 소리의 크기를 조절하기 어려우므로, 또래의 귀에 대고 소리 내는 것은 제한한다.

2. 교사가 영아의 귀에 대고 속삭이는 것은 영아에게 친밀감과 애정의 표현으로 느끼게 함으로써 애착 형성 및 증진에 도움이 될 수 있다.

활동명 **자동차가 달리는 길**

활동목표 좋아하는 사물의 이름을 문자로 접하고 관심을 가진다.

활동자료 도로모양으로 쓰인 '자동차' 글자판, 글자모양을 따라 갈 수 있는 소형 자동차

활동방법 1. 언어영역에 도로모양으로 쓴 '자동차' 글자판을 제시한다.

2. 영아가 도로모양에 관심을 보이면, 소형 자동차를 제공하고 길을 따라 자동차를 움직여 볼 수 있도록 한다.

3. 영아가 자동차로 글자 위를 지나다니는 놀이를 반복하며 글자의 모양에 친숙해지면, "자동차."라고 읽어 준다.

"○○가 자동차에 '동'자 위를 지나가고 있어요. 부릉부릉……"

참고사항 1. 영아들에게 문자의 의미가 담겨 있는 그림문자를 제시하면 문자에 대한 관심과 이해를 높일 수 있다.

2. 영아들은 소근육의 힘을 조절하기가 어려우므로 끼적이기로 쓰기 놀이를 하는 것이 힘든 경우가 있다. 이때는 굴러가는 놀잇감을 이용하여 모양을 만들거나 따라 써 보도록 한다.

2) 유아 언어놀이

활동명 **방송기자놀이**

활동목표
- 다른 사람의 이야기를 듣고 궁금한 것을 질문한다.
- 자신이 들은 다른 사람의 이야기를 말로 전달할 수 있다.

활동자료 마이크, 녹음기, 인터뷰 질문

활동방법
1. 어린이집에서 일하시는 분들과 하는 일에 대해 알아볼 수 있는 방법을 이야기 나눈다.
2. 유아들이 인터뷰할 교사를 정하고, 인터뷰할 때 필요한 것에 대해 의논한다.
3. 유아들이 계획한 질문을 하고, 교사의 대답을 들은 후 그 내용을 친구들에게 전달한다.

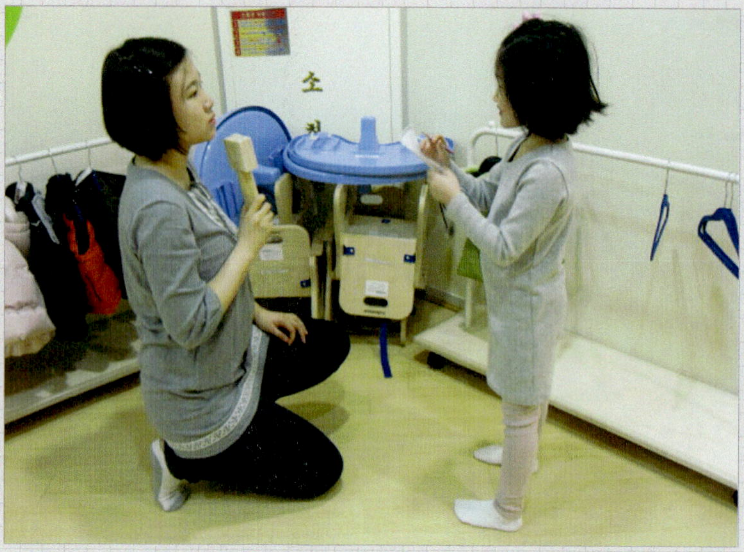

참고사항 다른 사람의 말을 주의 깊게 듣고 전달하는 것은 쉽지 않으므로 처음에는 단순하고 간단한 질문을 하도록 하며, 필요한 경우 녹음을 하는 것도 좋은 자료가 될 수 있다.

활동명 **책 만들기**

활동목표
- 관심 있는 주제에 대해 궁금한 것을 책에서 찾아본다.
- 알게 된 정보나 자신의 생각을 글로 나타낼 수 있음을 알고 표현한다.

활동자료 활동주제에 따른 백과사전이나 도감, 도록, 쓰기도구

활동방법
1. 유아들과 활동주제에 대해 궁금한 점을 이야기 나누고 질문목록을 만든다.
2. 질문목록에 있는 내용을 해결하기 위해 관련 책과 자료를 찾아본다.
3. 새롭게 알게 된 사실을 그림과 글자로 표현해 본다.

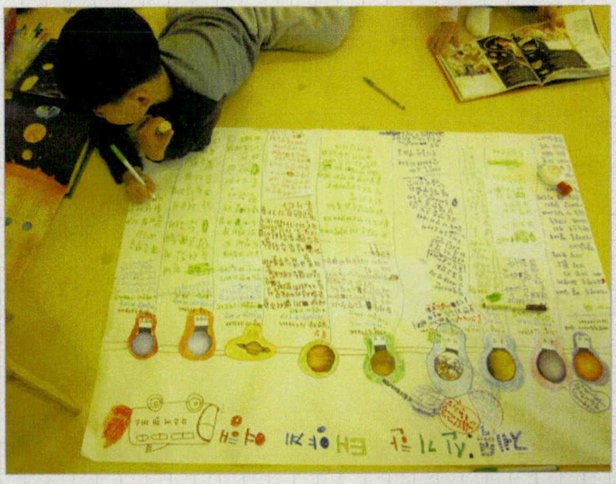

참고문헌

Forman, S. G., & Hill, F. (1984). *Constructive play: Applying Piaget in the preschool.* Menlo Park, CA: Addison-Wesley.

Kamii, C., & DeVries, R. (1978). *Physical knowledge in preschool education: Implications of piaget's theory.* New York: Teachers College Press.

찾아보기

〈인명〉

고여훈 125
김민정 127
김순홍 30
김여경 211
김정준 198
김정화 198
김현정 141

박현주 141
박효정 30

송하나 125
신유림 198
신은수 136, 211

엄정애 125, 127
연은경 30
오채선 181
유소이 30
유영옥 136
유영의 211
윤숙현 125
이경우 21, 24
이병용 182
이소은 24
이숙재 124, 142
이순형 19, 22, 27, 33, 35, 254
이윤경 211
이은화 141
이지연 127
이지영 124
이채호 125

장진국 181
전가일 19
정대현 125
정진 141
조용태 181
지성애 137

채영란 125
채인수 125
최경숙 125
최남숙 30
최상근 30

Axline, V. 271, 275

Bains, E. 124
Bandura, A. 61
Banks, J. A. 256
Barnett, L. A. 126
Berlyne, D. E. 62
Bigelow, A. E. 130
Bishop, N. 18
Bjorklund, D. F. 123
Blatchford, P. 124
Bornstein, M. H. 129
Bredekamp, S. 209

Casal, S. G. 130
Chess, S. 128
Christie, J. F. 125, 190, 211
Copple, C. 209

Derman-Sparks, L. 256
Dewey, J. 20, 21
Doehinow, P. J. 18
Dunn, J. 133

Ellis, M. J. 62, 63
Erickson, E. 21, 54

Fein, G. G. 24, 62, 63
Fewell, R. R. 130
Freeman, N. 123
Freud, A. 271, 273
Freud, S. 51, 270
Fritz, J. J. 208
Frost, J. L. 151

Glick, M. E. 130
Groos, K. 48

Hall, S. 14, 47
Harlow, H. F. 18
Harlow, M. 18
Hirschfeld, L. A. 20
Hug-Hellmuth 270
Hughes, F. P. 121, 133, 138, 142, 182, 188, 198
Huizinga, J. 16, 17, 19, 20

Jernberg, A. M. 281
Johnson, J. E. 190, 211
Jung, C. G. 286

Kalff 286, 287
Keller, H. 141
Kissinger, J. B. 151
Klein, M. 271, 273
Knell, S. M. 279

Kreutzer, J. C. 208
Kritchevsky, S. 187

Lazarus, M. 46
Lowenfeld 286

MacLean, K. 130
MacLoyd, V. 185
Macphee, D. 208
Miller-Heyl, J. 208

Parten, M. 71
Pellegrini, A. D. 123, 124
Piaget, J. 16, 56, 76, 100

Prescott, E. 187, 210
Proctor, J. 130
Pulaski, M. S. 185

Rogers, C. 126, 271, 275
Rubin, K. H. 24

Schiller, F. 45
Smilansky, S. 207, 214
Spencer, H. 45
Spiker, D. 130
Sutton-Smith, B. 56

Tamis-LeMonda, C. S. 129

Taylor, S. I. 126
Thomas, A. 128
Trawick-Smith, J. 185

Vandenberg, B. 24
Vygotsky, L. 16, 58, 138

Wahler, R. G. 246
Walling, L. 187
Wheeden, C. A. 130
Winnicott, D. W. 23
Wood, D. 213

Yawkey, T. D. 190, 211

〈내용〉

가상놀이 138
가장의상놀이치료 272
각성조절이론 62
갈등해결전략 222
강화 121
거시영역 놀이 55
거친 신체놀이 124
게슈탈트 놀이치료 272
게임 놀잇감 192
게임치료 272
경청 249
경청기술 250
고전적 놀이이론 44
공격적인 놀이 127
관찰학습 61
교구 179
교사의 역할 207
구성 놀잇감 188
구성놀이 57, 78, 81
구성놀이 놀잇감 194
구성놀이 지도 223
구조성 184

구조적 놀이치료 271
규칙 있는 게임 57, 80
극놀이 79, 86, 138
극놀이 놀잇감 195
극놀이 지도 234
근접발달지대 59
기능놀이 77
기질 127
기질의 구성요소 128
긴장 이완 기능 17
까꿍놀이 100
까다로운 기질의 아동 127

내적 개입 215
내적 상태 언어 134
놀이 11
놀이 개입자 211
놀이 계획자 208
놀이 관찰자 217
놀이 단절 136
놀이 방해 136
놀이 상호작용자 221

놀이노래 21, 25, 33
놀이는 치료적 가치 267
놀이성의 5가지 요소 126
놀이치료 181, 270
놀잇감 179
능동적 놀이치료 271

다문화교육 256
대상영속성 100
독서치료 272
동물행태학 관점 12
동일교사 체제 254
딥스 275, 277

모래놀이치료 272, 286
모방 121
모형 놀잇감 190
몸짓 23
문명 12
문화 11, 141
미술치료 272
미시영역 놀이 55

민족 정서 25

반복이론 47
반복이론 관점 14
반편견 교육 257
발달 181
발달놀이치료 272
방관자적 행동 70
병행놀이 지도 212
부모놀이치료 272
부모역할 130
부모의 양육유형 131
블록 188, 223
비계 134
비장애아 245
비지시적 관계치료 271
비참여 행동 70

사실성 184
사전연습이론 48
사회 및 자연탐구 기능 19
사회맥락이론 58
사회적 관계의 확대 기능 18
사회적 놀이 69
사회학습이론 61
상상놀이 123, 126
상상력 185
상징놀이 57
상호 호혜성 132
생애주기 관점 15
생태학적 놀이치료 272
생활기술 학습 기능 22
성별 121
소통의 발달과 훈련 기능 23
수동적 놀이치료 271
순한 기질의 아동 127
신체 놀잇감 191
신체놀이 127
신체놀이 놀잇감 195
신체놀이 지도 230
신체활동놀이 84
실물 놀잇감 191
실물성 184
실외놀이터 안전점검표 174

아동중심 놀이치료 274
안전성 199
애착 110
언어놀이 87, 238
언어놀이 놀잇감 196
언어적 상호작용 136
에너지 갱신이론 46
역동적 놀이치료 272
연령통합교육 251, 252
연습놀이 57
연합놀이 74
영역 구분 151
영역 배치 152
옹알이 107
완구 179
외상 후 놀이치료 272
외적 개입 214
우리나라의 전통놀이 180
음악치료 272
인지발달 182
인지발달이론 56, 267
인지적 놀이 76
인지치료이론 278
인지행동 놀이치료 272, 278
잉여에너지 이론 45

자기영역 놀이 55
자발성 16
자발적 참여활동 24
자발적 행동 11
자아 111
자연물 놀잇감 191
자유연상 271
장난감 179
장애아 245
장애통합교실 246, 247
장애통합교육 245, 246, 247
적합성 197
전이 274
전자 놀잇감 193
전통놀이 192
점토놀이 226
정신분석 놀이치료 272
정신분석이론 51, 267
조망수용능력 102
조작 놀잇감 190
조작놀이 83
조작놀이 놀잇감 194
조작놀이 지도 227
조화 142
즐거움 13
지능 125
지시적 놀이치료 271
집단 놀이치료 272
집단놀이 127

창의성 126, 185
치료놀이 272, 281

탐색욕구 249
퇴행 253

퍼즐 190
피겨 191

현대적 놀이이론 50
협동 142
협동놀이 75, 139
협동놀이 지도 213
협상기술 134
혼자놀이 71, 127
혼합연령 251
휴식이론 46

저자 소개

이순형
서울대학교 대학원 아동학 박사
한국아동학회, 인간발달학회 회장
현 서울대학교 아동가족학과 교수
서울대학교 어린이보육지원센터 센터장

김헤라
서울대학교 대학원 아동학 박사
서울대학교 생활과학대학 어린이집 주임교사
현 대덕대학교 유아교육과 교수

권기남
서울대학교 대학원 아동학 박사
하이닉스어린이집, 국민체육진흥공단 어린이집 원장
현 울산과학대학교 유아교육과 교수

김지현
서울대학교 대학원 아동학 박사
서울대학교 생활과학대학 어린이집 원장
현 명지대학교 아동학과 교수

김진경
서울대학교 대학원 아동학 박사
육아정책연구소 부연구위원
남서울대학교 아동복지학과 교수
현 한국방송통신대학교 유아교육과 교수

김진욱
서울대학교 대학원 아동학 박사
서울대학교 어린이보육지원센터 백학어린이집 원장
서울법원어린이집 원장
현 명지대학교 아동학과 교수

서주현
서울대학교 대학원 아동학 박사
국민체육진흥공단 어린이집 원장
현 서경대학교 아동학과 대우교수

이정현
서울대학교 대학원 아동학 박사
서울대학교 생활과학연구소 연수연구원
서울대학교 사범대학 유아교육협동과정 강사
현 한국외국어대학교 강사

최인화
서울대학교 대학원 아동학 박사
현 명지대학교 사회복지학과 교수

유주연
서울대학교 대학원 박사과정 수료(아동학 전공)
현 서경대학교 아동학과 겸임교수
CJ 키즈빌 어린이집 원장

안혜령
서울대학교 대학원, 박사과정 수료(아동학 전공)
서울대학교 어린이보육지원센터 느티나무어린이집 원장
현 서울법원어린이집 원장

이은중
서울대학교 대학원 박사과정 수료(아동학 전공)
현 서울대학교 어린이보육지원센터 백학어린이집 원감

놀이지도

2014년 2월 28일 1판 1쇄 발행
2020년 9월 25일 1판 3쇄 발행

지은이 • 이순형 · 김혜라 · 권기남 · 김지현 · 김진경 · 김진욱
서주현 · 이정현 · 최인화 · 유주연 · 안혜령 · 이은중

펴낸이 • 김 진 환

펴낸곳 • (주) 학지사
04031 서울특별시 마포구 양화로 15길 20 마인드월드빌딩 5층

대표전화 • 02) 330-5114 팩스 • 02) 324-2345

등록번호 • 제313-2006-000265호

홈페이지 • http://www.hakjisa.co.kr
페이스북 • https://www.facebook.com/hakjisabook

ISBN 978-89-997-0329-4 93370

정가 **19,000**원

이 도서의 국립중앙도서관 출판시도서목록(CIP)은 서지정보유통지원시스템 홈페이지(http://seoji.nl.go.kr)와 국가자료공동목록시스템(http://www.nl.go.kr/kolisnet)에서 이용하실 수 있습니다.
(CIP제어번호: CIP2014005790)